媒介经济与管理前沿论丛
教育部人文社会科学青年基金项目:12YJC630007
上海交通大学文科科研创新项目:11QN03

中国传媒集团国际化发展战略研究

——基于跨文化的视角

陈德金　著

上海交通大学出版社

内容提要

本书基于跨文化理论，以中国传媒集团为对象，研究了文化差异与目标市场选择、跨文化风险与进入模式决策，提出了中国传媒集团跨文化发展四大战略。

本书适合传媒从业人员、研究人员以及政府相关管理者参考阅读。

图书在版编目(CIP)数据

中国传媒集团国际化发展战略研究：基于跨文化的视角/陈德金著. —上海：上海交通大学出版社，2012
(媒介经济与管理前沿论丛)
ISBN 978-7-313-08222-0

Ⅰ. 中... Ⅱ. 陈... Ⅲ. 传播媒介—企业集团—跨国经营—企业发展战略—研究—中国 Ⅳ. G219.2

中国版本图书馆 CIP 数据核字(2012)第 041134 号

中国传媒集团国际化发展战略研究
——基于跨文化的视角
陈德金 著
上海交通大学出版社出版发行
(上海市番禺路 951 号 邮政编码 200030)
电话：64071208 出版人：韩建民
常熟市梅李印刷有限公司 印刷 全国新华书店经销
开本：787mm×960mm 1/16 印张：16.25 字数：203 千字
2012 年 8 月第 1 版 2012 年 8 月第 1 次印刷
ISBN 978-7-313-08222-0/G 定价：38.00 元

序

古希腊学者赫拉克利特曾说过："唯一亘古不变的事物是变化本身"。古希腊哲学家的上述至理名言，也适用当今时代数字化传播的新潮流。事实上，随着数字技术的飞速发展，传统媒介的业态环境不断发生变化，新兴媒体如雨后春笋般地不断涌现出来，全球传媒形态正在发生巨大的变化。

不仅媒介的数字技术条件发生了变化，而且其社会环境也发生了巨大的变化。事实上，改革开放30多年来我国经济持续高速的发展，也引发了社会环境的重大变化。譬如，2010年我国GDP超过日本雄居世界第二位①。按照平均汇率折算，2011年我国人均国内生产总值达到5 432美元②。按照世界银行对不同国家收入水平分组标准，我国已达到中等偏上国家水平，上海、北京人均GDP已达富裕国家水平。在此条件下，中国社会发生的历史性变革，主要表现在从计划经济向市场经济、从封闭社会向开放社会、从单一文化向多元文化的变革。在开放条件下，愈来愈多的中国问题将演变为全球问题，与此同时，愈来愈多的全球问题也已将演变为中国问题。显然，中国传媒所处的社会环境已悄无声息地从过去的封闭环境扩展到现在的开放环境。

---

① 马建堂. 科学发展　铸就辉煌[J]. 求是，2012(12).

② 马建堂. 科学发展　铸就辉煌[J]. 求是，2012(12).

然而，令人感到十分遗憾的是，不论是从数字技术环境下新媒体发展来看，还是从开放条件下全球传媒市场竞争来看，我国传媒业发展现状还不能适应新媒体和社会发展变化的要求。以版权贸易为例，2010 年我国版权引进 16602 种，版权输出 5691 种，我国版权贸易引进输出比高达 3∶1。不仅如此，而且从进出口经营额来看，我国出版物进口出口比失衡更加严重。事实上，2010 年我国图书、报纸、期刊进口 26008.58 万美元，而出口只有 3711 万美元，进口出口比高达 7∶1。2010 年我国音像制品、电子出版物进口 11382.70 万美元，而出口仅 47.16 万美元，进口出口比竟高达 241∶1！西方发达国家利用传媒经济这把“双刃剑”，使发展中国家的经济与社会价值体系双重受创。为此，中国传媒业惟有奋起直追，不断提高自己的国际竞争力，才能不断满足日益变化中的国际、国内两个市场需要，为我国经济、社会、文化的可持续发展提供不竭动力。然而，对于数字化、新媒体传播这一人类面临的一个崭新问题，以及我国改革开放后我国传媒面临的全球化传播这一难题，我们却知之甚少，为此，上述问题亟待进一步加强研究。

令人欣慰的是，陈德金博士大有初生牛犊不怕虎的气概，率先在国际化战略研究领域进行了大胆的探索。

陈德金博士的专著《中国传媒集团国际化发展战略研究》，从跨文化视角下探讨了中国传媒集团国际化发展战略问题。该专著的创新主要是，首先利用深度访谈，实证调查等方法，分析了中国传媒集团国际化动机及影响因素，构建了中国传媒集团国际化动机四力模型。其次，基于文化差异理论构建了文化距离测量指标，揭示了文化差异与目标市场选择相互作用机理，为中国传媒集团国际化目标市场选择提供了理论支持。再次，构建了中国传媒集团跨文化发展模式，并提出中国传媒集团国际化发展四大战略，从而优化了中国传媒集团国际化路径，增强了中国传媒集团的国际竞争力和传媒软实力。

陈德金博士勤学好问、思维敏捷、成果丰硕。在攻读博士学位期间，他因成绩优异被推荐到德国汉堡大学进行访问学习，并获得上海市软科学基金项目、教育部人文社科一般项目，特别是在权威杂志《中国软科学》，以及英文杂志“Media Asia”发表一些高质量的论文。他参与过我主持的许多项目的研究工作，具有比较丰富的课题研究经验和很强的协调沟通能力，是一位在科学研究与社会工作方面发展非常全面的青年学者。

这本专著旨在通过研究方法创新、理论创新，为我国国际化传播提供理论指导，同时也通过媒介案例分析为传媒从业人员提供启迪。本书所研究的问题具有一定的前瞻性和实践性，适合媒介管理人员、媒介爱好者以及高等科研院所新闻传播、工商管理类研究生、本科生、教师等作为教学参考。

陈德金作为我指导的工商管理专业媒介管理研究方向的博士，尽管天资聪慧，勤奋求学，刻苦钻研，取得了一些有代表性的成果；但由于媒介技术日新月异，新兴媒体如火如荼，市场环境变化莫测，媒介管理面临诸多挑战，为此，这本专著中各种瑕疵在所难免，权且“抛砖引玉”，求教于方家。

学然后知不足，教然后知困。我将与我的博士们继续学习，共同进步！

李本乾

2012年8月6日于上海

前 言

全球化是现代经济社会发展的重要特征。正如 Roberta M.(1998)所言:企业经营的市场已不仅仅局限于一个特定的地理区域,企业经营不仅仅期待着与邻近的企业在自己区域竞争,企业的市场已经变得全球化了。在经济全球化背景下,中央政策强化了“国际化”政策导向,文化与传媒产业国际化的相关政策,极大地激发了传媒产业的国际化激情,使得新兴的传媒产业得到了快速发展,2009 年全国总产值达到 4 907.96 亿元,比 2008 年增长了 16.3%。

尽管当前世界经济高度全球化,然而中国传媒企业真正实施国际化的相对较少,对传媒产业国际化理论研究也很少。尤其传媒产品作为一种文化产品,由于“文化折扣”的存在,传媒集团的国际化发展需要充分考虑跨文化的影响。因此,本书借助 Melin(1993)国际化概念(国际化首先是目标市场选择,其次是进入模式决策),基于跨文化理论,以中国传媒集团为研究对象,进行跨学科研究探索,研究了文化差异与目标市场选择、跨文化风险与进入模式决策,探索中国传媒集团“中国特色”国际化发展战略,充实了国内在交叉学科方面的研究。研究主要内容与结论如下:

(1) 构建了中国传媒集团国际化动机四力模型。

以 Dunning 国际化动机理论为基础,通过对中国传媒集团相关领导与员工进行深度访谈，对中国传媒集团国际化战略动机进行了问卷调查，结果发现，Dunning国际化动机的资源导向型与战略导向型在中国传媒集团国际化进程中不适用，而市场型与效率型与中国现状吻合。通过对问卷进行因子分析发现，中国传媒集团国际化动机可以归纳为四种力量：政府推动力、市场拉动力、品牌驱动力与集团策动力，并因此构建了中国传媒集团国际化动机的四力模型。

(2) 实证了文化差异与中国传媒集团国际化目标市场选择的关系。

对文化差异进行了研究，基于Hofstede文化维度，结合Kougut和Singh(1988)文化距离的测量方法，计算了中外的文化距离。通过搜集中国出版集团国际化相关数据，实证检验了文化距离、地理距离、GDP与投资环境指数对于国际化目标市场选择的影响。结果表明：出版集团国际化目标市场选择与文化距离、GDP显著正相关，而与地理距离显著负相关，与投资环境指数正相关，但不显著。通过实证结果发现：中国传媒集团倾向选择文化距离较大的目标市场。对这种“异象”进行了探讨：一方面可能由于中国传媒集团国际化程度较低；另一方面，为了在文化距离更大的市场宣传中国的文化理念与意识形态，进一步吻合了国际化动机的实证结果。

(3) 探讨了中国传媒集团国际化目标市场选择与进入模式决策方法。

研究了中国传媒集团国际化目标市场选择的影响因素，从决策者角度出发，考虑目标国家风险和市场吸引力等因素，利用决策过程方法，构建了目标市场选择的动态DMP模型；同时，从跨文化风险视角，构建了中国传媒集团国际化进入模式选择的指标体系，利用层次分析法(AHP)给出了中国传媒集团国际化进入模式选择的AHP模型，提升了中国传媒集团国际化进入模式决策的科学性与可行性。

(4) 提出了中国传媒集团跨文化发展四大战略。

从文化差异、文化风险与跨文化冲突三个方面对跨文化进行了阐释，分别研究了中国传媒集团国际化目标市场选择、进入模式决策以及跨文化冲突处理模型，从而构建了中国传媒集团跨文化发展模式（Cross-culture Development Model，CDM），并结合中国传媒集团国际化现状，对跨文化发展模式的推进路径进行了研究，给出了中国传媒集团国际化发展的四大战略：环境政策优化战略、产业链锻造战略、品牌塑造战略和跨文化协同战略。

本书的创新主要有以下几点：

第一，基于Dunning国际化动机理论，分析了中国传媒集团国际化的影响因素，利用深度访谈，实证调查了中国传媒集团国际化动机。通过因子分析，构建了中国传媒集团国际化动机四力模型：政府推动力、市场拉动力、品牌驱动力和集团策动力，且在实践中对四力模型进行了检验，进一步丰富了国际化动机理论。

第二，基于文化差异理论，构建了文化距离测量指标，并实证检验了文化差异对中国传媒集团国际化目标市场选择的影响，分析了文化差异对目标市场选择的作用机理，为中国传媒集团国际化目标市场选择提供了理论支持，弥补了国内在此方面研究的不足。

第三，基于跨文化竞争力理论，尝试分析跨文化因素对中国传媒集团国际化发展的作用机理，构建了中国传媒集团跨文化发展模式，并提出中国传媒集团国际化发展四大战略，从而优化了中国传媒集团国际化路径，增强了中国传媒集团的国际竞争力和传媒软实力。

陈德金

2012年1月

目录

第1章 绪 论

1.1 本书的研究背景与意义

1.1.1 本书的研究背景

1) 全球经济一体化的趋势

正如 Roberta M. (1998)所言：企业经营的市场已不仅仅局限于一个特定的地理区域，企业经营不仅仅期待着与邻近的企业在自己区域竞争，企业的市场已经变得全球化了。经济全球化是当今世界经济发展的主流，各国经济逐步融为一体。截至 2008 年 7 月，世界贸易组织共有成员国 153 个，世贸组织的贸易量已占世界贸易的 95%以上[①]。区域经济的发展为经济全球化注入了新的活力，欧洲联盟、北美自由贸易区、亚太经合组织等区域性经济组织相继成立，各国的经济互相融合、互相依存。企业纷纷打破国家、地区、甚至是企业自身的界限，在全球市场范围内展开竞争，优化资源配置，寻求企业利润的增长点(李景峰，2002)。据联合国《2008 年世界投资报告》：全

① 世界贸易组织：http://news.xinhuanet.com/ziliao/2003-01/27/content_709578.htm.

球吸引外商直接投资(FDI)连续第5年呈增长态势,2007年全球FDI增长30%,达18330亿美元;2007年,全球跨国公司的销售总额达到31万亿美元,比2006年增加21%;全球外国子公司的附加值(总产值)约占全球国内生产总值的11%,经济全球化已成为一种趋势。

尽管经济全球化已成定势,然而国际化发展中的FDI研究却存在着偏狭。FDI的已有研究主要集中于发达国家投资发达国家、发展中国家以及新兴工业国家,很少涉及发展中国家或新兴工业国家对发达国家的直接投资(Makino S. 2002)。中国作为新兴的市场,正在改变着这一现象,在经济全球化浪潮加速和中国经济持续快速发展的前提下,中国正在成为全球对外投资来源地的重要一极。从中国对外直接投资流量的变化以及投资地区的分布来看,中国正在经历着由"引进来"为主导,转变为"引进来"与"走出去"并重(刘建丽,2009)。中国对外投资量自1990年以来,不断呈现上涨趋势,2009年达到565.3亿美元(表1.1)。FDI每年在各个大洲投资数量也在不断增长,从总量上看,主要投资于亚洲和拉丁美洲(见表1.2、表1.3)。

表1.1 1990～2009年中国对外直接投资流量的情况

(单位:亿美元)

年份	投资流量	年份	投资流量	年份	投资流量
1990	9	1997	26	2004	55
1991	10	1998	27	2005	122.6
1992	40	1999	19	2006	212
1993	43	2000	10	2007	265.1
1994	20	2001	69	2008	559.1
1995	20	2002	27	2009	565.3
1996	21	2003	28.5		

数据来源:中国对外直接投资数据摘自《联合国贸发会议世界投资报告》(1990～2001);中国商务部:《中国贸易年鉴》(2002～2006年);《2007年度中国对外直接投资统计公报》(2008年9月)、《2008年度中国对外直接投资统计公报》(2009年9月)与《2009年度中国对外直接投资统计公报》(2010年9月)。

表 1.2 2003～2007 年中国跨国直接投资流量地区分布

（单位:亿美元,%）

	2003		2004		2005		2006		2007	
	金额	比重	金额	比重	金额	比重	金额	比重	金额	比重
亚洲	15	52.5	30	54.6	43.7	35.6	76.6	43.4	165.9	62.6
拉丁美洲	10.4	36.5	17.6	32.0	64.7	52.6	84.7	48	49	18.5
欧洲	1.5	2.6	1.7	3.1	5.1	4.2	5.9	3.4	15.4	5.8
非洲	0.75	1.3	3.17	5.8	4	3.3	5.2	2.9	15.7	5.9
北美	0.58	2.0	1.26	2.3	3.2	2.6	2.6	1.5	11.3	4.3
大洋洲	0.34	1.1	1.2	2.2	3	1.7	1.3	0.8	7.7	2.9

表 1.3 2003～2007 年中国跨国直接投资存量地区分布

（单位:亿美元,%）

	2003		2004		2005		2006		2007	
	金额	比重	金额	比重	金额	比重	金额	比重	金额	比重
亚洲	265.6	80.0	334.2	74.6	406.3	71.0	479.7	63.9	792.2	67.2
拉丁美洲	46.2	14	82.7	18.5	14.8	2.0	196.8	26.3	247	20.9
欧洲	5.3	1.6	7.5	1.7	15.98	2.8	22.7	3	44.6	3.8
非洲	4.9	1.5	9	2	15.9	2.8	25.6	3.4	44.6	3.8
北美	5.5	1.7	9.1	2.4	12.6	2.2	15.9	2.1	32.4	2.7
大洋洲	4.72	1.4	5.4	1.1	6.5	1.1	9.4	1.3	18.3	1.6

2）国家国际化战略导向

在经济全球化背景下，中国政府抓住机遇，极力支持中国企业的国际化战略，中央政策强化了“国际化”政策导向。自 1999 年党中央提出实施“走出去”战略以来，2002 年 11 月 8 日，江泽民主席在党的十六大上提出“坚持‘引进来’和‘走出去’相结合，全面提高对外开放水平”，将“走出去”作为中国经济发展的重要议题（江泽民，2002）。2005 年 10 月 8 日，在讨论《中共中央关于制定国民经济和社会发展第十一个五年规划的建议》中，温家宝总理提出要“形成一批拥有自主知识产权和知名品牌、国际竞争力较强的优势企业”(温家宝,2005)。2005年12月1日中央经济工作会议，胡锦涛总书记同样指出,2006年“要积极稳妥地实施‘走出去’战略，实现互利互惠和共同发展”(胡锦涛,2005)。2007年，胡锦涛总书记在十七大报告中将“拓展对外开放广度和深度，提高开放性经济水平”作为“促进国民经济又好又快发展”的重大举措之一，提倡“扩大开放领域，优化开放结构”，支持“企业在研发、生产、销售等方面开展国际化经营，加快培育我国的跨国公司和国际知名品牌”(胡锦涛,2007)。

中央的指导思想非常清晰，国际化导向政策非常明确，从“十五”开始，积极支持中国企业向海外进军，建立跨国公司。对于中国企业而言，“走出去”是一种必然的选择。通过实施国际化战略，企业可以开拓市场空间、优化产品结构、获取经济资源、争取技术来源。薛求知等(2008)认为中国经济国际竞争力的不断增强以及国家“走出去”战略的实施，使得中国成为新兴的对外直接投资来源地，对发展中国家对外直接投资理论综述的基础上，通过统计资料、问卷调查及案例分析等研究方法，系统解析了我国对外直接投资的现状，进一步论证了实施“走出去”战略的必要性与紧迫性。因此，“走出去”战略可以促使中国企业在更加市场化、更加开放、更加相互依存的世界中提高国家经济安全水平，提升中国在世界经济中的地位，在国际分工和资源分配中争取更有利的形势，并通过投资改善与相关国家和地区的关系；同时中国企业“走出去”可以利用两个市场、两种资源，在更广阔的空间进行产业整合和资源整合。

3) 国家对于文化与传媒产业的扶持

在分析文化产业与传媒产业的相互关系之前，应该厘清两者之间的关系。国家统计局在《文化及相关产业分类》中，将文化产业界定为向社会公众提供文化、娱乐产品和服务的活动，以及与这些活动有关联的活动的集合(国家统计局，2004)。显然，按照国家统计局的分类，传媒产业属于文化产业的一部分。由于传媒产业与文化产业的关系，对于文化产业振兴的相关政策，势必影响传媒产业的发展。因此，研究中国传媒产业国际化问题，必然涉及对于文化产业的相关研究。目前，国内外对于文化产业的理解还没有形成高度统一的、权威的认同(见表1.4)。

表1.4 不同国家和组织的文化产业分类与内容

国家/组织	文化产业的内容与分类
联合国教科文组织	文化遗产、出版印刷业和著作文献、音乐、表演艺术、视觉艺术、音频媒体、视听媒体、社会文化活动、体育和游戏、环境和自然等10类
国际标准产业分类(第三版)	①文化内容发源：书籍、音乐、报刊和其他相关资料的出版、软件咨询和供应、广告业、摄影活动、广播电视、戏剧艺术、音乐和其他艺术活动；②文化产品的制造：电子元件制造、电视广播发射器和电话机装置的制造、电视广播接收器、磁带、录像机装备和附件的制造、光学仪器和摄影仪器的制造、乐器的制造；③文化内容的翻印和传播：印刷业、录制媒体的再生产、电影和录像的制造与发行、电影放映；④文化交流：其他娱乐业、图书馆和档案活动、博物馆活动、历史遗迹和建筑物的保护
加拿大	①信息和文化产业(出版业、电影和录音业、电视广播、因特网、电信业、信息服务业)；②艺术、娱乐和消遣(演艺、体育、古迹遗产机构、游乐、赌博和娱乐业)
澳大利亚	①文化遗产和古迹，如博物馆、自然遗产和保护、图书和档案馆等；②艺术活动，如文学作品的创作、出版和印刷，表演艺术、音乐创作和出版，广播、电视和电影等；③体育和健身娱乐活动；④文化产品的制造和销售；⑤其他文化娱乐类
美国	①文化艺术业含表演艺术、艺术博物馆；②影视业；③图书业；④音乐唱片业
英国	(创意产业)广告、建筑、艺术和古董市场、手工艺、设计、时尚设计、电影、互动休闲软件、音乐、电视和广播、表演艺术、出版和软件等13个部门
欧盟	(内容产业)制造、开发、包装和销售信息产品及其服务的产业，包括各种媒介上所传播的印刷品内容(报纸、杂志、书籍等)，音像电子出版物内容(联机数据库、音像制品服务、电子游戏等)，音像传播内容(电视、录像、广播和影视)，用做消费的各种数字化软件等

（续表）

国家/组织	文化产业的内容与分类
日本	内容产业是指电影、电视、影像、音响、书籍、音乐、艺术等
韩国	与文化商品的生产、流通、消费有关的产业：影视、广播、音像、游戏、动画、卡通形象、演出、文物、美术、广告、出版印刷、创意性设计、传统工艺品、传统服装、传统食品、多媒体影像软件、网络及其相关的产业

资料来源：参考安宇(2004)。

国家对于文化与传媒产业国际化政策的相关导向，极大地激发了传媒产业的国际化发展激情。2003年12月5日，胡锦涛总书记在全国宣传思想工作会议上指出："大力发展涉外文化产业，积极参与国际文化竞争"，"走出去"战略首次出现在文化产业领域。2005年中办、国办印发了《关于进一步加强和改进文化产品和服务出口工作的意见》，标志着我国"走出去"战略在文化产业领域已经基本成型。2006年公布的《国家"十一五"时期文化发展规划纲要》特别提到：整合资源，突出重点，实施"走出去"重大工程项目，加快"走出去"步伐，扩大我国文化的覆盖面和国际影响力。2007年中共十七大报告再次强调"加强对外文化交流，吸收各国优秀文明成果，增强中华文化国际影响力"。与此同时，文化部等相关部门对于文化产业的发展也给出了相关的政策指导，如《关于促进商业演出展览文化产品出口的通知》、《文化产品和服务出口指导目录》、《关于鼓励和支持文化产品和服务出口的若干政策》等，并确定了文化出口重点企业、重点项目；2009年4月，新闻出版总署印发的《关于进一步推进新闻出版体制改革的指导意见》中，也明确要求扩大对外交流，积极实施"走出去"战略。国家财政部和文化部门联合设立了例如"国产音像出口专项资金"、"动漫产业发展专项资金"等政策资金；文化部还设立了优秀出口文化企业、产品和服务项目的奖励措施。这些举措表明了政府着力扶植、培育外向型文化及传媒企业的决心，增强了文化及传媒企业"走出去"的信心。

新闻出版总署2010年1月4日发布了《新闻出版总署关于进一步推动

新闻出版产业发展的指导意见》。这份文件不仅是新闻出版总署出台的关于新闻出版产业发展的纲领性文件,更明确了我国新闻出版产业未来发展的“路线图”。该指导意见提出新闻出版产业发展五大目标:新闻出版生产力明显提升,新闻出版产业发展速度高于同期国内生产总值发展速度,在国民经济中所占比重逐步提高;新闻出版产业结构调整基本到位,产业区域布局与地区经济社会发展协调一致,新闻出版产品和服务更加丰富;数字出版、网络出版、手机出版等战略性新兴产业领域的发展水平和速度达到世界先进水平;基本建立起统一开放、竞争有序、健康繁荣的现代出版物市场体系和技术先进、覆盖全面、传输快捷的现代传播体系;基本扭转新闻出版产品和服务的贸易逆差状况,大幅度提升中华文化国际传播力和影响力,整体实力上向世界新闻出版强国迈进。尽管2008年下半年爆发的国际金融危机致使全球多数产业遭受巨大冲击,但文化及传媒产业在此背景下却呈现出了反经济周期增长,在引领各国经济逐渐走出金融危机的阴霾中,显示出强大的带动与辐射能力。于是,一些西方国家开始在刺激经济方案中明确扶持文化及传媒产业的发展。2009年7月,国务院出台了《文化产业振兴规划》,并强调要做好八项重点工作,这标志着我国文化产业的战略地位得到进一步提高,在“机遇期”和“转型期”中已经确定成为引领我国经济走入新一轮经济增长的强大引擎,成为助推社会转型、促进国家经济结构调整的新动力,步入了纵深发展时期。可以预见,今后一个阶段的文化及传媒产业政策的基本取向将以大力扶持为主,体现为振兴和激励。

4) 聚焦传媒产业

近几年来,中国传媒产业快速增长,传媒业利润连续三年以25%以上的速度增长,传媒业也已成为继电子信息、制造业、烟草业之后的第四大利税产业(李明,2009),中国传媒产业增速超过了全国产业的平均增速。2005年我国国内生产总值为182 321亿元,比上年增长9.9%;2006年,国内生产总值209 407亿元，比上年增长10.7%。2007年，国内生产总值246 619亿元，比上年增长11.4%（国家统计局，2006、2007、2008）。而2005年中国传媒产业总产值约为3 205亿元，约比2004年上升11.9%（崔保国，2006）；指标适当修正后，2006年传媒产业的总产值约为4 236.56亿元，约比2005年上升24.3%（崔保国，2007）。2007年传媒产业的总产值为4 811亿元，比2006年增长13.6%（崔保国，2008）。2009年传媒产业的总产值为4 907.96亿元，比2008年增长了16.3%（崔保国，2009）。根据《中国文化产业发展蓝皮书》中的测算数据，目前我国的文化消费水平只达到发达国家的四分之一，人均消费潜力远远没有释放出来。我国的第三产业整体发展水平也低于发达国家约10个百分点，以文化及传媒产业为代表的"新兴服务业"远没发挥应有的作用①。因此，实施传媒产业的国际化战略，不仅能够提升我国传媒产业的竞争力，而且对我国经济的发展以及软实力的提升将有巨大的促进作用。

尽管目前世界经济高度全球化，并且在我国政府对于传媒产业国际化政策导向相当明确，但是，目前中国传媒企业真正实施国际化的相对较少。对于传媒产业国际化理论研究也很少。因此本书拟基于中国传媒集团为研究对象，探索中国传媒集团国际化的战略问题，研究中国传媒集团国际化目标市场选择与进入模式方法，然后对于中国传媒集团国际化进程中的风险进行分析，提出构建中国传媒集团国际化发展模式，并对中国传媒集团国际化战略提供理论支撑与实践指导。

1.1.2 本书的研究意义

在国家"走出去"战略指引下，一些企业开始了国际化进程，相对发达国家的企业，中国企业"走出去"所面临的初始环境受到经济体制转轨和制度

---

① http://www.iccie.cn——张晓明：推动文化产业创新发展与转型升级.

演化的约束，不具备“先行优势”，只能采取“跟随”战略。然而，由于传媒产业特殊的双重属性，在国家严格的传媒管制下，传媒产业国际化步伐比较缓慢，几乎所有的传媒企业业务主要在国内市场，很少真正走向国际市场，国际化程度比较低。因此，研究中国传媒国际化发展战略，对于促进中国传媒产业的发展，具有重要的理论意义与现实意义。

1）研究的理论意义

由于中外之间经济规模、市场容量、资源禀赋等方面的差异，以西方发达国家跨国公司为基础的国际化理论，对于中国企业的国际化的指导有限。因此，对于中国传媒集团国际化战略的研究，尤其从跨文化的视角，拓展了跨文化研究的范畴，丰富了国际化的相关理论，具有重要的理论意义。

（1）丰富了国际化理论研究范畴。

迄今为止，国际化战略研究多数在西方发达国家，且主要集中于制造业与服务业等领域。因此，研究中国传媒产业的国际化问题，拓展国际化战略研究领域，将能够丰富国际化的相关理论。而国内对于传媒国际化问题研究甚少，理论研究匮乏，多数停留在基础概念的描述方面，对于企业目标市场选择与国际化进入模式问题鲜有系统研究。因此，研究中国传媒集团的国际化战略，具有前瞻性，尤其对于进入从发展中国家的视角研究目标市场和进入模式选择问题，有益于完善国际化理论的相关研究，在丰富国际化理论的同时，为中国传媒产业的发展提供理论支撑，从而为中国传媒集团国际化发展提供智力支持。

（2）开拓了新的研究视角。

本书从跨文化的视角研究中国传媒集团的国际化战略，开拓了新的研究视角，拓展了传媒产业研究领域。在目前国际化发展战略过程中，由于文化冲突而导致的跨国经营失败的案例比比皆是。文化作为国际化发展战略中的一种软实力因素，对企业国际化的影响既是无形的，又是无处不在的，具有十分关键的作用。在企业国际化进程中，需要考虑跨文化的影响与跨文化的风险，跨文化管理对于企业国际化经营有着非凡的意义。传媒产业不仅要像一般产业受到跨文化的影响，同时，由于传媒产业的特殊性，更多的时候，传媒产品同样包括了跨文化或者文化的因素。因此，从跨文化的视角研究中国传媒产业的国际化，不仅满足了作为集团战略的需求，同时对于传媒产品的更新与升级具有重要意义。

(3) 拓展了交叉学科研究。

中国传媒产业受到政府的管制政策影响，传媒产业又具有经济属性与社会属性双重因素。研究传媒集团的国际化战略，并在跨文化的视角进行探讨，结合文化差异的内容，从管理思维出发，研究传媒集团的国际化战略，开拓了交叉学科研究，丰富了战略管理的研究领域，拓展了跨文化研究与媒介经济管理研究范畴。

2）研究的现实意义

结合本书的研究背景，研究中国传媒集团国际化战略，具有如下现实意义：

(1) 传媒集团国际化动机研究有利于国际化决策。

对国际化动机已有理论进行分析，并基于 Dunning 的国际化动机四种类型，对于中国传媒集团国际化动机进行了实证分析，检验了 Dunning 国际化动机理论在中国的适用性，并对于实证结果进行了分析，结合中国传媒产业的实际情况，能够为中国传媒产业的国际化决策提供指导。

(2) 指导传媒集团国际化战略路径选择。

通过对于传媒集团国际化的研究，总结了传媒集团国际化的影响因素，尤其对于跨文化现状进行分析，建立了基于跨文化的动态决策模型，有利于优化传媒集团的国际化目标市场与进入模式的选择，能够指导传媒集团的国际化战略路径选择，从而降低国际化的风险。

(3) 优化产业结构规划与调整。

对于传媒集团国际化战略的研究，能够促进传媒产业的发展，提升中国传媒产业的竞争力，提高传媒产业对国民经济的贡献率，为政府的产业结构规划与调整提供相应的决策建议。伴随着中国经济的迅速发展，国内传媒产业的竞争白热化，国内传媒市场竞争激烈且传媒产品低端重复，研究中国传媒集团的国际化，开拓国际市场，提升传媒产业的竞争力，提高传媒产业在国民经济中的地位，发挥新兴产业效应，进而拉动国民经济的增长，改变传媒产业在国民经济中的格局与地位，为政府的产业结构调整与规划提供相应的决策建议。

(4) 降低国际化过程中的跨文化风险。

对于传媒集团国际化的风险研究，建立跨文化风险分析框架，有利于更全面、更系统地考察和分析传媒集团国际化进程中的文化风险问题，为企业国际化动因提供了新的思路，并且为传媒集团国际竞争力的提升提供了新的途径和手段。

1.2 本书的研究内容与方法

1.2.1 本书的研究内容

针对中国传媒产业的现状，借鉴国外传媒集团的国际化发展战略，探索中国传媒集团的国际化发展战略，以增强中国传媒集团的竞争力。本书的主要研究内容有几部分：

(1) 实证中国传媒集团国际化动机。

由于中国传媒集团国际化起步较晚，程度较低，需要对国际化动机进行研究。由于目前有关传媒集团国际化动机理论多数集中于西方发达国家，为了对中国传媒集团国际化动机进行研究，本书将通过实证方法检验 Dunning 国际化动机理论在中国传媒集团国际化进程中的适用性。通过对传媒集团相关领导进行深入访谈，进行问卷调查，以深入探索中国传媒集团国际化动机问题。

(2) 分析文化差异与中国传媒集团国际化目标市场选择。

总结有关国际化的经典理论，针对中国传媒产业发展现状，结合政府对于传媒产业的政策，以中国的传媒集团为研究对象，从跨文化研究视角出发，检验传媒集团国际化市场选择的心理距离理论或地理距离理论。分析传媒集团国际化目标市场选择的影响因素，从决策者的角度出发，构建中国传媒集团国际化市场选择的决策过程动态模型（Decision Making Process，DMP），为目标市场的选择提供理论依据，从而更加合理科学地选择目标市场。

(3) 探讨文化风险与中国传媒集团国际化进入模式决策。

通过对国内外国际市场进入模式的相关研究综述，探索市场进入模式的相关影响因素，并结合中国传媒产业的特殊属性，研究中国传媒集团国际化进入模式的宏观、中观、微观影响因素，拓展中国传媒集团国际化的研究领域。针对中国传媒集团国际市场进入模式的影响因素，分析国际市场进入模式的常用研究方法的优缺点，根据进入模式的影响因素，利用层次分析法（Analytic Hierarchy Process，AHP）对于中国传媒集团国际化进入模式提供了决策方法。

(4) 探索中国传媒集团国际化中的跨文化整合问题。

分析中国传媒集团国际化过程中的跨文化冲突问题，分析跨文化冲突的表现形式、作用路径、产生原因等，基于文化的渗透、移植等，构建跨文化整合模型，促进跨文化的创新策略，从而促进跨文化竞争力的提升。

(5) 研究中国传媒集团国际化发展模式。

借鉴西方传媒集团的国际化经验，对于中国传媒产业的国际化从政府、行业与企业层面给出了相应的对策建议，尤其从跨文化的视角，分析文化差异、文化风险、文化冲突的问题，探索文化整合现象，构建中国传媒集团跨文化的发展模式，以促进中国传媒集团国际竞争力与中国软实力的提升。

1.2.2 本书的研究方法

根据本书研究的需要，主要通过实证分析、规范分析和数学建模等方法，对相关问题进行探索。

(1) 规范分析与实证分析。

对于基础理论进行了探索性研究，丰富国际化理论的同时，探讨了中国传媒集团的国际化进程。并对文化差异理论进行了分析，在 Hofstede 文化维度的基础上，给出了文化距离的计算方法，搜集中国出版集团国际化的相关数据，实证检验了文化距离对于出版集团国际化目标市场选择的影响，探讨了心理距离理论在中国传媒集团国际化进程中的适用性。

(2) 理论归纳与数学建模相结合。

中国传媒集团真正走出国际化路子的相对较少。因此，对于目标市场的选择问题，需要综合考虑各种因素，分析传媒集团国际化目标市场选择的影响因素基础上，从决策者角度出发，构建了中国传媒集团国际化目标市场选择的决策过程(DMP)的动态分析法，有利于指导中国传媒集团更好地走入国际市场。对于国际化进入模式的选择，采用动态决策方法，由于进入模式受到多种因素的影响，因此，为了全面考虑进入模式的选择，需要综合考虑多方面的因素，利用动态决策模式，可以对于决策过程进行动态控制，对于决策过程可以进行及时控制，使其更具可操作性。

(3) 文献归纳分析法。

对进入模式的国内外研究进行分析，归纳有关进入模式选择的影响因素，并从宏观、中观和微观层面分别总结进入模式的影响因素。归纳了进入模式选择的有关实证研究，根据正相关、负相关的关系，总结了文化距离、国际化经验与进入模式的实证关系。在文献归纳的基础上，分析了目前国际化进入模式研究的不足之处，从而发掘本书研究的出发点，并对未来研究进行展望，从理论视角到研究内容等方面分别进行拓展，以丰富相关的理论研究与实证分析。

(4) 案例分析法。

对于本书研究的主要内容，结合中国出版集团公司的实践，探讨了公司国际化目标市场选择与进入模式决策方法，进而检验本书研究模型的有效性与本书研究的意义，并对于中国传媒集团国际化发展战略进行了探讨。

1.3 本书的研究路径与结构安排

1.3.1 本书的研究路径

本书的研究路径如图 1-1 所示。

1.3.2 本书的结构安排

分析本书研究背景与研究意义之后，根据 Melin 国际化的概念，分别从目标市场选择、进入模式决策出发，对于中国传媒集团国际化问题进行探讨，本书具体章节安排如下：

第 1 章，绪论。首先对于本研究的背景进行介绍，探讨中国传媒集团实施国际化战略的理论与现实意义。其次，对本研究的主要内容与方法进行了阐述，勾勒本书的研究框架与路径，并给出了本书章节的具体安排。最后，对于本研究的创新点进行归纳，进一步明确本研究的理论与现实意义。

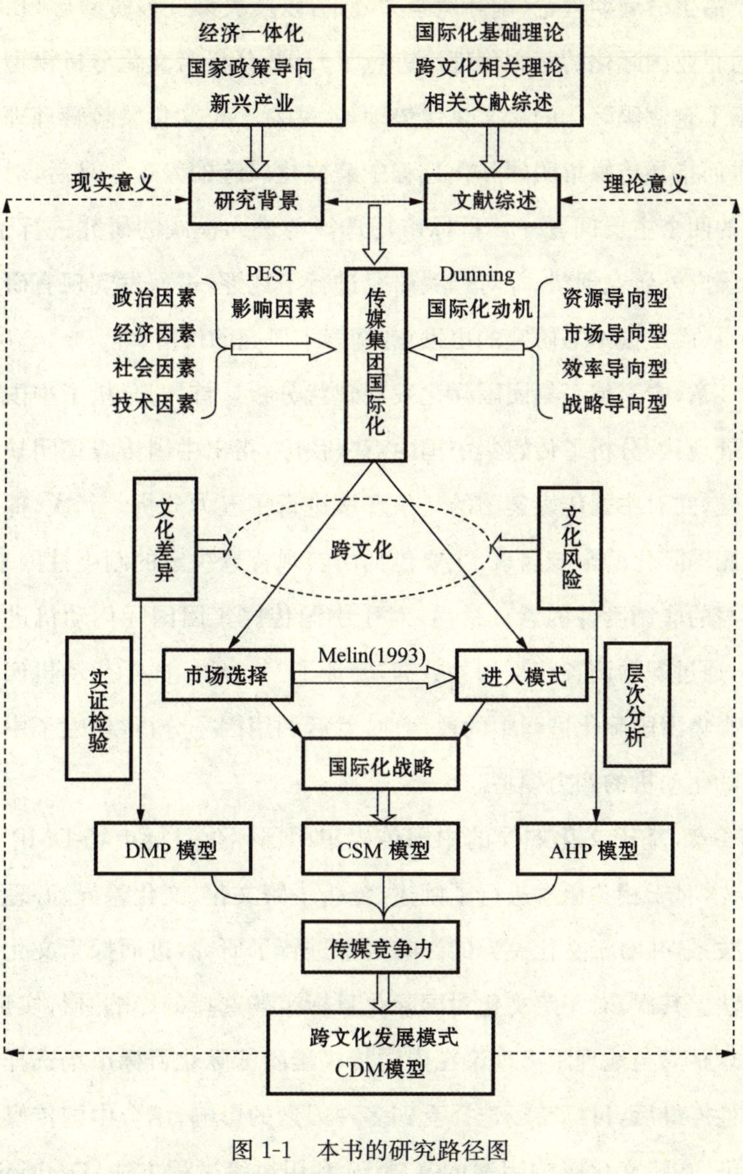

图 1-1 本书的研究路径图

第 2 章，企业国际化战略的跨文化相关理论与文献综述。首先，对相关概念进行了界定，明晰了研究对象。对国际化战略的理论基础进行了归纳，探索了与本研究密切相关的理论基础，主要包括国际化阶段理论、交易成本理论、产品生命周期理论、国际竞争力理论，以及决策过程模型与 OLI 模型。其次，对企业国际化的跨文化理论进行了归纳，分析跨文化分析模型的基础上，探索了企业国际化的跨文化优势理论，并对于跨文化风险管理理论进行归纳，进而指导传媒集团国际化过程中跨文化风险的管理。最后，对于国际化研究的两个主要问题——目标市场选择与进入模式的研究进行了归纳，探索了国内外研究现状，并对相关研究进行了述评，进而发现现有研究存在的不足，从而发掘本书研究的出发点，探索本研究的价值。

第 3 章，中国传媒集团国际化发展现状分析。首先，分析了中国传媒集团的发展现状，分析了传媒集团国内竞争秩序，指出中国传媒集团缺乏竞争力等问题，并对中国传媒集团的竞争环境进行了五力分析。其次，探讨中国传媒集团国际化的影响因素，主要包括由宏观背景决定的制度性因素，以及传媒自身的非制度性因素。最后，对于中国传媒集团国际化动机进行了实证分析，通过问卷调查获得相关数据，验证了 Dunning 国际化动机四类型在中国传媒集团国际化进程中的适用性，然后利用因子分析，构建了中国传媒集团国际化动机的四力模型。

第 4 章，基于文化差异的中国传媒集团国际化目标市场 DMP 选择模型。首先，对于相关概念进行了阐述，分析了跨文化、文化差异、心理距离等之间的关系，并对于文化差异的影响因素进行了研究，进而探索文化距离的测量方法。其次，对于跨文化对国际化目标市场选择的影响进行实证分析，检验心理距离与地理距离理论在中国传媒集团国际化目标市场选择过程中的适应性。最后，目标市场选择受到多种因素的影响，结合中国传媒产业的具体特征，在跨文化影响因素的基础上，利用决策过程方法（Decision Making Process）研究国际化目标市场选择的决策方法，构建并分析了中国传媒集团国际化目标市场选择的 DMP 模型。

第 5 章，基于文化风险的中国传媒集团国际化进入模式 AHP 模型研究。在国外目标市场选择的基础上，市场进入模式的不同类型，对企业的发展起着重要的作用。本章首先分析国际化市场进入的影响因素，分析中国传媒集团国际化市场进入模式的宏观、中观、微观影响因素。其次，对跨文化引起的风险进行识别，探索了跨文化风险的类型与表现形式。最后，分析一般情况下国际化进入模式的决策方法，并对传统方法的利弊进行研究，结合中国传媒集团的实际，构建了中国传媒集团进入模式决策影响因素指标体系。由于影响因素的复杂性，利用层次分析法（AHP）对于进入模式进行决策，给出了传媒集团国际化进入模式选择 AHP 模型。

第 6 章，基于跨文化冲突的中国传媒集团国际风险 CSM 模型。在研究国际化目标市场选择与进入模式之后，对于跨文化冲突问题进行了研究。分析了跨文化冲突的表现形式与作用路径，借鉴已有的跨文化冲突处理模型。构建了中国传媒集团国际化跨文化冲突的文化协同模型（CSM），并对于跨文化风险的方法给出了相应的对策策略：主要包括制定跨文化风险管理战略、建立健全跨文化组织机制、实施产品与服务的本土化经营等。

第 7 章，基于跨文化竞争力的中国传媒集团国际化 CDM 发展模式研究。首先，通过对西方发达国家传媒集团发展历程的研究，探索他们国际化发展的动因与发展趋势，归纳西方发达国家传媒集团国际化市场选择与进入模式的规律，为中国传媒集团的国际化发展提供借鉴。其次，根据国际化竞争力与跨文化的相关关系，探索跨文化提升国际竞争力的对策策略，构建并分析了中国传媒集团跨文化 CDM 发展模式，对跨文化发展模式的推进路径进行了研究，给出了中国传媒集团国际化发展的四大战略：环境政策优化战略、产业链锻造战略、品牌塑造战略和跨文化协同战略。

第 8 章，案例分析。对于本书研究的模型与内容，结合中国出版集团公司案例，进行了探讨。分析了中国出版集团公司的国际化现状，对于中国出版集团公司的国际化目标市场选择进行了检验，验证了本书研究的 DMP 模型的有效性,并对于中国出版集团公司国际化进入模式进行了探讨。

第9章,总结与展望。对本书研究的相关内容进行总结,对于本书存在的不足之处进行了说明,分析了中国传媒集团国际化未来可能研究内容,并对中国传媒集团的国际化的未来发展战略进行了展望。

1.4 本书的创新点

在理论归纳和文献综述的基础上,立足中国传媒集团国际化的现状,通过探索性的研究,尤其是从跨文化视角出发,研究了文化差异对于中国传媒集团目标市场选择的影响,并对中国传媒集团国际市场进入模式选择的影响因素进行了系统性归纳,弥补了国内外对于传媒集团国际化战略研究的不足,实现了一定程度的突破与创新。

(1) 通过实证研究,构建了中国传媒集团国际化动机的四力模型。

不同于一般制造业与服务业研究,本书选择中国传媒集团为研究对象,在考虑传媒集团特殊属性(经济属性与政治属性)基础上,基于 Dunning 国际化动机理论,分析了中国传媒集团国际化的影响因素,利用实证调查的方法对中国传媒集团国际化动机进行了探讨,并利用因子分析方法,分析了传媒集团国际化影响因素的四因子,分别为:市场影响因子、政府影响因子、品牌影响因子和集团创新影响因子,并构建了中国传媒集团国际化动机四力模型,并对于四力模型的实用性进行了深入分析。

(2) 构建了文化距离测量指标,实证检验了文化距离对目标市场选择的影响。

基于已有研究,对于文化差异进行了系统分析,结合中国传媒集团国际化的影响因素,借助 Hofstede 的研究,给出了文化分析维度:权力距离、男性主义、集体主义、风险规避和长期价值取向,构建了文化距离测量指标,考虑到传媒产业的特殊性，对于目标市场选择考虑地理距离、市场经济环境等因素，并利用中国出版集团国际化的相关数据，检验了文化差异等因素对中国传媒集团国际化目标市场选择的影响。

(3) 从决策者角度出发，构建了国际化战略动态决策模型。

从决策者角度出发，以跨文化的视角分析了国际化战略的影响因素：国家风险、市场吸引力、进入障碍和文化相似性，构建了目标市场选择的动态决策 DMP 模型，对决策过程进行了论述，通过动态调整的方法，降低了目标市场选择的跨文化风险，为中国传媒集团的国际化战略提供了科学决策、制度决策的方法，提高了进入成功率和进入绩效。

(4) 细分了中国传媒集团国际化跨文化风险。

根据中国传媒集团国际化现状，基于文化折扣理论，分析了跨文化风险的类型：传媒产品风险、国际合作风险、管理风险、协同风险和跨文化沟通风险，对各种风险进行了分析。并从风险性、战略效能和经济效能构建了传媒集团进入模式决策的指标体系，基于跨文化风险，利用层次分析法分析了中国传媒集团国际化进入模式的选择，并给出了中国传媒集团国际化进入模式决策的 AHP 模型，从而解决了决策过程中的复杂性问题，为进入模式决策提供了科学可行的方法。

(5) 提出了中国传媒集团跨文化发展四大战略。

从文化差异、文化风险与跨文化冲突三个方面对跨文化进行了阐释，分别研究了中国传媒集团国际化目标市场选择、进入模式决策以及跨文化冲突处理模型，从而构建了中国传媒集团跨文化发展模式，对跨文化发展模式的推进路径进行了研究，给出了中国传媒集团国际化发展的四大战略：环境政策优化战略、产业链锻造战略、品牌塑造战略和跨文化协同战略。

第 2 章　相关理论基础与国内外研究综述

国际化战略研究在国内外是一个研究的热点课题，并产生了系列理论。然而对于传媒产业的国际化研究较少，尤其从跨文化的视角研究中国传媒产业的更少。本书将重点对中国传媒集团的国际化问题进行探索。本章的研究思路是：在界定相关概念的基础上，归纳了与本研究相关的国际化理论基础；借助 Melin(1993)定义："国际化包括目标市场选择和进入模式决策"，从跨文化的视角，分别对国际化目标市场选择与进入模式研究进行了综述，指出已有研究存在的不足，对未来的研究方向进行了展望。

2.1　相关概念界定

2.1.1　研究对象确定

对于传媒集团的界定，需要考虑媒介集团这个概念。目前的研究多数将两者视为等同，但其实两者略有不同，主要是媒介与传媒的区别。浙江大学新闻传媒学院教授邵培仁认为：媒介就是指"介于传播者与受传者之间的用以负载、传递、延伸特定符号和信息的物质实体"，它包括书籍、报纸、杂志、广播、电视、电影、网络等及其生产、传播机构。传媒则在包括媒介的基础上，范围更加广泛。本书选取使用传媒集团这个概念，不仅仅包括作为媒介的性质，同样包括其作为企业联合体的属性，且相比较媒介集团，传媒集团经济属性更强。湖南教育出版社出版《中国传媒集团发展报告》，同样使用了传媒集团这个概念。截至2003年底，共有85家传媒集团（见附录），包括39家报业集团、14家出版集团、8家发行集团、18家广电集团和6家电影集团[①]。因此，在以下的篇幅中，将使用传媒集团这个概念，且以这85家传媒集团为研究对象。

2.1.2　国际化概念

对于企业国际化的理解，目前学术界还存在着一定程度的分歧，关于"国际化"的一个单一的、能为大家普遍接受的定义依然显得难以捉摸（Young，1987；Welch & Luostarinen，1988；Whitelock & Munday，1993）。自从Welch & Luostarinen（1988）对于国际化概念的演进分析之后，对于国际化有一系列的研究（Aaby & Slater，1989；Johanson & Vahlne，1990，1992；Melin，1992；Andersen，1993）。最早提出企业国际化概念的S. Carlson等瑞典学者认为，企业国际化应被视为一个渐进发展过程，而这一发展过程表现为企业对外国市场逐渐提高承诺（Incremental Commitment）的连续形式。国际货币基金组织（IMF）认为，"国际化首先是指企业市场的国际化，跨国商品与服务贸易和跨国投资规模与形式的增加，技术的广泛迅速传播使世界各国经济的依赖程度加深"。国内外对于国际化的经典定义如表2.1所示。

① 《中国传媒集团发展报告》课题组编纂，湖南教育出版社，2004年5月.

表 2.1 国际化的概念

学 者	国际化概念
S. Carlson 等瑞典学者	应被视为一个渐进发展过程，而这一发展过程表现为企业对外国市场逐渐提高承诺(Incremental Commitment)的连续形式
国际货币基金(IMF)	企业市场的国际化，跨国商品与服务贸易和跨国投资规模与形式的增加，技术的广泛迅速传播使世界各国经济的依赖程度加深
Johanson(1975)	企业对海外活动的态度或在海外已实际从事的活动
Pierce(1981)	企业及其管理当局对于从本国市场以外的营业来源的承诺程度与形式；认为国际化是一个企业持续增加国际经营投入的过程
Dunning(1988)	在国外市场投资的一种模式，可用 OLI 优势进行经济学解释
Stephen, Y. (1989)	企业进行跨国经营的所有方式或活动，包括产品出口、直接投资、技术许可、管理合同、交钥匙工程、国际分包生产、特许经营等
查德·罗宾逊(1989)	国际化的过程就是在产品及生产要素流动性逐渐增大的过程中，企业对市场国际化而不是对某一特定的国家市场所做出的反应
Beamish(1990)	国际化是一个过程，在这个过程中，公司日益意识到国际交易对其未来的直接和间接影响，而与其他国家建立并执行交易
Melin(1992)	国际化是一个渐进的过程，当产品、服务或者资源进行跨国界转移的时候，首先选择在哪个国家和谁进行交易，即目标市场的选择；其次企业要选择交易进行的方式，即市场进入模式
王增涛	企业以国际市场为导向，国际性地利用生产要素，积极参与国际分工和国际竞争的过程，企业为了寻求更大的市场、寻找更好的资源、追逐更多的利润而突破国界向外发展业务
杨德林	积极参与国际分工和交换，从而实现产品交换国际化、生产过程国际化、信息传播与利用国际化以及企业组织形态国际化的过程
梁能	既包括企业经营活动的国际化，又包括企业自身的国际化(即企业如何向跨国企业的演变发展的问题)

资料来源：作者自行整理。

而对于国际化的研究，国内学者提出了内向国际化和外向国际化，内向国际化对企业竞争能力的提高有着不同的功能，而外向国际化则是内向国际化发展的结果。鲁桐(2003)等对内向国际化与外向国际化进行了研究

(表 2.2)。

表 2.2　中国企业国际生产战略的内向国际化与外向国际化

类　型	方　式	功　能
内向国际化	引进国外先进设备 进口零部件和元器件 加工装配 技术合作 合资企业	提高生产技术水平 提高产品档次和质量 改进生产流程 跟踪国际技术发展动向 提高管理水平、利用外资、技术、市场和信息
外向国际化	贴牌生产 直接出口 建立海外办事处 并购海外企业 海外技术合作 建立海外研究与开发中心	全面提升产品质量、改善工艺 建立销售渠道 树立品牌形象、技术领先 收集海外市场信息 把握行业发展趋势 获取海外资产优势

本书对于国际化的理解是基于 Melin 的概念基础上，研究传媒集团国际化过程中国际目标市场选择与进入模式选择问题。通过研究传媒集团国际化过程中目标市场选择与进入模式决策，进而优化传媒集团国际化战略，更优地利用国际性生产要素，积极参与国际分工和国际竞争的过程，从而提升中国传媒集团的竞争力，加快中国传媒产业的发展。

1) 国际化目标市场

目标市场是指企业的产品、服务和其他资源跨国转移所必需的一个交易场所，一般是一个国家或地区。出口进入模式的目标市场是出口产品的最终目的地；契约进入模式的目标市场就是与国内企业签订相关合作协议的企业所在的国家或地区；而对于股权进入模式，投资的目标国就是目标市场。目标市场是企业国际化的目的地，在企业国际化过程中，目标市场选择妥当与否将会影响企业的经营绩效，因此，对于企业国际化目标市场选择的研究至关重要。

2) 国际化进入模式

国际市场进入模式是一种制度安排，如合资企业、独资企业、契约合同以及许可证等，即企业将产品、技术、人力、管理经验和其他资源进行跨国转移的方式(Root,1994)。企业可以在本国生产，然后将最终产品出口到其他国家；企业也可以将自己的技术直接转让到国外；企业还可以在国际市场上进行直接投资，将技术、资本、人力等资源甚至企业本身转移到国外。Sharma & Erramilli(2004)将进入模式定义为一种结构性安排，允许一个公司在东道国实施产品市场战略，通过完全的营销运作(如出口模式)，或通过自己以及合作关系(合同模式、合资和全资)实施产品与营销相结合的运作方式。国内学者张传忠(2004)认为国际市场进入模式是指企业在评估目标国市场环境和市场潜力之后且在正式经营之前，对进入价值链的哪个(些)环节，如何建立自己的供应链和销售渠道等决策的总和。国外市场进入模式决策是企业的产品与国外市场的一种连接方式(Yung 和 Konopa,1993)。因此，企业市场进入方式选择不仅受到企业与产品特征的影响，而且依赖于国内外的市场环境因素。

2.1.3 跨文化的相关概念

在一个被大量的数字所驱动的商业环境中，文化被认为是软弱的、缺乏硬度的、或者含糊的、不易被掌握的(Kluchholn F.,Strodtbeck F.,1961; Triandis HC.,1972)。文化缺乏精确的定义和衡量的尺度(Hofstede,1980)。对于跨文化的理解，首先需要了解文化的相关概念。

1) 文化的一般概念

文化是一个人们经常使用但非常复杂的概念。正如英国学者威廉斯所说："文化"一词是英语语言中最复杂的词汇之一。文化在汉语中是古已有之的词汇，西汉之前，"文"、"化"分开来使用较多。"文"的本意指各色交错的纹理，《易·系辞下》有文字记载："物相杂，故曰文。"《礼记·乐记》载："五色成文而不乱。"西汉之后，"文"、"化"合成一个词，如在《说苑·指武》中有：

"文化不改，然后加诛"。《辞源》把文化定义为：人类生存和繁衍的模式；《现代汉语词典》对于文化的定义是："人类在社会历史发展过程中所创造的物质财富和精神财富的总和，特指精神财富，如文学、艺术、教育、科学等。"梁启超在《什么是文化》中则称："文化者，人类心能所开释出来之有价值之共业也"。李宗桂(1998)认为，文化是代表一定民族特点的，反映其理论思维水平的精神风貌、心理状态、思维方式和价值取向等精神成果的总和。

西方人对于文化定义的探究也持续了一个长期的过程，而且目前也没有一个统一的定义，主要有以下几种定义①：

泰勒(E. B. Tylor)：文化是一个复杂的整体，是一个社会的成员所获得的知识、信仰、艺术、法律、道德、习俗及其他能力的综合体。

维特·巴诺(V. Barnouw)：文化是一群人的生活方式，即所有的习得行为和类型化的模式，这些模式行为是通过语言和模仿一代一代传承下来的。

罗伯特·摩森：文化是一种生活方式，它产生于人类群体，并被有意识或无意识地传给下一代。文化是明显的或隐含的处理问题的方式和机制，它使得一个民族在适应其环境及不断变化的条件时有别于其他。

埃德加·H·沙因：文化这个概念应该包含为组织成员所共同拥有的更深层次的基本假设和信念，价值观只是文化的表现形式。

虽然国内外对于文化有着不同的定义，但是比较权威并系统归纳的定义源于《大英百科全书》，该书引用美国著名文化人类学专家克罗伯和克拉克洪的《文化：一个概念定义的考评》一书，将收集到的166条有关文化的定义分为6组：描述性定义；历史性定义；规范性定义；心理性的定义；结构性定义；遗传性定义。

虽然对于文化概念有着不同的定义，但文化所具备的特征基本得到认

---

① 此部分作者整理，主要参考文献：郭齐勇(1990)；应焕红(2001)；苏珊·奈德施(2001)；姚孝军(2006)。

同:①民族性,文化是一个民族所特有的,为多数成员所分享,用以区别本民族与其他民族,并支配着本民族特定的生活、行为方式;②后天性,通过后天与人之间的交往学习所得,而不是天生或遗传,且文化可以通过代代相传而得以传播;③非物质性,文化由人类社会生活中的文学、艺术、科学、哲学、道德、风尚等精神方面的内容所构成,与政治、经济并列而成为人类社会活动的一部分;④共享性,是一个群体的人们共同具备的特征,而不是个人所表现出来的独特的品质;⑤可变性,由于受到外部因素的影响,一个群体的文化可以因为环境的变化而变化,具备可变性。

由此可见,一般而言,文化可以定义和表示为人们的态度和行为,由一代代传下来的对于存在、价值和行动的共识,为群体成员所共享,是人们共同生活的基础,通常表现为特定群体共享的生活习惯、价值观念等。

2) 文化的类型

从文化的定义与特征可以看出,文化内涵具有丰富性与多样性。根据不同的划分标准,文化有着不同的类型,如根据文化的不同功能,可分为礼仪文化、企业文化、饮食文化、服饰文化等等;根据不同的地理环境,还可分为西方文化、东方文化、中国文化、美国文化、海洋文化、大陆文化等。姚孝军(2006)将文化划分为6种类型,国家文化(地理、历史、政治、经济等)、地区文化(语言、宗教、气候、军事)、行业文化(资源、产品、技术、市场特点及行业惯例和法规)、职业文化(教育、培训、社会)、职能文化(组织的外部环境、工作性质、职能部门的地位)和企业文化(创建者、历史、发展阶段、市场特点、产品特征、外部环境)。

本书对于文化的研究,主要是针对国家文化或者地区文化而言,不同的国家(地区)有不同的文化,称之为国家(地区)文化,主要受到其地理、历史、政治和经济等环境的影响。美国管理学家 S. Ronan 和 Shenkar(1985)在这方面做了有意义的研究,他们发现不同的国家(地区)在管理价值、工作态度、领导类型等方面有地区性的联系，从而将其分为8个群体：近东（土耳其、伊朗、希腊）、北部地区（芬兰、挪威、丹麦、瑞典）、阿拉伯（阿联酋、科威特、阿曼、沙特、巴林、阿布扎比）、德语系（德国、瑞士、匈牙利）、远东（马来西亚、香港、新加坡、菲律宾、印尼、台湾、泰国、越南）、英语系（英国、美国、澳大利亚、加拿大、爱尔兰、新西兰、南非）、拉丁美洲（墨西哥、智利、哥伦比亚、阿根廷、秘鲁、委内瑞拉）、拉丁欧洲（法国、比利时、意大利、西班牙、葡萄牙）和独立组（巴西、日本、以色列）。虽然 S. Ronan 和 Shenkar 对于文化群体进行了分类，但是未对分类标准进行深层次的分析。

3）跨文化的定义

跨文化又叫交叉文化，是指具有两种不同文化背景的群体之间的交互作用（RaghuNath，1987），跨文化强调文化之间的相互联系等。在分析文化概念的基础上，跨文化可以看做是不同区域、不同国家，如何克服文化上的差异，进而采取相应策略，加强文化之间的融合。本书正是在文化分析的基础上，结合传媒产业现状，研究中国传媒集团在国际化过程中，由于文化差异所引起的障碍，进而采取相对应的措施优化传媒集团的国际化路径选择；同时对跨文化风险进行分析研究，从而规避由于跨文化过程中的国际化战略而导致的传媒产品内容风险、合作风险以及协同风险等，并构建跨文化协同模型，以提升跨文化竞争优势。

2.2　国际化的相关理论基础

关于国际化战略的理论，在不同的时期，有着不同的理论模型，对国际化战略基础理论的归纳，需要根据研究方法、目的而定。作为最基本的理论之一，交易成本理论是国际化战略许多理论的基础；本书对国际化的理论是借助 Melin 对于国际化两阶段模型，因此研究需要考虑国际化阶段理论；同时从传媒集团国际化的目标市场选择与进入模式选择出发，需要进行系统决策并考虑各种影响因素(如内部化优势等)。因此，本书对于企业国际化战略的理论基础分析，主要从交易成本理论、国际化阶段理论、产品生命周期理论、决策过程与OLI模型等方面进行分析。

2.2.1 交易成本理论

交易成本理论也称作交易费用理论，由Anderson和Gatignon(1986)提出，其理论基础由Coase(1937)提出，基本思想是：市场交易是有成本的，被称为交易成本(transaction costs)，包括：搜寻(交易对手)成本、谈判和签订交易合同的签约成本(contracting costs)以及监督与履约成本(monitoring and enforcement costs)。交易成本理论从微观的角度分析交易活动，以“交易”为分析本质。经济人(个人或企业)组织经济交易的基本原则是使总的交易成本最小化和长期效率最大化。

在Anderson和Gatignon建立交易成本理论框架以后，许多学者对这一理论进行了新的发展。D. J. Teece(1986)认为“效率”是选择交易机制的判断标准，当市场存在不完全性时，交易可能会因资产专有性(asset specificity)以及环境不确定性等因素而形成少数议价(small bargaining)或受制于他人的情况。因此，通过交易的内部化，生产与交易成本得以降低。Hill等(1990)将环境和战略因素融入到交易成本分析框架；Klein等(1990)结合生产成本和外部不确定性对交易成本理论框架进行了扩展；Erramilli和Rao(1993)将交易成本理论运用于服务业进入模式选择分析，并对这一理论框架进行了修正；Lu(2002)用制度理论(institutional theory)对交易成本理论进行了补充，因为他认为交易成本理论是一个静态的理论，无法解释进入模式的演化现象，因此在成本分析模型中采取了制度理论弥补此项不足；Brouthers(2002)进一步将交易成本理论框架扩展为“制度、文化和交易成本”，他认为制度因素是知识产权保护程度和市场交易风险水平的基础，而文化因素会影响跨国公司在目标市场的管理成本和对当地市场不确定性的评价。

尽管众多的学者通过不懈的努力不断地修正和完善了交易成本分析模型，但交易成本理论依旧存在着不足的地方，不仅仅因为具体的交易成本是模糊的，成本难以衡量；而且交易成本与公司的结构并没有直接的联系。因此，在用交易成本理论解释市场进入模式方面，存在着一定的不足，其原因可以由于忽略了东道国政府的政策，有的政策能够组织一系列进入模式的可行性和较低生产成本的可能（Anderson 和 Gatignon，1986）；没有吸纳公司战略和市场竞争因素（Madhok，1998）；假设公司采取某种进入模式是为了利润最大化，而实际上有时并不相符（Milgrom 和 Roberts，1992）。

虽然交易成本理论在解释进入模式过程中存在着一定的分歧，可能与进入模式复杂的影响因素有关，公司在选择何种具体市场进入模式能够使企业达到交易成本最小化和长期效率最大化，需要考虑产品因素、外部不确定性和内部不确定性等。公司的主要目的是选择具有最佳控制力的进入模式，从而达到交易成本最小化和长期效率最大化。

2.2.2　国际化阶段理论

国际化阶段理论是 Johanson 和 Wiedersheim-Paul（1975）最早提出的，他们在研究中小企业国际化发展战略发现的，并且认为中小企业的国际化过程是一个长期的、缓慢的发展和实施过程。Johanson & Vahlne（1977，1990）形式化的国际化过程模型（Internationalization Process Model）是获得最广泛应用的一种用于解释公司的国际化活动发展过程的参考模型（Anderson，1993）。Brooke（1986）在研究国际市场进入模式选择时对这一方法进行了改进，得出了市场进入模式是随着企业的发展阶段不同而不同的结论。表2.3对于国际化阶段理论的相关研究进行了总结。

表2.3 国际化阶段理论的研究总结

作 者	相关模型探索
Johanson(1990)	S1 直接出口;S2 间接出口;S3 当地销售;S4 当地制造
Bilkey & Tesar(1977)	S1 不情愿出口;S2 履行未经请求的订货;S3 探索出口的可行性;S4 尝试出口到一或两个市场;S5 有经验的出口到较多市场;S6 探察进一步的市场
Turnbull & Ellwood(1986)	市场结构:S1 简单国内市场;S2 扩展的国内市场;S3 最初的国际市场;S4 扩展的国际市场;S5 多国/全球市场
Cavusgil(1980)	S1 国内市场;S2 预出口;S3 试验型的参与;S4 积极参与;S5 承诺参与
Czinkota(1982)	S1 完全无兴趣;S2 有部分兴趣;S3 探索;S4 试验;S5 有经验的小规模出口商;S6 有经验的大规模出口商
Reid(1981)	S1 有出口意识;S2 有出口意图;S3 尝试出口;S4 评价出口;S5 接受出口
Cavusgil(1982)	S1 无出口公司,对出口信息无兴趣;S2 无出口公司,对出口信息有兴趣;S3 出口比例在总产量10%以下;S4 出口比例在总产量10%以上
小林规威(1998)	S1 以总公司经营为中心的国际化;S2 重视出口市场国际经营;S3 重视在出口国经营活动,并开始从事海外生产;S4 以全球战略进行跨国经营;S5 全球战略经营的深化

注:Si 是国际化的第 i 阶段。

国际化阶段模型主要研究出口的不同阶段以及出口至 FDI 的演变过程,该模型认为按资产投入程度的逐步提高,企业国际化可分为四个阶段,即无规律的出口行为—通过代理出口—在国外市场建立销售子公司—国外生产(Johanson & Wiedersheim-Paul. 1975;Johanson & Vahlne. 1977)。国际化阶段理论认为国际化过程是“渐进过程”,每一步骤的行动会导致企业做出进一步参与国际化活动的承诺。Johanson & Wedersheim-Paul(1975),Johanson & Vahlne(1977)利用案例分析,进一步证实了国际化过程的渐进性,通过对瑞典四家具有代表性的制造公司国际化的统计数据分析,63个海外销售分部中,56个首先是有中间商的;37个海外生产基地中,有28个是在该东道国先建立海外销售分部的基础上建立海外生产基地的。由此可以看出，在企业国际化进程中，遵循一种“渐进性”的步骤，体现了一个企业的国际化市场参与程度由浅入深的过程。

国际化阶段理论认为跨国经营需遵循两个原则：一是企业会首先选择市场条件、文化背景与母国相同或相近的国家；二是在特定市场的经营活动中，企业往往遵循从简单出口到直接投资的渐进过程。企业的国际化与组织生命周期相关（Chandler，1962），并对于国际化阶段的划分进行了探讨，L. E. Fourake：和 John M. Stopford（1968）提出了“哈佛准则”（Harvard Criteria），将国际化划分为：开始阶段、发展阶段、成长阶段和多国公司阶段。在开始阶段，为了规避风险，一般通过代理商出口产品；随着国际经验的增加，进入了发展阶段，开始在国外建立分支机构；随着公司承担风险以及海外市场经验的积累，公司开始在海外建立生产制造机构，进而进入成长阶段；由于国外生产机构的发展，公司开始全球的国际化服务，从而进入了多国公司阶段。虽然“哈佛准则”给出了明确的阶段划分，但未能给出划分的标准与依据。因此，关于国际化阶段划分还需进一步研究。由芬兰学者Reijo Loustarinen（1980）在哈佛准则的基础上，根据POM（Product，Operation，Market）态势区分企业的国际化类型（表2.4）。虽然POM划分相对全面，但对于个别变量的解释不免有些牵强。

表2.4　国际阶段划分——POM态势准则

国际化阶段	POM态势		
	P-产品	O-运营	M-市场
开始阶段	仅对外出口产品	非投资型市场运营	趋向地理上最近的外国市场
发展阶段	出口产品，同时向国外提供服务	非投资型、投资型市场运营并存	面向各种国家，投资和服务仅面向地理上最近的国家
成长阶段	产品、服务和交钥匙合同、特许合作等方法均得到使用	除非投资和投资型市场运营外，非投资型生产运营也得到使用	面向更多的有较远距离的国家

（续表）

国际化阶段	POM 态势		
	P-产品	O-运营	M-市场
成熟阶段	除上述方法外，技术诀窍等〔如许可证）也投入使用	除上述运营方式外，直接投资生产经营方式也开始投入运营	面向更为广泛的在地理上距离大的国家

资料来源：根据 ReijoLoustarinen(1980)整理，转引：《长三角都市圈制造业企业国际化战略研究》。

在 Johanson 和 Vahlne(1977)提出国际化阶段模型之后，该模型被广泛应用，但是有很多学者对该理论的某些特性提出了质疑：

(1) 理论的适用性受到怀疑，虽然许多学者对于国际化过程模型进行了实证研究，并支持该理论模型，如 Carlson(1975)对瑞典企业出口行为的研究；Bilkey 和 Tesar(1978)对美国威斯康星中小企业出口行为的考察；Johansson 和 Nonaka(1983)对日本企业出口战略的研究；Benito & Gripsrud (1992)；Bonaccorsi & Dalli(1992)；Ali & Camp(1993)等人对 U-M 模型的实证研究结果，以及鲁桐对温州民营企业的调查(2003)，都支持"国际化过程模型"的正确性。但是，有一点必须指出，就是所有的验证都有一个限制条件，只针对中小企业，对于大型企业而言，渐进性不一定成立，因此，一些批评者对于该理论持怀疑态度。

(2) 国际化过程不一定持续，如 Johanson & Vahlne(1990)所述，国际化过程一旦开始，那么无论是否作出了推动国际化进程的战略决策，国际化过程都会一直继续下去。Welch & Luostarinen(1988)对这个说法的确定性提出了质疑，他们指出国际化过程的持续并不存在必然性。

(3) 渐进特性也受到了挑战，Bane & Neubauer(1981)提出国际化膨胀模型，指出国际化过程是突变的。Mckierman(1992)指出台湾企业往往直接从贴牌生产出口(OEM)直接发展到收购，这种"蛙跳式"的发展直接向 U-M 国际化模型提出了挑战。Forsgren(2002)指出"如果企业看到海外投资的风险比不投资的风险低时，企业即使在不具备经验知识的情况下也进行投资”。因此,这些学者认为国际化进程并不具备渐进性的特性。

(4) 企业市场知识与其海外市场卷入程度不是线性(linear relation)关系,Erramilli(1991)对美国服务业公司的研究结果表明,“市场知识与市场卷入的关系呈现U型状态”。问题的焦点在于当企业没有国际化经营的经验时,企业并非像U-M模型所说非常谨慎地不卷入或很小规模地卷入国际化市场。事实情况是,此时的企业由于对外界情况的不熟悉往往导致对风险的低估,加之对国际化经营极高的期望,使得企业非但不是谨慎的卷入国际市场,反而是比较大踏步的进军海外市场。而当初期盲目地进军海外市场使企业受到一些教训之后,企业反而对风险敏感,减少对海外市场的投资程度。最后,当企业拥有了丰富的国际市场经验,对风险有了清醒的认识和很强的控制能力,企业会扩大海外投资规模,这样企业的市场知识与市场卷入的关系呈现U型状态。Forsgren(2002)指出,“企业有时在没有自己经验知识的情况下也进行海外投资”,如近年来发展的电子商务公司往往同时在几个海外市场投资。其原因可以用先行者优势解释,旨在抢占市场,因此,企业市场只是与海外市场的卷入程度并非呈线性关系。

2.2.3 产品生命周期理论

产品生命周期理论(International Product Life Cycle)是哈佛大学教授维农(R. Vernon,1966,1979)和赫尔斯(S. Hirsch,1967)利用产品生命周期的变更,解释美国企业战后对外直接投资动机、时机和区位选择所创立的理论。产品生命是指产品在市场营销中兴衰变化的全部历程。维农认为产品发展要经历新产品阶段、成熟产品阶段和标准化产品阶段。当产品进入标准化阶段时,一方面,一个国家的厂商就可能增加产品数量,并借助生产成本的降低,把产品打入世界市场;另一方面,新产品首创国的企业所具有的优势开始减弱,而在市场竞争中只有产品的价格占有一定优势。这样,企业在跨国经营中就可以凭借价格低的优势向资源丰盛、工资水平低的国家进军，并使发展中国家进口标准化产品成为可能。

产品生命周期理论从企业垄断优势和特定区位优势相结合的角度，深刻地揭示了企业由出口转向直接投资的动因、条件和转换过程，具有创新性。首先，第一次从比较优势动态转移的角度来考察企业的国际化行为，为当时的跨国公司理论增添了动态分析或时间因素，实现了研究方法的创新。其次，把东道国的区位优势与企业的所有权优势结合起来，说明企业的国际化经营，即创新国的企业在产品成熟阶段必须到国外寻找低成本的生产区位和新的市场，将东道国的原材料优势和劳动成本优势相结合，从而扩充自己的优势，确保原先出口贸易企业已占有的市场份额，有效地排斥当地的仿制品，抑制潜在的竞争对手，维护创新国的垄断优势，为其他模型在建立过程中引入区位因素奠定了基础。最后，在企业的国际化中考虑了时机因素。

2.2.4 决策过程模型与 OLI 模型

决策过程模型是由 Cavusgil（1980）提出，后来 Reid（1981），Root（1994），Young（1989），Kumar 和 Subramaniam（1997），以及 Eicher 和 Kang（2002）等人进一步发展了该理论。虽然这些研究所建议的决策阶段模型内容各异，不仅决策阶段的数量不同，而且对每个阶段的描述也不尽相同，但无论哪种模型均将企业国际化决策看做是企业一项战略创新活动，各阶段之间沿着时间顺序发展演进过程中存在某种“推”或“拉”的机制，使企业的国际化活动不断深入（Anderson，1993）。决策过程理论强调做出市场进入模式选择的过程应该是一个多阶段决策的过程，在决策过程中需要考虑多种因素（如公司进入国外市场的目的，各种环境因素以及相关的风险和成本等因素），然而这个模型忽略了组织本身的作用和决策者在决策过程中的作用。

OLI折衷模型最早由Dunning于1976年提出，该理论认为，进行国外生产的企业必须具有三种优势，即企业的所有权(ownership)优势、区位(location)优势和内部化(internalization)优势(Dunning，1979；Agarwal和Ramaswami，1992)。所有权优势即某公司具有某些独特的生产资源，能持续开发并维持竞争优势，而且能够经受其他竞争者的模仿；内部化优势即通过内部化某些交易降低成本；区位优势即能够接近消费者或者进入当地市场，获得某些原材料或更加有效率及更便宜的生产条件。折衷模型提出企业进行跨国生产与当地企业竞争的首要条件是该企业必须具备特定的优势，即所有权优势。当这种优势使企业从国外生产中获得的收益足以补偿其国外生产与竞争所花费的费用时，该企业就有能力进行国外生产(Dunning，1988)。根据三种优势的组合情况，企业可以选择采取不同方式参与国际化经营(叶刚，1989)。OLI模型给出了企业海外经营的三要素，通常而言，企业决定能否在国外的经营，主要取决于所具有的特殊要素，即国家、行业和企业三个层面(表2.5)。

表2.5 企业海外经营的三种特殊要素

	国家	行业	企业
企业优势	企业能力(如资源熟练劳动力)和市场规模与特性；政府关于创新知识产权保护、竞争和行业结构等的政策、政府对内向直接投资的管制	产品加工程度；技术密集度；创新特性；产品差异化水平；生产经济性(如规模经济性)；接近投入或市场的重要性	规模；生产水平；工艺过程；市场多样化；企业创新或营销导向或知识价值的稳定性状况，如投入要素和市场的获得
区位优势	两国物质与精神上的差异；政府干预(关税、控制市场或投入要素限额、税收等)，汇率	资源的产地与分配渠道；中间与最终产品运输成本；行业特殊关税和非关税壁垒；行业中企业间竞争特点；行业活动的功能可否分离；敏感区位变量的重要性	外向管理战略；国外经营年代与经验(产品周期中企业所处位置等)；心理差距变量(文化、语言法律)；对某些职能集中的态度，如研究开发、职责与市场分配等；资产组合的地理结构和对风险的态度

（续表）

	国　家	行　业	企　业
内部化优势	政府干预和政策对内部化交易（如转移定价）的支持程度；政府对吞并的政策；国家间市场结构差异，如关于交易成本、合同履行、用户的不确定性、技术的适合性等；东道国基础设施和吸收组合资源转移的能力	垂直或水平多样化实现的程度，如需要控制市场或投入要素的筹集；通过合同形式（视早期或近期产品周期的阶段）获得国际化优势的程度；运用企业优势经营	企业组织与管理程序；对增长与多样化的态度（如企业活动的界限）；对转包合同风险（如许可证、特许技术援助合同等）的态度

转引：《长三角都市圈制造业企业国际化战略研究》资料来源：John H. Dunning，International Production and the Multinational Enterprise，London：GeorgeAllen & Urwin，1981，p. 113.

Dunning(1988)进一步指出所有权优势可以划分为两种优势，即资产优势和交易优势。一直以来，折衷模型广泛地被用于解释进入模式选择问题并获得很多实证研究的支持。Kim 和 Hwang(1992)认为折衷模型为管理人员选择进入模式提供了合适的工具。OLI 模型得到了许多研究者的青睐，在国际市场进入模式选择方面发挥着重要的作用，如图 2-1。

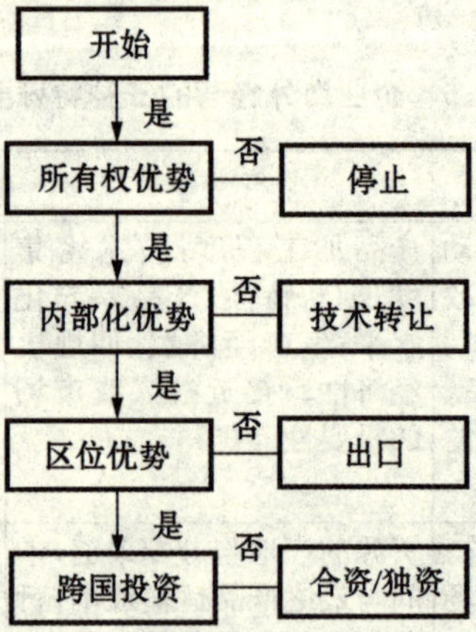

图 2-1　OLI 的国际市场进入模式选择模型

在以上分析的基础上，本书对于相关的国际化理论进行了归纳，分别从主要代表人物，相关的理论基础，主要观点等方面进行了汇总，并对于国际化理论的一些不足之处进行了分析，具体内容如表 2.6。

表 2.6 国际化基础理论的对比分析

基本模型	代表人物	理论基础	主要观点	理论不足之处
SD 模型	JohansonandPaul (1975); Brooke (1986); Young et al. (1989)	公司理论	企业进入模式选择是之前进入经验累积的结果	难以解释新建公司在国外市场采取高股权的进入模式,如 FDI
TCA 模型	Anderson & Gatignon (1986); Hill et al. (1990); Klein et al. (1990); Erramilli & Rao(1993)	交易成本理论与制度理论	成本最小化,效率最大化	交易成本难以测量并且与公司治理没有联系
OLI 模型	Dunning(1977,1980,1988,1995,1998,2000)	国际化生产理论、组织理论、内部化理论、区位理论	进入模式选择有所有权优势、区位优势和内部化优势所决定	静态模型忽视了一些外部的影响因素
OC 模型	AulakhandKotabe (1997); Madhok(1998)	组织理论	进入模式决策有赖于公司能力的部署与发展	公司能力不仅仅局限于所有权,忽视决策制定者和社会政治环境因素也不合理
DMP 模型	Root (1994); Young et al. (1989); Kumar & Subramaniam(1997)	行为理论	进入模式决策是多种因素相互作用的结果	忽略了组织效率与决策制定者的影响

2.3 跨文化管理研究

在 20 世纪五六十年代,Edward T. Hall 将“管理”与“文化”概念连接起来,并于 1960 年在《哈佛商业评论》上发表《沉默的语言》一文,成为对该问题系统思考的起点。从此之后,跨文化管理得到相应的发展,出现了不同的跨文化分析模型。

2.3.1 跨文化分析的模型

许多学者在跨文化领域做了大量探索,并形成了许多有关跨文化的模型，主要包括 Hofstede 与 Schwartz 等。

1) Hofstede 的文化维度分析

Hofstede 最早对文化维度进行了量化研究，从 1968 到 1972 年对 IBM 遍及世界 40 多个国家的 11.6 万名员工，进行了两次调查问卷综合研究，涉及员工的基本价值观和信念，以及员工的收入、工作安全感、挑战性、自由等特性，还涉及管理风格等问题。通过调查，Hofstede 总结出了最能够体现不同的国家和民族文化差别的四个方面（附录 1）：权利距离（Power Distance）、个人主义或集体主义（Individualism/Collectivism）、男性主义或女性主义（Masculinity/Femininity）、不确定性规避（Uncertainty Avoidance）。在刚开始的四个维度没有考虑到中国，随后 Hofstede（1991）又增加了第 5 个衡量指标长期取向（long-term orientation，LTO）来区分儒家思想的影响。Hofstede 模型影响极大，Fernandez（1997）认为 Hofstede 模型为以后的跨文化研究提供了一个分水岭式的研究基础。

(1) 权力距离，是指在社会或组织中缺乏权力的成员对不公平的权力分配所接受的程度，是一个组织或群体中的等级地位的差别，以及人们特别是地位低下的成员对权利分配不平等这一事实的接受程度。它考虑的是文化如何解决不平等问题，接受程度高的国家权力距离大，社会层级分明，人们往往会盲目的接受上级的命令，把服从命令看成是自然的过程；接受程度低的国家和民族，权力距离则小，人和人之间比较平等，管理不采用集中化的模式，分权管理比较流行，组织结构更加扁平，监管人员的比例较少，而且低层次的员工的素质相对比较高。

(2) 个人主义与集体主义，Hofstede 把个人主义定义为只关心自己和自己家人的倾向，个人主义将每个人视为独一无二的。人们对自己的评价主要依据自己的成就、地位及其他特征。在此种社会价值取向中，个体之间的联系是不稳固的。集体主义指人们更倾向于强调自己属于某个群体，并通过相互关照来换取相互之间的忠诚。在个人主义占主流的文化中，人们首先关注的是自己的利益，自私的行为被看成是理所当然的；而在集体主义占主流的文化中，人们更加关心的是集体而不是个人，更强调的是个人对于某个组织的归属感。

(3) 男性主义与女性主义，对性别不同的文化期望产生于所有的社会。在所有的文化里，男人和女人接受不同的社会化方式并通常扮演不同角色。男性主义代表文化支持传统男性取向的整体趋势，强调发展和盈利，注重成就、成功和金钱。与此相反，追求生活质量，强调平等、团结，力求建立良好的人际关系的价值取向被视为女性主义。

(4) 不确定性规避，指一种文化中的成员对不确定或不了解的情景感觉到威胁的程度。高不确定性规避的文化中，人们对于非结构性情景感到不舒服，重视雇佣安全，强烈地信任专家意见与知识，组织程序化规则与规范非常严格且必须遵守。

(5) 长期价值取向，追求未来长期目标的基本时间取向被称为“长期取向”。Hofstede和Michael Bond没有采用西方研究人员提出的问卷调查方法，而是基于亚洲研究人员反映的儒家价值观的问题提出了一种新的调查方法。这种价值观认为，储蓄应该丰裕，节俭是重要的，人们愿意为将来投资，对社会关系和等级关系敏感。

尽管Hofstede大量开创性的工作为我们理解国家文化以及他们之间的差异提供了便利，然而后来的学者对于其研究给出了一些批判性的研究(Brett & Okumura，1998；Schwartz，1994；Shenkar，2001；Steenkamp，2001)。尤其是Schwartz(1994)进行了详细分析：其一，Hofstede的文化维度并不是十分充分。因为他的调研设计并不是针对国家文化维度的，因此可能没有包括所有相关的问题；其二，样本选取并不能充分地反映国家文化的全部内容，增加其他国家的样本可能产生其他的文化维度或不同文化维度的结果;其三,所调查的对象为IBM的员工,由于调查对象之间的教育、科技背景以及对现代化的理解不同,并不能代表整个国家的文化层次;其四,Hofstede获取数据为1967~1973,然而全球文化的变革,如果考虑到这些风险因素的话(Ohmae,1990),可能会使得这些数据过时。其五,在Schwartz看来,调查问题是不是在概念上具有一致性值得商榷,因为不同文化的人们对于问题的理解是不是具有相似性。尽管Schwartz指出了Hofstede研究的一些不足之处,然而,Hofstede开创性的研究,为后来跨文化研究奠定了坚实的基础。

2) Schwartz国家文化维度

Schwartz(1994)在分析了Hofstede研究的不足之后,基于Hofstede的研究,在理论与实证分析的基础上,对调研数据进行平均之后,他采取了smallest-space分析方法,得到了一些能够区别不同国家文化的维度,最终得到了七个维度:保守主义(conservatism)、精神自由(intellectual autonomy)、情感自由(affective autonomy)、等级制度(hierarchy)、平等主义(egalitarian-commitment)、改造(mastery)、和谐(harmony)(Schwartz 1994,1999)。其中保守主义代表一个文化强调社会地位;精神与情感自由涉及追求自己想法;等级制度意味着在何种程度上不平等分配权利与资源是合法的;平等主义意味着在多大程度上人们愿意为其他人利益而放弃自己利益;熟练意味着通过自我主张而获得成功的重要性;而和谐是与环境和谐相处的重要性。Schwartz并于1994年报告了38个国家和文化地区这些维度得分的平均值。

在Brett和Okumura(1998)看来,Schwartz的研究框架比Hofstede的更好,Schwartz基于价值的概念分析,他的研究更加系统,不仅仅是抽样,而且测量和分析方法也更加系统,数据更新。尽管Schwartz文化维度理论基础较好,然而该框架的有消息并没有得到实证检验(Steenkamp,2001)。

Schwartz 模型的 6 个维度比 Hofstede 模型所涉及的内容更为宽广，更加全面。然而，Schwartz 选取的样本只有 10 多个国家，且多为发达国家。该模型是否适应发展中国家和与西方发达国家差异较大的文化，还有待于进一步的验证。

3）Kluckhohm 和 Strodtbeck 价值观取向模型

Kluckhohm 和 Strodtbeck（1961）价值观取向模型从文化必须通过形成适当的价值观取向系统加以解决的五个基本问题入手，强调价值取向的多样性。这五个基本问题是：人的本性（邪恶的、善恶兼备或善良的）、人与自然的关系（宿命论或协调生存）、时间的观念、行为方式（存在型、混合型或工作型）、人际关系（权力主义、集体或个人主义）（曾忠禄，2003）。

4）霍尔的文化理论

霍尔（Edward Hall）基于文化的时间、空间和语言的研究，在 20 世纪 60 年代提出了“跨文化交际学”（Intercultural Communication 或 Cross-cultural communication）。霍尔将人们对于时间的看法分成两类：单向性时间和多向性时间（庄恩平，2004）。单向性时间文化认为时间是线性的，人们常常将时间分成不同的时间段，一次只做一件事、工作时注意力很集中、严肃对待约定和时间的承诺等，像美国、英国、加拿大和北欧属于单向性时间文化；多向性时间文化认为时间是循环的，计划可以随时变更，可以同时做几件事、容易分散注意力、约定是可以变更的，时间是有弹性的等，如拉丁美洲、非洲、亚洲、南欧的国家多属于多向性时间文化（M. Warner P.，1996）。

另外，霍尔还提出了高低情景文化分析模型，并试图用此构架说明不同文化国家的人们在商业活动中的特点。霍尔认为，不同的文化在对待沟通的“内容因素”和“情景因素”方面存在着明显的区别，并根据对“情景”与“内容”的不同组合，将文化分为高情景文化（high-context culture）与低情景文化（low-context culture）。高情景文化的社会重视的是人际交往和沟通过程中的“情景”，而不是“内容”。人们注重建立社会信任，高度评价关系和友谊，关系的维持相对来说较长久。低情景文化的社会重视的是人际交往和沟通过程中的“内容”，而不是“情景”。低情景文化的社会不太重视个体之间的关系，人际关系持续的时间较短，沟通常常是直接的。

5）冯斯·川普涅尔与查尔斯·汉普登-特纳的文化分析模型

荷兰学者特罗姆彭纳斯（Fons Trompenaars）在前人工作的基础上，对文化维度理论进行了进一步的量化研究，并于1994年出版《文化踏浪》（Riding the waves of Culture）一书，后来与他的搭档汉普顿·特纳（Charles M. Hampden-Turner）在1998年修改后又再版此书。他认为国家与民族文化差异主要体现在八大维度上：①普遍主义/特定主义：普遍主义是指以共同的“规则”为基础的行为价值取向；而特定主义是指以“关系”为基础的一种价值取向，人们的思想与实践必须根据情景因素进行调整；②个体主义/集体主义：个体主义文化将自我视为一个独立的个体，追求个体目标；集体主义文化将自己视为群体的一个部分，追求的是共同目标；③中性/情绪化：中性文化是指对人们对情感采取抑制或控制的文化；④特定关系/散漫关系；⑤内心主见导向/外部影响导向；⑥单向性时间/多向性时间；⑦成就定位/归属定位；⑧平等/等级。同时，他对一些维度也进行了量化分析。

6）特里安迪斯的文化理论

特里安迪斯则对于个人主义和集体主义在跨文化中的特殊性进行了阐述，并提出了六个定义个人主义与集体主义的重要方面：①个体对自我的定义。个人主义将自我看成独立的个体，可以脱离他人而存在。集体主义则把自我看成群体中的一员，并不能脱离他人而存在；②个人目标和群体目标的相对重要性。对于个人主义社会的个人来说，个人利益重于集体利益；③个人态度和社会规范决定个体行为时的相对重要性。在个人主义为主要导向的社会中，个体的行为动因主要来自于自身对该行为的态度和兴趣，而在集体主义社会中，个体行为的驱动因素主要来自于个人对他人可能持有的看法的认知，社会规范成为个体的主要行为动因；④理性和关系对个体的相对重要性。个人主义社会中的个人因为强调独立的自我，理性对个体来说就比关系更重要地多；⑤个体对内群体和对外群体的区分程度。内群体是指与个体有密切关系的群体，外群体则指与自己毫无关系的人；⑥水平与垂直的个体主义和集体主义。特里安迪斯提出了"水平、垂直个人主义"和"水平、垂直集体主义"的概念，所谓的水平个人主义指的是该文化中的个体追求个人利益的最大化，但他们并不在乎自己是否比别人得到的更多，并不追求自己高于别人；而垂直个人主义者不仅追求个人利益最大化，而且要求自己好过他人。所谓的水平集体主义则指该文化中的个体追求内群体利益的最大化，但并不太关心自己的群体是否高过其他群体；而垂直集体主义者既关心内群体利益的最大化，还追求自己的群体好过他人的群体。

7) 尤斯涅尔的西欧文化亲和力区域模型

尤斯涅尔(Usunier，1993)使用了 Hofstede 的研究数据，构建出一幅欧洲西部国家文化区域的精确假设图。该模型将不同国家文化按照相似性进行了归类，可将欧洲西部国家分成几个大的区域：欧洲央格鲁撒克逊、中部欧洲、欧洲地中海等。

8) 卡斯珀的欧洲国家文化族

卡斯珀和布隆姆(Kasper and Bloemer，1995)同样根据 Hofstede 前四个分析指标分析了欧洲 17 个国家的文化。这种分析揭示了欧洲每个国家同时以四个指标为基础相对于其他 16 个国家的文化定位，将欧洲国家的文化分为三簇：①盎格鲁日耳曼族(The Anglo-German cluster)：爱尔兰，英国，奥地利，瑞士，德国，意大利；②荷兰—斯堪的纳维亚族(The Dutch-Scandinavian cluster)：荷兰，挪威，瑞典，丹麦，芬兰；③罗马南欧族(The Roman-Southern European cluster)：比利时，西班牙，法国，希腊，葡萄牙，以及前南斯拉夫。同一簇内的国家有着邻近的文化背景，这为国际零售商海外市场选择提供了一定的理论参考。

以上探讨了国外对于跨文化模型的相关研究。国内学者对于文化模型也进行了相关研究，如王方华(1998)等在《文化营销》一书中，主要从文化倾向的角度论述了文化差异。认为文化倾向是一个社会的文化表现，反映其成员的价值观，态度和行为之间的相互作用，相互影响的状态。一个国家一个民族的文化倾向可以通过六个尺度表现出来，即人的本质、人与世界的关系、人与人之间的关系、人的行为方式、时间和空间，从中也可发现跨文化冲突的深层次原因。

国内外对文化分析给出了不同的模型，然而，各种模型的分类标准依旧难以得到统一认同，因此，探讨文化的衡量指标，对于研究跨文化至关重要。

2.3.2 跨文化管理的国内外研究

跨文化管理又称交叉文化管理，是指涉及不同背景的人、物、事的管理。作为一个全新的管理理念，是企业在全球范围内活动的产物。尽管人们已经认识到文化环境与企业的决策有关，但在国内的经营环境中，人们很少把它作为一个主要的影响因素加以考虑。当企业跨国经营时，他们所面对的是与其母国文化根本不同的文化以及由这种文化决定的价值观念、态度与行为。这些不同逐渐形成了一门新兴的边缘学科——跨文化管理学，主要研究在跨文化背景下，如何克服冲突，并加强管理以控制风险，从而最大化提升企业的综合效益(Raghu Nath,1987)。自从跨文化管理学诞生以来，其研究内容也随着外部环境的变化而不断更新和完善。哈里斯和莫兰(2002)认为跨文化管理的主要研究内容包括:文化对全球化工商管理与管理者的影响;文化对全球工商企业的影响;世界各地区的文化特点等。由于跨文化管理涉及多个学科，因此，跨文化管理学的研究同样涉及多个领域，胡军

(1996)进行了总结:①文化的定义与文化要素问题,研究如何从比较管理学的角度对文化进行界定;②文化的界域问题;③文化的兼容性与管理理论的适用性问题;④文化氛围与组织成员行为方式的关系;⑤影响管理活动和行为模式的文化层面的划分问题;⑥跨文化沟通的研究;⑦地理环境—文化形态—管理模式的关系研究。

对于跨文化管理,国内外有着大量的研究,在不同阶段有着不同的研究重点。

1) 国外关于跨文化管理的研究

跨文化管理作为管理科学的一个系统性的分支学科,国外有关跨文化比较管理领域的研究大致经历了三个阶段:

第一阶段:20 世纪 60 年代以前,理论上对文化的研究与管理的研究是相互独立的,分属不同的学科,研究者们很少将他们联系在一起。在企业国际化经营实践过程中,人们虽然认识到文化差异与多元文化的存在,但并未予以足够的重视。在此阶段,企业国际化发展的规模有限,且国际化方式也比较单一。跨国公司大多本着母国中心主义进行国际化扩张,对于文化差异与多元文化的影响很少考虑。由于一些人类学家敏锐地认识到了文化差异的存在及其对国际交流与沟通的影响,从而进行了卓有成效的研究,其中的代表人物包括克拉克洪、斯托特柏克、霍尔等,他们的工作为后来的跨文化管理研究打下了坚实的基础。

第二阶段:20 世纪 60 年代至 80 年代初,随着企业国际化速度与规模的快速发展,越来越多的美国公司发现,在其他国家应用美国的管理理论与方法是很困难的。美国的公司在海外经营中屡屡受挫,而他们同时发现日本的公司在国际商务中却屡获奇效。于是学者们对文化以及在跨文化条件下如何进行有效管理问题的研究开始风行起来。此外,在 70 年代末 80 年代初,跨文化管理学作为一门新兴的边缘科学在美国逐步形成,标志将文化与管理紧密结合起来，从此对于企业国际化经营中的跨文化管理研究日趋系统化，成果日渐丰富。

第三阶段：20 世纪 80 年代后期至今，是这一领域研究的大发展时期。在此时期，对文化以及不同文化条件下管理行为研究十分活跃，成果异常丰富。学者们或是借鉴其他相关学科的研究成果，或是对原有的研究成果进行新的补充与完善，或是从全新的角度，对此问题进行更为深入的研究。

总之，国外对于跨文化管理的研究可以说是相当深入了，无论是文化和文化差异等基础性研究，还是文化在管理理论和实践中的应用研究都已经全面展开，并在不断迅速发展。

2）国内学者的研究

国内学者在此领域的研究是从 20 世纪 90 年代以后开始的。在 90 年代中期，国外的跨文化理论传入中国，被翻译成教材或学术著作，逐渐受到理论界的重视。在跨文化交流与沟通领域，最早进行的研究来自胡文仲与关世杰教授，胡军教授于 1996 年出版了《跨文化管理》一书，标志着中国的跨文化管理研究正式开始。在此基础上，国内学者借鉴国外关于跨文化研究的理论成果和分析框架，结合中国的实践，对跨文化比较管理领域的诸多课题进行了广泛的研究。进入新世纪，国内企业国际化经营步伐越来越快。在中国加入世贸组织的契机下，中国企业在国际经济舞台上扮演越来越重要的角色，因此企业在跨文化经营中如何进行有效管理的问题也日益引起国内企业界的重视，成为企业国际化经营所面临的迫切问题。在此背景下，有关的研究成果也日益丰富。

国内学者的跨文化研究工作最深入的当属俞文钊教授（2000），他提出了跨文化管理的整合同化理论（Integrating-Assimilating Theory，IAT）。整合同化理论是将企业多元的价值观转变为一个大多数员工认同的共同价值观念，即企业核心价值观，并使全体员工接受。整合（Integration）是指跨文化企业主动组合内外部资源，在求同存异的基础上，将多元化价值转化为企业新的共同价值观，它既来源于多元的价值观又高于多元的价值观；同化(Assimilation)是组织对共同价值观进行确认，并使其成为绝大多数员工认同的观念。赵曙明(2002)深化了跨国经营企业的跨文化管理理论，强调重视跨文化冲突的影响，在跨文化管理中需要解决跨文化冲突问题。

然而，从总体上看，国内在此方面的研究还相当少。一方面，从事跨文化管理研究的学者本身就相当少，可能是由于我国的大型跨国公司还不是很多，研究的动力不足，研究的对象也相对贫乏；另一方面，大部分的跨文化管理研究水平还在起步阶段，有的研究只是泛泛而论，不够深入，有的研究则并没有将跨文化差异研究与管理研究有机结合起来。

2.4 国际化目标市场与进入模式的文献综述

2.4.1 国际化目标市场研究综述

关于国际化目标市场选择研究，Kumar et al. (2003)认为国际市场选择是一个三阶段的过程：甄选(Screening)；识别(Indentification)；选择(Selection)。Rahman(2003)提出了两阶段过程：市场规模吸引力与市场结构吸引力。Roberta Minifie & Vicki West(2003)分析了国外市场选择的影响因素：政治稳定性(Political stability)；政府控制(Government control)；文化差异(Cultural differences)等，并根据这些影响因素给出了中小企业国际化市场选择模型，通过对于政治稳定与文化差异的分析，综合市场潜力与贸易壁垒的因素，在可能的目标市场集合中选择最优的目标市场。

Beckerman(1956)首次提出了心理距离概念(Psychological distance)用于解释国际贸易中的目标市场的选择问题。Johanson & Wiedersheim Paul

(1975)对于心理距离概念进行了解释,将其定义为"阻碍公司与市场之间信息流通的因素",并且认为心理距离因素主要是一些差异性因素,主要包括:语言、教育、业务、文化、宗教信仰、政治体系、工业发展水平等。Johanson & Vahlne(1977)运用心理距离的概念解释企业的国际化进程,并形成了他们理论。在心理距离理论发展的同时,地理距离也作为一种重要的因素阻碍了企业国际市场选择的因素。在早期的国际化理论研究中,很多都包括了地理距离的因素。Srivastava & Green(1986)就将心理距离看成是地理距离与其他三个虚拟变量的组合。Bergstrand(1989)则将心理距离看成是地理距离与其他两个虚拟变量的组合。Hofstede(1980)对于文化差异进行了定义,构造了跨文化模型,为后来研究心理距离作了铺垫,因此后来的研究常常借助此模型对于心理距离进行研究,如 Grosse & Goldberg(1991),Grosse & Trevino(1996)等。国内关于国际化目标市场选择问题研究较少,主要是借鉴国外的相关理论进行阐述,陈德金等(2010)基于 Hofstede 文化维度的基础上,构建了文化距离测量模型,并以中国传媒集团国际化目标市场选择的相关数据,检验了文化距离对于目标市场选择的影响。

2.4.2 国际化进入模式研究综述

1) 国际化进入模式的分类

对于进入模式的分类,学者们给出了不同的分类标准,Pan & Tse(2000)按照投资需求与控制权将进入模式分为两类:股权与非股权。股权模式(合资和全资)由于需要巨大的投资承诺,因此需要来自母公司的高控制;非股权投资(如合同模式,许可、研发合同和联盟)由于需要较少的投资,因此只需低的控制(Anderson & Gatignon,1986)。通常对于进入模式的分类是来自于 Root(1994),在前人研究成果的基础上,将传统的市场进入模式分为贸易式进入、契约式进入和对外直接投资三类,每种情况又包含了不同的类型。

(1) 贸易式模式。

贸易式进入是指企业将产品出口到目标市场的进入模式，指国内生产的产品向国外客户的运转(James, H. S和M. Weidenbaum, 1993)。从进入模式渐进过程来看，出口是一种国际化的学习经历，是使公司在国际化运作中变得越来越精明的投入发展过程(J. Johanson 和 J. E. Vahlne, 1997; Root, 1994)。出口一般局限在有形产品，因为无形产品无法运输。间接出口进入模式是指企业通过国际进出口商(进出口贸易公司)将产品销往海外市场的一种海外市场进入模式。企业一般选择从间接出口开始走向海外，不仅由于企业自身规模的影响，更多地由于对海外市场不了解、抵抗风险能力不足。直接出口是通过立足于目标国家的代理商或本公司在国外的分支机构进行出口。相对于间接出口而言，直接出口要求公司对国外市场有一定的投资，使公司对外国市场营销计划有一定的控制，能很好地保护公司的商标、专利、商誉和其他无形资产，然而，出口进入模式对于国外市场的渗透确实有限的(张一弛, 2001)。

(2) 契约式模式。

契约式进入模式是指在不涉及股权或企业产权的条件下，通过契约向国外企业转让一项或几项无形资产，然后由技术出让企业向使用方收取相应的费用和报酬的方式。相比于贸易式进入模式主要输出产品，契约式进入模式主要输出技术、管理与工艺等无形资产，通常包括许可协议、特许专营、合同制造、管理合同、交钥匙合同等多种形式。

许可协议是协议当事人关于让渡专利、技术、商标等权利义务的契约文件，将无形资产通过契约的方式还去许可使用费或其他形式的回报。由于契约方式使许可经营能够规避一些贸易壁垒，从而能顺利进入目标市场。然而，特许经营的使用受到各种因素的影响(Root, 1987)，刘建丽(2009)在

Buckley 和 Casson(1981)、Contractor(1985)和 Root(1987)研究的基础上，总结了许可协议进入模式的影响因素与适用条件，如外部因素(东道国的政策、市场经济环境等)与内部因素(公司规模、资源、产品特性等)，许可协议进入模式的选择受到一定条件的限制，最首要的条件是企业需要具备无形资产可供利用，除此之外，Root(1987)还归纳总结了使用许可经营的一些限制因素：受内外部因素的影响，企业往往很难找到合适的制造商，使不同市场的进入难度差异性较大；由于目标国政策对于许可费率与许可期限的限制，使得许可经营收益受到限制，盈利水平不高；许可经营培育了潜在的竞争对手；最后，由于许可经营的特殊性，使得许可经营往往产生极高的机会成本。

特许专营是许可经营的一种形式，它是指一家公司(特许方)把一个商业系统或其他产品特许授予独立的公司或个人(被特许方)。被特许方在遵循相关政策和程序的情况下，运行以特许方的商业名义开展经营活动，而被特许方则须缴纳特许费等相关费用。特许经营则以较小的投入获得较快的发展，并且能够借助特许方的商业品牌价值，提升自身的良好形象，因此，面临的风险相对也较低。在中国传媒集团目前竞争力较低的情况下，特许经营是中国传媒产业走向国际化过程中可借鉴的一种重要的进入模式。

除了许可经营与特许经营之外，契约式进入方式还包括分包合同等。分包合同是指一家公司将一具体的生产任务或企业某一经营部门承包给另一家公司；交钥匙合同是承包方负责项目的全部直至交付运营。由于这些进入模式多数是针对制造业的，因此，对于传媒产业的国际化进入战略而言，通常并不能加以借鉴。

(3) 对外直接投资模式。

投资进入模式是一种以所有权为基础的进入模式。公司通过在目标国家占有部分或全部的所有权，将技术、人力、管理经验及其他产权转移到目标国家。公司可以采用合资企业的形式，与目标国的本土公司分享所有权和控制权，也可以采用全资子公司的形式，享有完整的所有权和控制权。其中，全资子公司可以通过完全自行设立（新建）或直接购买外国的公司（购并）来获得。投资进入模式需要花费较大的资源，面临较大的风险，但同时对市场的渗透最完全，获得的控制权也最强。另外，合资企业、通过购并获得的全资子公司和新建的全资公司的控制权和所花费的资源是递增的，而面临的风险需要逐个分析（Woodcock，Beamish 和 Makino，1994）。

对外直接投资一般包括并购与新建投资两种。并购是合并与收购的合称，包括以部分股权收购形成控股或参股子公司，以及全资并购形成海外独资子（分）公司、分支机构。新建投资是企业在国外投资建立一个全新组织（Barkema 和 Vermeulen，1988），这一过程可以由企业独立完成，也可以与合作企业共同投资完成。由于交易成本、控制程度以及传播风险的差异，对外投资不同的类型会产生不同的效果（Wei Jianshan，1991；C. M. Joseph Yu & M. J. Tang，1992；C. P. Woodcock，et al.，1994；Hennart & Reddy，1997）。合资的传播风险比较大、控制权分割带来的交易成本比较高；独资新建的控制程度最高，独享利润，企业整体战略易于实施；而收购则获得相应股权比例的控制权。各种进入模式之间在交易成本、控制程度等方面有着差异。

2）国际化进入模式的内在特性

Hill，Hwang 和 Kim（1990）综合了 Caves（1982）、Vernon（1983）、Anderson 和 Gatignon（1987）等人的研究，指出进入模式的三个内在特性：控制（Control）、资源承诺（Resource Commitment）和传播风险（Dissemination-Risk）。控制是指操纵企业资源，进行运营和战略决策的权利（Kim 和 Hwang，1992）。不同的进入模式对应着不同程度的控制权。企业的专有资产和技术是企业赢得竞争优势的关键，因此，企业在进入海外市场时必须保持对这些资源的控制。一般认为，出口、契约和投资的控制程度不断增加。

资源承诺是指专用资产如果用于其他用途就会不可避免地丧失一定价值的特性(Kim 和 Hwang,1992)。这些资产可能是有形资产,也可能是管理经验、商誉、技术等无形资产。资源承诺意味着企业进入国外市场所付出的沉淀成本,因而构成了企业的退出障碍。通常出口、许可经营、合资企业、并购所得的全资子公司的资源承诺是不断增加的。传播风险是指企业在知识、技术等方面的专有优势被许可协议或合资企业的合作伙伴不当利用的风险(Hill 和 Kim,1988)。技术和营销诀窍构成了许多跨国公司竞争优势的基础,跨国公司不希望这些知识扩散出去,这会减少它们由此而得到的经济租金(Hill,Hwang 和 Kim,1990)。因此,如果企业选择出口或合资的进入方式,那么传播风险就会非常低;而选择其他进入方式,将会面临着很高的传播风险。

在这三个内在特性之外,Chu 和 Anderson(1992)以及 Yigang Pan 和 David K. Tse(2000)等人则把潜在利润回报(Potential Profit)也作为各种进入模式的内在特性之一,并认为随着资源承诺和控制程度的提高,潜在利润回报也是递增的。

3) 国际市场进入模式的国内外研究

(1) 国外关于国际化进入模式研究。

Wind 和 Perlmutter(1977)认为市场进入模式选择对于国际化经营有着重大影响,并将其视为国际营销中的前沿问题。Root(1994)认为进入模式选择是跨国公司一个关键的战略决策,它影响公司未来的决定和国外市场的绩效。一些学者同样强调国际市场进入模式选择是公司从事海外经营的一个关键战略决策(Kumar & Subramaniam,1997;Chung & Enderwick,2001;Nakos & Brouthers,2002)。Werner(2002)认为国际市场进入模式是继 FDI 和国际化之后,国际管理研究中的第三大热点问题。由于进入模式研究的重要性,吸引了大量的研究,并且一些学者对于进入模式的研究进行了综述，Andersen(1997)回顾了进入模式的理论和框架性结构；Sarkar & Cavusgil(1996)归纳了进入模式研究的主题与发展趋势；Harzing(2003)总结了进入模式与国家文化的研究；Zhao，Luo & Suh(2004)利用整合方法(meta-analysis)分析了交易成本经济学与进入模式选择的关系；Tihanyi，Griffith，andRussell(2005)用整合方法分析了文化距离对于进入模式选择、国际多元化和跨国公司绩效的影响。归纳起来，目前对于进入模式的研究，一方面，集中于进入模式的影响因素研究；另一方面，对于进入模式的实证研究比较多，主要集中于研究进入模式与文化距离、国际经验、公司规模的关系等。

第一，进入模式选择的影响因素研究。

对于进入模式的影响因素研究居多，Root(1994)总结了 22 种进入模式决策的影响因素。不同学者从不同研究视角出发，选择不同研究样本并使用不同方法分别对影响因素进行了分析。本书综述前人的基础上，对于进入模式的影响因素进行了分类，按照宏观到微观的角度，将进入模式影响因素分为三个层面：国家层面、行业层面、企业与产品层面(表 2.7)。

表 2.7 进入模式选择影响因素研究总结

	影响因素	主要研究者
国家层面	文化差异	Davidson，1980；Gatignon & Anderson，1988；Kogut & singh，1988；Agarwal，1994；Erramilli，1996；Barkema & Vermeulen，1997；Brouthers，Brouthers，& Nakos，1998；Hennart & Larimo，1998；Sun & Tipton，1998；Palenzuela & Boillo，1999；Sun，1999；Makino & Neupert，2000；Pan Yigang & DavidK. Tse，2000；Brouthers & Brouthers，2001；Chang & Rosenzweig，2001；Fisher & Ranasinghe，2001；Brouthers，2002；Chen & Hu，2002；Cristina & Esteban，2002；Gillespie，2002；Evans，2002；Leung et al.，2003；Drogendjik & Slangen，2006；Pease et al.，2006
	国民经济	Hill. Hwang & Kim，1990；Yoshikawa，1990；Baek & Kwok，2002
	国家风险	Beamish & Banks，1987；Heennart，1988；Contractor，1990；Brouthers，1995；Pan，1996；Tse，Pan & Au，1997；Cristin & Esteban，2002

（续表）

	影响因素	主要研究者
产业层面	产业成长性	Caves & Mehra, 1986
	市场规模	Kogut & Singh, 1988; Agarwal, 1992; Kim & Hwang, 1992; Root, 1994; Buckley & Casson, 1996; Erramilli, 1996; Chung & Enderwick, 2001; Eicher & Kang, 2002; Nakos & Brothers, 2002; Pak, 2002
企业产品层面	公司规模	Caves & Mehra, 1986; Kogut & Singh, 1988; Erramilli & Rao, 1993; Reuber & Fisher, 1997; Nakos & Brouthers, 2002; Evans, 2002; Leung et al., 2003
	企业优势	Siripaisalpipat & Hosbino, 2000; Chen & Hennart, 2002
	国际经验	Anderson & GatignonHill, 1986; King & Tucci, 2002; Evans, 2002; Reuber & Fisher, 2003
	继任 CEO	Herrman & Datta, 2002
	产品因素	Anderson & Gatignon, 1986

第二，文化距离与进入模式的实证研究。

文化距离是国际化战略中的一个重要概念，然而由于文化本身的模糊性和复杂性，以及文化距离测量的困难，使得文化距离与进入模式的实证研究比较复杂。根据进入模式对于股权比例的控制程度，将文化距离与进入模式的实证关系进行分类（表 2.8）。

表 2.8 进入模式与文化距离关系研究

关 系	主要研究者
正相关	Stopford & Wells, 1972; Gatignon & Aanderson, 1988; Erramilli & Rao, 1993; Hennart & Larimo, 1995; Padmanabhan & Cho, 1996; Erramilli, Agarwal, & Kim, 1997; Kogut & Singh, 1988; Treadgold, 1998; Cristina & Esteban, 2002; Evans, 2002; Leung et al., 2003
负相关	Agarwal, 1994; Pan, 1996; Anand & Delios, 1997; Hennart & Larimo, 1998; Brouthers & Brouthers, 2001; Meyer, 2001; Chen & Hu, 2002
不明确	Rajan & Pangarkar, 2000; Tihanyi et al., 2005

首先，文化距离与进入模式负相关。在 Stopford 和 Wells（1972）看来，相对于全资所有，合资企业更加方便管理本土的劳动者，且更加容易与供应

商、顾客和政府进行交流。因此，文化距离越大，跨国公司越倾向于选择合资的进入模式。在一些学者看来（Gatignon & Anderson，1988；Kogut & Singh，1988；Erramilli & Rao，1993），母国与东道国的文化距离越大，越倾向于采取低控制模式，并有一些关于这些关系原因的研究：由于管理者对本土知识与管理方法的匮乏，进而主动回避高股权的参与（Davidson，1980；Root，1994）；其次，由于文化距离造成的不确定性，导致管理者低估了投资的价值（Root，1994）；再次，由于文化距离导致高的信息搜集成本（Root，1994）；最后，由于必要的培训，将会产生高的管理成本。另外一些学者通过实证检验了文化距离与进入模式的关系，文化距离越大，越倾向于选择合资等低股权的进入模式。（Kogut & Singh，1988；Erramilli & Rao，1993；Hennart & Larimo，1998；Padmanabhan & Cho，1996；Erramilli，Agarwal & Kim，1997；Gatignon & Anderson，1998；Treadgold，1998；Cristina & Esteban，2002；Evans，2002；Leung et al，2003）

其次，文化距离与进入模式正相关。然而并非所有的研究都如上所述，一些经济学家认为文化距离能够激发更多的股权参与，高的所有权使得能够按照自己的方式行事，这更有效率且更具优势。Padmanabhan 和 Cho（1996）研究发现，当与日本的文化距离更大时候，日本的跨国公司更倾向于选择高的控制模式。Chen 和 Hu（2002）同样研究发现，当文化距离更大时，在中国的跨国公司将选择全资所有的进入模式。随后的一些研究同样发现了类似关系。（Agarwal，1994；Pan，1996；Anand & Delios，1997；Hennart & Larimo，1998；Brouthers & Brouthers，2001；Meyer，2001）

最后，文化距离与进入模式关系不明确。Tihanyi et al.（2005）用整合分析法（meta-analysis）以 66 个样本为研究对象，并没有发现文化距离与进入模式的显著关系。这种结果可能与文化维度的本质以及文化维度的使用有关。Rajan & Pangarkar（2000）以新加坡的跨国公司为例，研究发现文化距离对于进入模式选择有着不同的影响效果，这种结果可能与文化维度的本质以及文化维度的使用有关。

第三，进入模式与国际经验的实证研究。

一些研究认为公司国际化经验与国际参与正相关，公司国际化经验越丰富，越倾向于采取高控制的进入模式。而另一些研究则发现，一个公司拥有的国际化经验越多，越倾向于选择低控制的进入模式。然而，公司由于刚开始缺乏国际经验，往往需要高控制的模式发挥自身的优势，随着本土知识的获取将更喜欢低控制模式；而一些研究发现进入模式与国际化经验并没有直接的相关性(表 2.9)。

表 2.9　国际经验与进入模式的实证研究

关　系	主要研究者
正相关	Davidson, 1980, 1982; Anderson & Gatignon, 1986; Caves & Mehra, 1986; Erramilli, 1991; Argarwal, 1994; Reuber & Fisher, 1997; Chung & Enderwick, 2001; Herrman & Datta, 2002; King & Tucci, 2002; Nakos et al., 2002; Evans, 2002
负相关	Weichmann & Pringle, 1979
不明确	Brouthers, 2002

(2) 国内关于国际化进入模式研究。

国内学者张传忠(2004)认为国际市场进入模式是指企业在评估目标国市场环境和市场潜力之后且在正式经营之前，对进入价值链的哪个(些)环节，如何建立自己的供应链和销售渠道等决策的总和。南开大学原校长滕维藻教授(1991)和对外经济贸易大学的王林生教授(2002)是我国较早研究跨国公司理论的学者，两人在我国跨国经营理论方面做出了不少贡献。

薛求知等(2008)对于东道国投资环境进行了研究，将腐败作为一种影响因素进行了分析，以 19 个新兴市场国家的 745 家跨国公司子公司作为样本，运用 MANOVA 分析、判别分析、Logistic 分析等研究方法，结果发现：东道国国家层面感知腐败、产业层面感知腐败会使跨国公司采用持股比例较低的合资(控股或非控股)进入模式;东道国腐败程度对跨国公司进入模式战略的影响会受到跨国公司进入东道国战略动机的调节。

谢泗薪等人(2003)从企业全球学习的角度研究了中国企业在全球经济发展中全球化的学习发展趋势,并提出了中国企业全球学习模型。徐波研究了中国企业对西欧地区生产性投资进入模式的现状,并对餐饮、中药等行业在西欧的进入次序和发展战略进行研究。吴弦从国际政治和经济发展的角度研究了经济全球化背景下欧盟市场进入战略。国务院发展研究中心企业研究所课题组开展的“中国企业国际化研究”,将中国企业的国际化经营归纳为 4 大类 22 种基本模式。

张一弛(2003)从国际投资理论和组织战略理论出发,对 1974～1994 年间我国两岸三地对美国直接投资行为进行了描述性统计分析,结果发现兼并与收购是两岸三地对美直接投资最主要的进入模式。许晖(2003)以企业国际市场进入模式决策的相关理论探讨及模型构建为基础,发现在影响进入模式的外部因素中,目标国市场因素相对于本国环境因素以及地区差异性等因素要更加重要一些。

李朝明与鲁桐(2003)通过调查结果发现:中国民营企业的国际化仍处于初期发展阶段。

孙笑华(2004)分析了发展中国家和地区外资并购情况,认为拉丁美洲国家更多地是采用跨国并购的方式,而东南亚国家则更加注重新建投资方式。

陈浪南和洪如明(2005)认为我国对外直接投资的跨国市场进入方式选择应该视具体情况而定。

康荣平和柯银斌(2005)认为跨国并购是中国企业走出去的重要方式。

王永萍(2005)分析了中国企业单一的低价出口模式所面临的种种挑战,认为中国企业现在急需改变这种模式,并提出相应对策。

4) 进入模式研究的总结与展望

关于国际化进入模式选择研究依旧是国际商务与战略管理领域研究的

热点，国外对于进入模式理论基础与进入模式选择模型进行了大量的研究，对进入模式研究归纳的基础上可以发现，未来的研究可以从进入模式选择的理论、研究内容与研究方法进行探索。

(1) 理论视角延伸。

前文对于进入模式选择的理论基础进行了归纳，未来研究如果能将一些新的理论，如利益相关者理论[①]等用于进入模式选择，将能进一步帮助进入模式理性决策。同时，已有文献研究了决策团队特性影响了决策过程，但至于如何影响进入模式选择并没有深入分析，从此视角进行论述将是一个新的研究方向。

(2) 研究内容拓展。

尽管对于进入模式已有许多研究，然而，对于进入模式选择如何影响公司接下来的进入方式与绩效的研究较少(Brouthers & Bamossy，2006；Osland & Cavusgil，1996；Pan，Li，& Tse，1999；Woodcock，Beamish & Makino，1994)。因此，在以后的研究可以在此方面进行深入；并且目前对于进入模式的研究主要集中于制造业与服务业，对于其他行业，如高科技企业、传媒产业等新兴产业研究较少，拓展进入模式研究的行业领域，将能进一步丰富进入模式研究的理论内涵。

(3) 研究方法创新。

Anne 和 George(2008)研究发现，目前对于进入模式研究主要使用罗吉

① 弗里曼(1984)在《战略管理：利益相关者管理的分析方法》一书，明确提出了利益相关者管理理论，指企业的经营管理者为综合平衡各个利益相关者的利益要求而进行的管理活动，该理论认为任何一个公司的发展都离不开各利益相关者的投入或参与，企业追求的是利益相关者的整体利益，而不仅仅是某些主体的利益。这些利益相关者包括企业的股东、债权人、雇员、消费者、供应商等交易伙伴，也包括政府部门、本地居民、本地社区、媒体、环保主义等的压力集团，甚至包括自然环境、人类后代等受到企业经营活动直接或间接影响的客体。

斯回归(logistic regression)、多项 logit 模型(multinomial logit)、PROBIT 与判别分析等。然而,由于进入模式是多层次现象,因此使用多层次模型与统计分析,将能进一步完善对于进入模式的研究。

2.4.3 中国传媒集团国际化研究相关综述

由于传媒集团的特殊性,对于传媒集团的研究涉及跨学科问题,目前对于传媒集团的研究,主要是新闻传播学从新闻学视角进行论述。强月新(2010)探讨了传媒整合,研究了传媒集团内部的协同合作问题;田萱(2007)对于中西传媒集团生成和运作模式进行了比较,研究发现:中国传媒集团在外部管理体制、价值取向、内部运营机制有着自己的特色,并对中国传媒集团的发展进行了展望。蒋晓丽(2008)对于传媒集团跨地域跨媒体问题进行了探讨,建议借助行政手段破除阻碍跨地域跨媒体传媒集团的体制机制性障碍。

在管理学领域,对于传媒集团的研究主要集中于传媒集团的治理等,李维安和常永新(2003)提出传媒集团的“三级治理”模式:政府治理,外部治理和内部治理相结合。郭富(2004)在前人研究的基础上,承袭了综合型公司治理的基本框架,他认为中国传媒集团公司治理体系应由公司内部治理结构和公司外部治理机制构成,包括三种内部机制和四项外部机制。周劲(2008)提出了“双重逻辑下的主体加辅助”的传媒治理模式,认为传媒治理结构的创新应该在“政治”逻辑和“资本”逻辑的双重主导下进行。

陈德金(2010)在前人研究基础上,提出了双边治理模式。对于传媒集团国际化战略问题研究,目前国内较少,陈德金(2010)对于中国传媒集团国际化动机进行了实证研究,并给出了中国传媒集团国际化动机的四力模型。而有关传媒集团国际化目标市场的选择,陈德金(2011)在分析跨文化的基础上,利用中国出版集团的数据,实证了文化差异对于国际化目标市场选择的影响，并对于实证结果进行了分析。

由于中国传媒集团国际化起步较低，对于传媒集团国际化的研究相对较少，因此，有关传媒集团国际化目标市场选择与进入模式问题，值得在以后研究中继续深入，尤其是有关决策方法研究，将是前瞻性的探索。

2.5 本章小结

本章首先对研究对象与相关概念进行了界定，明晰了研究对象，根据国家广电总局和国家新闻出版总署正式批准的文化体制改革试点集团，传媒集团包括 39 家报业集团、14 家出版集团、8 家发行集团、18 家广电集团和 6 家电影集团。在综述国内外国际化概念的基础上，以 Melin(1992)的概念为基础，将国际化视为一个渐进的过程，先是进行目标市场的选择，然后是进入模式的选择。然后对文化的概念与类型进行了分析，并给出了对于跨文化概念的界定。

其次，对与本研究密切相关的理论基础进行了分析归纳，分别指出了各种理论存在的不足；并对企业国际化的跨文化理论进行了分析，归纳了跨文化分析的模型：Hofstede 文化维度分析、Schwartz 国家文化维度、Kluckhohm 和 Strodtbeck 价值观取向模型、霍尔的文化理论、冯斯・川普涅尔与查尔斯・汉普登-特纳的文化分析模型、特里安迪斯的文化理论、尤斯涅尔的西欧文化亲和力区域模型、卡斯珀的欧洲国家文化簇等，并对国内外跨文化管理现状进行了分析。

最后，对于目标市场选择与进入模式研究进行了文献综述，总结了进入模式的影响因素，对于进入模式的已有研究进行了归纳，总结了进入文化距离、国际化经验对进入模式影响的实证研究。对已有研究总结的基础上，分析了未来可能的研究方向。

第3章　中国传媒集团国际化动机四力模型研究

虽然传媒产业作为一种新兴的产业在国民经济发展中发挥着重要的作用，然而中国传媒集团发展现状如何，存在的问题以及未来发展前景等，都值得研究。尤其对中国传媒集团国际化动机的探索，将有益于中国传媒产业的发展。本章将对相关问题进行分析，在分析传媒产业发展现状、影响因素的基础上，结合国外的相关研究，基于 Dunning 国际化动机理论，对中国传媒集团国际化动机进行实证研究。

3.1　中国传媒集团发展现状与存在的问题

3.1.1　中国传媒产业发展现状

近几年来，中国传媒产业快速增长，中国传媒产业增速超过了产业平均增速。2007 年末，广播综合人口覆盖率为 95.4%；电视综合人口覆盖率为 96.6%，出版各类报纸 439 亿份，各类期刊 29 亿册，图书 66 亿册(张)。根据《2010 年中国传媒产业蓝皮书》：2009 年中国的传媒产业总产值为 4 907.96 亿元，比 2008 年增长了 16.3%。2009 年传媒产业各行业市场结构如表 3.1。

表 3.1 2009 年中国传媒产业各行业市场结构

项 目	产值(亿元)	增长率(%)
报纸	617.36	12.6
图书	557.24	11.4
网络	477	9.7
期刊	196.67	4.0
广播	71.87	1.5
电视	893.6	18.2
广告公司	426	8.7
电影	106.65	2.2
音像制品	17.37	0.4
移动媒体	1544.2	31.5

自 2004 年起，中国传媒产业取得了巨大发展。2004 年，中国传媒产业的规模为 2108.97 亿元，而到了 2009 年，这一数字已经达到了 4907.96 亿元，主要包括移动传媒收入、图书销售收入与报纸广告经营额等(表 3.2)。

表 3.2 2004～2009 年中国传媒产业业态 (单位:亿元)

项 目	2004	2005	2006	2007	2008	2009
报纸广告经营额	230.7	256.1	312.6	322.2	342.67	370.46
报纸发行收入	153.8	170.7	208	214.8	228.4	246.9
图书销售收入	486.02	493.22	504.33	512.62	539.65	557.24
网络广告收入	21	33.2	49.8	105.6	180.6	205.8
网络游戏收入	24.7	36.8	59.6	105.7	183.8	271.2
期刊广告经营额	20.3	24.9	24.1	26.5	31.02	30.37
期刊发行收入	101.5	124.5	120.5	132.5	167.1	166.3
广播广告经营额	32.9	38.9	57.2	62.8	68.34	71.87
电视广告经营额	291.5	355.3	404.2	442.9	501.5	536.2
有线电视收入	184.3	236.9	269.3	295.3	334.3	357.4
广告公司经营额	282	307	316	344	389	426
电影	36	48	57.3	67	84.33	106.65
音像制品	27.25	30	36.15	31.46	18.44	17.37
移动媒体	217	305	888	1053	1131	1544.2

数据来源:《2010 年中国传媒产业蓝皮书》,说明:①图书销售收入所计为纯销售额;②电影产业收入是包括国内总票房、海外销售及票房、电影频道广告在内的综合收入;③移动媒体行业收入所计为移动增值服务,通话费不包含在内。

据中国新闻出版总署的统计数据，2008 年，中国图书、报纸和期刊的进口金额达到 24 061.40 万美元，出口 3 487.25 万美元；近几年进口金额一直呈现不断上升之势（表 3.3）。中国音像制品、电子出版物的进口金额从 2005 年的 1 933 万美元上升到 4 556.81 万美元，然而出口种次、数量与出口金额近年来呈现下滑趋势。电子出版物的中国的版权输出呈不断上升的趋势。从 2005 年输出 1 517 种上升到 2008 年的 2 455 种（表 3.4），版权引进明显多于版权输出，但版权引进的速度比较平缓。至于在版权引进地与输出地方面，尽管 2005～2008 每年的情况略有不同①，但主要集中于美国、英国、德国等，如全国图书版权引进地，2005 年：美国 3 932 种，英国 1 647 种，德国 366 种；2006 年：美国 2 957 种，英国 1 296 种，德国 303 种；2007 年：美国 3 878 种，英国 1 635 种，德国 585 种；2008 年：美国 4 011 种，英国 1 754 种，德国 600 种。

表 3.3　中国图书、报纸、期刊的进出口现状

年份	出口			进口		
	种次	数量(万)	金额(万美元)	种次	数量(万)	金额(万美元)
2005	1 194 815	732.41	3 287.19	599 589	1429.25	16 418.35
2006	1 488 580	1 007.78	3 631.44	611 641	2 395.34	18 093.51
2007	1 155 765	1 027.83	3 787.46	815 233	2 385.99	21 105.44
2008	947 204	801.81	3 487.25	703 787	3 452.54	24 061.40

表 3.4　中国版权输出现状

年份	图书	录音制品	录像制品	电子出版物	软件	期刊	其他	总计
2005	1 434	1	2	78		2		1 517
2006	2 050			5			2	2 057
2007	2 571	19		1			2	2 593
2008	2 440	8	3	1	3			2 455

---

① 数据来源：中华人民共和国新闻出版总署网站，http://www.gapp.gov.cn/cms/html/21/464/200907/465083.html.

3.1.2 中国传媒集团市场结构分析

根据中央宣传部、国家广电总局、新闻出版总署的有关政策，我国传媒业目前主要有五种类型的传媒集团，且截至 2003 年底试点改革的传媒集团共有 85 家。由于我国的传媒集团是用行政手段将传媒组织捆绑在一起的，不同于西方发达国家传媒集团通过市场经济行为而组合在一起，因此，中国的传媒集团无法产生高效率的集团化效应。以这 85 家传媒集团为研究对象，从产业经济学的视角出发，对于传媒集团市场结构进行分析可以发现：

(1) 传媒集团市场集中度不高。

陈雷与李本乾(2005)通过计算传媒集团市场绝对集中率、赫芬达尔指数、洛伦茨曲线和基尼系数等，证明了传媒集团市场集中度不高。除改革试点的传媒集团之外，中国传媒集团数量众多，同质化严重，造成无序竞争和综合实力的减弱。

(2) 传媒市场区域发展不均衡。

传媒集团(表 3.5)区域发展很不平衡，东、南、中部地区市场比较集中，有的地方甚至已经过度饱和，西部市场的拥有量明显不足；省会城市、大中型城市市场相对饱和，二级地市及农村地区数量明显匮乏。并且由于经济发展的差异，中国沿海地区广告一般占全国市场的 80%，京、沪、粤广告占全国市场的 50%，西部十省合计不到 10%。

表 3.5　中国传媒集团区域分布

区域	传媒集团数量
北京	11
广东	9
浙江	8
上海	6
四川	6

（续表）

区域	传媒集团数量
江苏	5
湖南	5
山东	5
其他 20 多省市 .	30

(3) 传媒集团差异化程度较大。

从传媒产业整体来看，我国平行的传媒集团主要分为五类，业务范围各不相同，已经很大程度上整合了传媒市场及其传媒产品，水平差异化逐步加大。从同一类型的传媒集团看，传媒集团的经营从围绕内容生产的产业链向跨媒体、跨行业的产业链扩张，垂直差异化逐步加大。通过媒体扩张，形成报纸、广播、电视杂志、网络及图书出版等多层次、立体化的媒体运作；同时运用传媒核心资源开拓其他相关经营内容，如会展、调查、咨询等业务。如经济日报报业集团还拥有经济日报印刷厂、北京经济管理函授学校、经科文传媒发展公司、中国经济网等实体；而解放日报报业集团则包括了解放日报物业管理公司等实体，可以看到同一类型传媒集团垂直差异化是很大的。

(4) 传媒集团进入壁垒市场化。

以前中国的传媒业实行严格的进入许可管制，不允许私人办报、办电视台和电台。并且传媒产业的管辖部门较多，管理和经营上的自由度很有限。因此，国内传媒业的政策进入壁垒极高。然而近几年来，传媒产业方面的政策逐步松动，集中表现在 2003 年 5 月 1 日，新闻出版总署和原外经贸部联合下发《外资投资图书、报纸、期刊分销企业管理办法》正式实施，标志着我国书报刊零售市场正式对外开放，也表明国家对于传媒业改革开放的力度和决心。

3.1.3 中国传媒集团竞争环境的五力模型分析

由于中国传媒产业的经济与政治双重属性，对于中国传媒产业的分析，需要考虑政府的调控力，新闻出版总署和各地的宣传管理部门对传媒产业宏观调控，对市场准入、舆论导向、刊号资源、违规问题等的管理与调控，深深地影响着本地传媒企业、潜在进入者和互补媒体等。调控力是“有形的手”，它的决策指导着产业的发展方向。然而对于产业的经典分析，当属于迈克尔·波特80年代初提出的五力模型，用于竞争战略的分析。五种力量是供应商的讨价还价能力、购买者的讨价还价能力、潜在竞争者、替代品、行业内现有竞争者。五力模型将大量不同的因素汇集在一个简便的模型中，以此分析一个行业的基本竞争态势。接下来我们将借助波特的五力模型，对中国传媒集团的竞争环境进行分析。

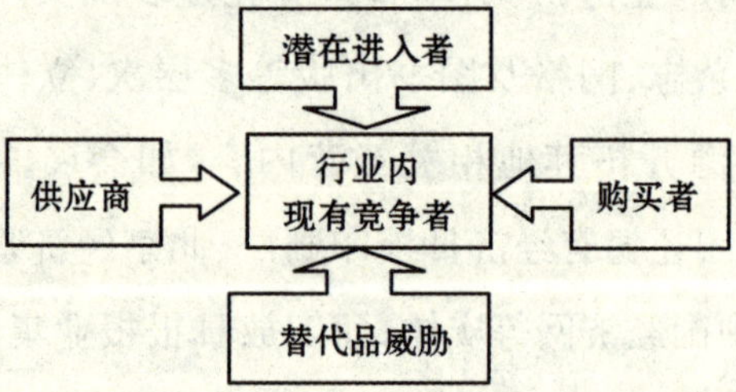

图 3-1　中国传媒集团竞争环境五力模型

(1) 供应商的讨价还价能力。

随着中国改革与开放的加快与深化，外国传媒集团纷纷进入中国市场。这种进入是全方位的，涉及几乎所有的传媒领域：包括电影、电视、广播、报刊、图书、网络等。在电视方面，目前已经有30个境外电视频道获准在中国有限落地；报刊方面，IDG集团的计算机系列报刊、法国阿歇特集团的时尚杂志等都以不同方式进入了中国市场；路透、彭博、道琼斯及一些大的图片社都以各种方式在中国发展用户。

世界著名传媒集团纷纷进入中国市场，在中国寻找合作战略，主要通过投入要素价格与产品价值来影响行业中现有企业的盈利能力和产品竞争力。当供方所提供的投入要素其价值构成了买主产品总成本的较大比例，对买主产品生产过程非常重要、或严重影响买主产品的质量时，供方对于买主的潜在讨价还价力量就大大增强。

(2) 购买者的讨价还价能力。

买方的竞争手段是尽可能压低价格、要求更高的产品质量或者要求更多的服务项目，并尽量从竞争者彼此对立的状态中获得更大的利益，所有这些都会影响行业中现有企业的盈利能力。传媒产品有着不同的购买者，电影的购买者主要是电影观看者，而报纸的买方力量主要是报纸发行、读者(或者订报者)和广告客户(包括广告发布者和广告代理公司等)。读者市场的喜好和变化关系到一张报业的生存问题，购买力或消费力是传媒产品的"生命线"。

(3) 新进入者的威胁。

潜在的行业新进入者是行业竞争的一种重要力量，这些新进入者大都拥有新的生产能力和某些必需的资源，期待能建立有利的市场地位。新进入者加入该行业，会带来生产能力的扩大，带来对市场占有率的要求，这必然引起与现有企业的激烈竞争，使产品价格下跌；另一方面，新加入者要获得资源进行生产，从而可能使得行业生产成本升高，这两方面都会导致行业的获利能力下降。对于传媒产业而言，由于政府对于传媒管制放松，大量资本进入(包括境外资本)，改变了传媒市场结构，增加了传媒市场的竞争力，给传媒集团带来了威胁和挑战。

(4) 替代品的威胁。

两个处于不同行业中的企业，可能会由于所生产的产品是互为替代品，从而在它们之间产生相互竞争行为，这种源自于替代品的竞争会以各种形式影响行业中现有企业的竞争战略。本行业与生产替代产品的其他行业进行的竞争，常常需要本行业所有企业采取共同措施和集体行动。目前中国传媒集团面临的替代品，主要是高科技的使用等，使得传媒产品与内容更加丰富，传播渠道更加便捷。替代品价格越低、质量越好、用户转换成本越低，其所能产生的竞争压力就强；而这种来自替代品生产者的竞争压力的强度，可以具体通过考察替代品销售增长率、替代品厂家生产能力与盈利扩张情况来加以描述。

(5) 行业内现有竞争者。

传媒市场主要是报纸、期刊、图书、出版、影视等，行业内竞争激烈，目前我国已有 14 家 A 股传媒类上市公司，其中包括博瑞传播、赛迪传媒、华闻传媒、新华传媒等。对于报业而言，本地报纸就是现有竞争对手，各报纸采取价格竞争、广告战、增加顾客服务和改扩版等各种手段进行争夺市场的竞争。如果产业内存在势均力敌的竞争对手、产业增长缓慢、库存品很多，特别是如果产业的退出壁垒很高，现有竞争对手间的竞争压力就会很强。为了追求市场份额，改变竞争地位，相应的传媒集团需要发挥创新的力量，通过创新改革，提升自身的竞争力。

3.1.4 中国传媒集团经营存在的问题

由于中国传媒集团特殊的属性，传媒集团大多是在事业单位的基础上改制为事业性质、企业化管理的单位，使其成为“准公益性”的单位，兼有公共文化服务与产业经营的双重社会职能。这导致传媒集团本身性质难以界定，尤其在经营过程中，存在着一系列的问题：

第一，传媒集团的产权与委托人残缺。按照国家法律规定，我国报纸、广播电视等媒体产权都由国家代表全体人民所有。但各媒体的实际创办者、投资者却是党政部门、群众团体、国有企业等，媒体的主管主办也是这些创办机构，传媒集团的组建变成了行政干预的结果，而不是市场化的产物，使得传媒集团的产权残缺。我国传媒业实行的是大而全、小而全的“准封闭式”发展和管理。这种多头管理存在多种弊端，各部门有多种行政目标，所有者目标不是他们的主要目标，因此所有者目标和行政目标往往不一致。

第二，政府行政性垄断、缺乏市场运作机制。作为社会主义上层建筑重要组成部分的中国传媒集团，素以“意识形态特区”，“公益业领域”自居，并被赋予党和政府“喉舌”的政治属性，长期以来靠接受政府财政拨款，形成附属于政府机关的事业单位性质。虽然我国的经济体制改革和市场化进程在大部分行业都在推进并卓有成效，但由于传媒的特殊地位，仍然处于绝对垄断的状态。传媒业仍然是国有资产一统天下的局面，其他形式的投资比例非常低；另一方面国有传媒集团外部缺乏自由、平等竞争的市场环境，受到中央、地方政府在政策上的保护和行政上的干预，内部还没有完全建立起自主经营、自负盈亏的现代企业运营机制，更没有健全的法人治理机构。因此，我国传媒集团缺乏灵活的市场化运营机制和大规模资本运作的能力，在面临国外大型传媒集团的竞争时，将处于非常不利的地位。

第三，传媒业条块分割，传媒集团数量多，实力弱，缺乏竞争力。我国传媒业实行的是多头管理、行业所属、部门所有、条块分割的四级办报（台）体制。省、地、县也分别在各自的区域和系统内办报办台，实行大而全、小而全的“准封闭式”发展和管理模式，导致中国传媒集团数量居多，实力薄弱。我国现有电视台 3 000 多家，比英国、美国、德国、法国、日本等 11 个国家电视台总和还多。尽管数量多，但规模小，竞争力弱。在世界传媒 200 强和电视 100 强的名单中，中国勉强挤进去的唯一传媒就是中央电视台，其经济实力与六大跨国传媒集团相比有天壤之别。并且中国的传媒集团缺乏竞争力，以市场占有量为例，全球 50 家媒体娱乐公司占据了当今世界上 95%文化市场。目前传播于世界各地的新闻，90%以上由西方七大国垄断，其中又有 70%是由跨国公司垄断。美国控制了全球 75%的电视节目的生产和制作，许多第三世界国家的电视节目有 60%～80%的栏目内容来自美国，几乎成为美国电视节目的转播站，而在美国的电视节目中，外国节目的占有率只有

1.2%。美国公司生产的影片产量只占全球影片产量的6.7%，却占了全球总放映时间的50%以上。由于中国传媒产业条块分割，导致资源浪费，中国传媒集团的竞争力缺乏规模效应，传媒集团化使得产业竞争力没有得到明显提升。行政垄断和价格联盟是传媒集团维持目前竞争优势的主要途径。但开放的态势下，这种状况仅只能维持其在一定的行政区域的市场份额，并不能提高其与跨国媒体集团的竞争实力。甚至即使在区域中，这种竞争优势也是表面的。在短期利益驱动下，目前大多传媒集团的注意力仍放在规模扩大与硬件投入，不注重对文化内容的“软资源开发”。现行政策有利于资源垄断经营，而不利内容与创意开发。传媒集团在管理体制上的尴尬，以及经营和分配机制的不健全，使得产业的原创力开发不足，并未能形成有效的学习效应，产业的竞争力和整体优势不明显，与国外传媒相比，对GDP贡献率并不算大。

第四，传媒集团治理模式的缺陷。传媒集团治理模式存在系列问题：①传媒集团内部管理体制不规范，组织结构不科学。不少传媒集团仅仅是换了一个牌子而已，不能适应集团发展要求。一些集团内的管理仍是行政式管理的延伸，多数传媒集团的核心企业与子企业间没有建立规范的产权关系，综合协调功能不强。由于缺乏产权纽带，集分权掌握不好，有的集团公司集权过多，统得过死，影响了成员企业的积极性，而有的传媒集团则分权过多，难以发挥集团的优势；②传媒集团缺乏有效的激励和约束机制。由于传统经济体制的影响和我国干部管理体制方面的弊端，集团的管理者常常由政府组织人事部门直接任命和委派，这种缺乏激励机制的后果是难以形成优胜劣汰的机制；③内部人的自利行为。国有独资的单一产权结构下，由于国有传媒企业的所有者缺位，加上激励机制薄弱，使管理层容易出现内部人的自利行为。这主要表现为管理层决定传媒企业发展、经营和分配等重大决策时，出现个人独断现象；经营行为短期化、工资、奖金等收入增长过快，侵蚀利润等。

第五，缺乏大规模资本运作的能力。中国传媒集团筹资、融资、投资的能力非常有限，不能适应市场竞争的需要。近年来，虽然部分传媒集团有了财务公司，但其业务范围主要是在集团内部进行融投资、拆借等。如何充分发挥财务公司作为融资中心、结算中心、投资中心的作用，进而赋予其信贷功能，尚需进一步研究，否则将会在一定程度上制约着传媒集团的发展。

第六，传媒集团构成单一、产品单薄。传媒集团构成单一，对于传媒集团跨地区、跨媒体经营等还进行着管制，即印刷媒介不得经营广播、电视等电子媒介，出版社不得办报，电子媒介也不得经营报纸（除广播电视节目报）等印刷媒体。经营结构简单，在中国传媒集团中，有41.5%的传媒集团，其广告收入占经营收入的90%以上；有37.9%的传媒集团，其广告收入占经营收入的50%～90%；有21.6%的传媒企业集团，其广告收入占经营收入的50%以下。在传媒集团的全部收入中，广告收入占70%，发行或节目收入占21%，多元经营占8%，其他占1%（周对葵，2008）。传媒集团提供的产品单薄，公共产品少、佳作少，产品的内容相对单调，媒体的消费选择仍相对贫乏。

3.2　中国传媒集团国际化发展分析

3.2.1　中国传媒集团国际化现状

至于中国传媒产业国际化方面，国内已有少数报业集团迈开了国际化的步伐，一般利用固有的品牌优势和读者资源，开拓海外华文市场。如《新民晚报·美国版》，《新民晚报·澳洲专版》，在华侨中有一定影响力。目前，经由中图输出的报纸已经有300多种，杂志有5 000多种，在开拓海外华人市场方面取得了一定的效果。由于中国传媒产业起步比较晚，因此，中国传媒集团的国际化发展也相对较缓慢，传媒集团的国际化存在着许多问题。正如全国政协委员、中国出版集团公司总裁聂振宁所言，“中国出版业小、弱、散的现象比较严重，要提高中国文化产业的国际竞争力需要以政府为主导，打造国家级的出版传媒集团。而实现路径上则需要在规模发展、产品和渠道创新以及国际化上下力气。”①

对中国传媒集团而言，国际化水平比较低，主要通过相关国际化业务而走入国际市场，如中国出版集团在海外设立书店，成立海外出版公司与国外分公司等，到目前为止，中国出版集团在海外已有 10 家书店：现代书店悉尼连锁店，现代书店温哥华连锁店（2 家），新华书店纽约分店，美国黎明图书公司，新华书店圣地亚哥分店，由中国图书进出口（集团）总公司与美国时代国际文化发展公司合资成立的新华书店（北美）网上书店②，新泽西仓储式新华书店，香港现代大众图书有限公司；同时，成立的海外出版公司已有 7 家：中国出版（悉尼）有限公司、中国出版（巴黎）有限公司、中国出版（温哥华）有限公司、中国出版（纽约）有限公司（梅花出版社）、中国出版（首尔）有限公司（木兰出版社）、中国出版（伦敦）有限公司（百合出版社）、中国出版（法兰克福）有限公司（丁香出版社），拥有英、德、法、日、韩等五种文字出版能力，年出版图书实现 200 种；而目前的国外分公司共有 6 家：中国图书（美国）有限公司、中国图书（英国）有限公司、中国图书（德国）有限公司、中国出版对外贸易（澳大利亚）有限公司、中国图书进出口（集团）总公司驻日本国代表处、中国万达贸易公司（莫斯科）。

3.2.2 中国传媒集团国际化发展障碍

在众多传媒集团中，能大规模开展海外业务的为数不多，这主要由于传

---

① http://news.sohu.com/20100308/n270656397.shtml.

② ww.timesbook.com.

媒集团国际化面临着种种问题，国内对传媒集团国际化存在的困难研究较少。为了对此问题进行深入探讨，在相关文献搜集的基础上，通过对相关传媒集团战略部门领导的访谈，笔者对传媒集团国际化存在的困难进行了探讨。经研究发现，目前存在的困难主要有以下几个方面：

(1) 难以满足国(境)外相关标准。

国(境)外技术标准、国(境)外环保标准、国(境)外质量标准，在这些严格标准的监控下，中国的传媒产品存在着许多不足，导致中国传媒集团的国际化进程进展缓慢，使得中国的许多传媒产品无法进入国际市场。由于目前中国的传媒产业整体处于弱势地位，在国际范围内缺乏竞争力，更多依赖国外的标准，因此受到国外标准的监控，如何加强中国传媒产品的技术含量，提高中国传媒产品的竞争力，完善中国传媒产品的检测标准，是摆在中国传媒集团国际化要解决的重要问题。

(2) 管理体制落后。

传媒产业的双重属性，政治与经济属性决定了政府对传媒产业的监管，限制了中国传媒企业现代化管理的运营。落后的管理体制，导致中国传媒企业创新力缺乏，产品技术创新能力不强，产品单薄、缺乏竞争力。

(3) 存在文化差异冲突。

国内外文化的差异与冲突，由于中外文化观念的差异，生活习惯、消费习性、商业模式等的差异，尤其是体现在传媒产品方面，主要是意识形态与观念的差异，导致传媒产品很难融入国外的市场环境。因此，如何加强跨文化的国际化战略，培养传媒集团跨国界、跨文化的传播能力与演绎能力，将会进一步考验中国传媒集团国际化问题处理能力。

(4) 缺乏国际化经营人才。

国际化经营人才的短缺，在竞争激烈的当今社会，除了产品需要具备足够的竞争力之外，国际化经营人才的短缺，也阻碍了中国传媒集团国际化进程，如何培养既懂传媒产业之道，又熟悉国际化经营的综合性人才，是需要中国传媒集团加以思考的问题。

3.2.3 中国传媒集团国际化成功案例与经验启示

对于中国传媒集团初级的国际化业务，如出版集团在国外开展连锁店业务；电影集团与国外电影公司共同拍摄影片；报纸期刊的海外版等。在国际化方面，湖南卫视进行了大胆的尝试，从2006年开始，湖南卫视开始在各个场合宣示要“走向国际”；2007年，湖南卫视大步向国际化迈进，更是推出了英文版网站，力争抓住中国奥运年这一空前的机遇在国际战略上着重发力。从这一国际化战略出炉至今，湖南卫视的节目不断进步，收视率也一路飙升，在国内不断创造佳绩，并继续与国际巨头合作，努力向国际化的方向迈进。湖南卫视对国外节目的引进与挖掘，对国外节目文化差异的客服等，做了有益的探索，这对中国传媒集团国际化深入发展有着重要的经验启示。

(1) 积极实施“外向国际化”，开拓海外市场。

目前的传媒集团，关于国际化的探索，更多地是进行“内向国际化”。例如湖南卫视“国际化”发展，注重和国际传媒巨头展开了深入的合作。从2006年的《名声大震》开始，湖南广电频繁引进国外优秀的节目模式，如源自BBC的《Just the Two of Us》和《Strictly Come Dancing》，打造成《名声大震》、《舞动奇迹》等节目，以及2008年推出的《快乐2008》、《以一敌百》、《挑战海堡》等都是引进国际大亨的模式。然而，一个娱乐节目进入另一个国家，需要克服文化障碍。所以一些以娱乐节目为主的传媒机构为了进入其他国家，会将自己创造的节目模式卖给当地电视台，以此制作符合当地文化的节目。所以引进的节目其实并不是湖南卫视走向上国际的推动力，恰恰相反，是国际传媒机构进入中国的一种手段。

因此，对于中国传媒集团国际化发展之路，需要的是以中国文化为基础，打造中国文化特色，展现中国文化产品，降低文化折扣，将中国文化产品延伸到国外市场。

(2) 加强合作，规避风险。

如前文所述，中国传媒集团在开展国际化业务方面，存在着一系列问题。除了自身的管理体制对于传媒集团发展的限制之外，中外之间的差异也是中国传媒集团需要克服的困难。①中外相关标准的差异。中外技术标准、环保标准、质量标准不同，使得中国的传媒产业整体处于弱势地位，在国际范围内缺乏竞争力，更多依赖国外的标准，因此受到国外标准的监控。在国外严格标准的监控下，中国的传媒产品存在着许多不足，导致中国传媒集团的国际化进程进展缓慢，使得中国的许多传媒产品无法进入国际市场；②中外文化差异。由于中外文化观念的差异，生活习惯、消费习性、商业模式等的差异，尤其是体现在传媒产品方面，主要是意识形态与观念的差异，导致传媒产品很难融入国外的市场环境，在文化差异方面，可以学习国外相关集团的本土化模式，如 BBC 等一些媒体的娱乐节目，为了消除文化上的障碍，采用的是将节目模式或播出权卖给当地电视台的手段，通过当地电视台制作出符合当地文化的节目。如湖南卫视的《名声大震》就是 BBC 的《Just the Two of Us》的模式在中国的改良。③中外经营模式的差异等。由于国际化经营人才的短缺，在竞争激烈的当今社会，除了产品需要具备足够的竞争力之外，国际化经营人才的短缺，也阻碍了中国传媒集团国际化进程。

(3) 开发独特产品，打造中国传媒集团的国际品牌。

国外传媒集团在开展国际化之路的同时，多数采取出售节目模式的方式，中国传媒集团可以参考这种模式。对于目前中国的传媒集团，没有特定的模式，很多节目是引进国外版权，缺乏创造力，没有自己的“知识产权”，很难在国际舞台上具有发言权。例如，湖南卫视目前唯一可以出售的节目模式可能是《变形记》了。而《瘦身魔方》、《我是冠军》、《国球大典·对手》等，这些节目在国外都有原型可考,并不是完全自己的创新。因此,开发中国独特产品,培养中国传媒发展模式,打造中国传媒集团的国际品牌,对于中国传媒集团的发展至关重要。

3.3 中国传媒集团国际化影响因素PEST分析

研究中国传媒集团的国际化发展战略,分析国际化的影响因素至关重要,直接影响到国际化战略成功与否。对于国际化影响因素的分析,许多研究从内外部环境出发,探索东道国和母国之间的影响因素,而对于传媒集团国际化而言,不仅需要考虑这些因素,更多需要考虑开展国际化战略的阻碍因素。一方面需要考虑国内外政治制度、文化差异等,另一方面需要考虑技术方面的差异。我们借助 PEST 分析法,分别分析政治(politics)、经济(economy)、社会文化(society)和技术(technology)方面的影响。

3.3.1 政治因素

政治因素包括一个国家的社会制度,执政党的性质,政府的方针、政策、法令等。不同的国家有着不同的社会性质,不同的社会制度对组织活动有着不同的限制和要求。即使社会制度不变的同一国家,在不同时期,由于执政党的不同,其政府的方针特点、政策倾向对组织活动的态度和影响也是不断变化的。通常而言,影响政治因素主要包括:执政党性质;政治体制;经济体制;政府的管制;投资政策;产业政策;反垄断法规等。政治因素的差异,使得传媒集团在进入国际市场的同时,一方面需要遵守东道国的政治制度,尊重各国的宗教信仰,避免由于政治差异而触及对方的核心利益;另一方面,也需要考虑自身政治因素,防止在国际化过程中损失自身利益。

同时,政治环境对于国际化产生重要影响,尤其作为腐败的政治环境,对于一国的投资环境产生重要影响。而腐败作为企业外部制度因素一直被忽视，直到最近几年才开始有学者认识到腐败因素的重要性，认识到腐败对于国际化战略中国际市场进入模式选择产生的影响。Doh et al.(2003)认为跨国公司在腐败普遍性(腐败发生的可能性)较强的国家中采用独资形式，在随意性(指特定国家内腐败交易过程的不确定性)较强的国家内采用与当地企业合资的形式。Uhlenbruck et al.(2006)以电信产业作为考察对象，研究结果表明腐败普遍性维度与跨国公司非股权进入方式正相关，并且随意性维度会强化这种相关关系，随意性维度与跨国公司合资呈显著正相关关系。关于腐败的数据统计，世界知名组织"透明国际"给出了调查报告，在《2009年全球清廉指数》调查报告中，在所调查的180个国家中，新西兰是世界上最清廉的国家，索马里则是最腐败的国家。"透明国际"清廉指数是建立在多个专家意见测评基础上的一个复合指数，其数据来源是13种对专家和行业进行的调查。清廉指数把世界各国腐败状况按10分排名，根据清廉指数对各国(地区)腐败状况的评价，可以将这些国家(地区)分为几类[①]：①比较廉洁的国家(地区)，如北欧的丹麦、瑞典、芬兰、挪威等，以及亚洲的新加坡、中国香港；②轻微腐败国家(地区)，如南非、波兰、捷克、马来西亚、韩国以及中国台湾等；③腐败比较严重的国家(地区)，主要包括大多数发展中国家和转型国家，如阿根廷、泰国、墨西哥、巴西、印度等；④十分腐败的国家(地区)，主要包括非洲和拉丁美洲一些人均收入极低的国家，以及处于转型最困难阶段的国家，如阿富汗、索马里、缅甸等。

3.3.2 经济因素

国内外经济的发展水平，产业结构与市场潜力对于国际化战略的选择

---

① 来源：http://www.transparency.org/policy_research/surveys_indices/cpi/2009/cpi_2009_table.

产生重要影响。通常而言，经济环境主要包括宏观和微观两个方面的内容。宏观经济环境主要指一个国家的人口数量及其增长趋势，国民收入、国民生产总值及其变化情况以及通过这些指标能够反映的国民经济发展水平和发展速度，东道国的宏观经济环境决定着市场的大小和未来发展潜力，是传媒集团国际化选择需要考虑的重要因素之一。微观经济环境主要指企业所在地区或所服务地区的消费者的收入水平、消费偏好、储蓄情况、就业程度等因素，这些因素影响消费者消费产品的结构，会影响对于中国传媒产品的选择。

3.3.3 社会文化因素

社会文化环境包括一个国家或地区的居民教育程度和文化水平、宗教信仰、风俗习惯、审美观点、价值观念等。文化水平会影响居民的需求层次；宗教信仰和风俗习惯会禁止或抵制某些活动的进行；价值观念会影响居民对组织目标、组织活动以及组织存在本身的认可与否；审美观点则会影响人们对组织活动内容、活动方式以及活动成果的态度。尤其是由于社会文化的差异，使得东道国的消费者并不能完全理解国外的文化，会产生文化折扣的现象。因此，分析社会文化的影响，对于中国传媒集团国际化战略的实施有着重要的影响。

3.3.4 技术因素

技术环境除了要考察与企业所处领域的活动直接相关的技术手段的发展变化外，还应及时了解：①国家对科技开发的投资和支持重点；②该领域技术发展动态和研究开发费用总额；③技术转移和技术商品化速度；④专利及其保护情况等。对于传媒产品而言，除了技术环境之外，高科技的开发与利用，对于传媒产品的拓展，有着极其重要的影响。中国传媒集团国际化面临技术壁垒的存在，一些发达国家凭借在技术和资金上的优势，设置技术障碍，阻碍国际贸易的正常运行，从而增加跨境成本，导致传媒产品竞争力相对下降，从而形成技术性贸易壁垒。

3.4 中国传媒集团国际化动机研究

企业进入国际化的市场出于多种原因，一些是通过本地低成本的劳动力或者低成本的获取原材料，以提供低成本的产品；另一些是因为本国市场的饱和，唯一的可能性是通过进入新的市场寻找新的消费者以增加销售(J. Roberta Minifie，1998)。企业国际化经营的动因有很大区别，所在国家的资源禀赋、经济发展水平等，是决定企业是否进行国际化经营外在重要因素；而同一国家的企业，又因所处的经营领域及自身资金、技术等内在因素，国际化经营的动机也会不同。美国国家外贸委员会曾对其具有跨国经营业务的企业作过一项调查，结果显示，这些企业参与跨国经营的最主要原因或动机有以下几种：①跨越关税和进口壁垒与管制；②降低关税和消除高额运输成本；③获得和利用当地原材料；④获得东道国政府的鼓励；⑤维持现有市场占有状况；⑥预见到国外市场的迅速扩大；⑦控制特种产品制造质量；⑧跟随国外顾客需要；⑨追随国外竞争者行动；⑩获得外国技术、设计与营销技能；⑪参与国外基础设施工程投标(徐德辰，2005)。

3.4.1 传媒集团国际化动机的相关理论

自20世纪50年代以来，海外直接投资与跨国公司理论得到了不断的丰富。对于企业选择海外直接投资的原因以及选择的背景进行了阐述，在不同的阶段出现了不同的理论，如产品生命周期理论、垄断优势论、内部化理论等，而Dunning的国际化折衷理论为对外直接投资动机理论做了一个比较完善的总结，提出了 OLI 模型，即所有权优势、内部化优势和区位优势。伴随着企业跨国经营发展的全过程，西方经济学界对跨国经营动机的剖析在深度和广度上都有了相当程度的进展，并逐渐形成了国家利益本位和企业利益本位的两种不同理论学派。在国家利益本位论者看来，企业跨国经营已经成为发达资本主义国家的一种在强国之间相互渗透以及在经济上重新瓜分世界的工具，而发展中国家则旨在通过企业跨国经营促进本国的工业化进程以及力求加强南南合作。企业利益本位论的典型代表人物是彭罗斯、金德尔伯格、海默、巴克利、维农和邓宁等人。他们的共同论点是企业跨国经营的直接动机是企业追求自我发展、谋求经营效益最大化的一种内在需要。这一理论后来慢慢成为国际经济学界研判企业跨国经营动机的主流思想。其中，以日本学者小岛清和英国学者邓宁对跨国经营动因所做的系统归纳，受到学术界较为普遍的认同。小岛清认为，自然资源寻求型、市场寻求型和生产要素寻求型，是企业对外直接投资三类主要动因（刘冀生、石涌江，2003）。而 Dunning 则根据他对美、英等国的企业考察，归纳出四种类型，即：资源寻求型、市场寻求型、效率寻求型和战略资产寻求型（王清平，2002）。

关于企业国际化的动机问题，Makino，Lau & Yeh（2002）认为企业海外直接投资（OFDI）的动机就是推动企业向海外投资的原因，OFDI 的能力是指向海外直接投资的公司具有的必要的资源和技能，企业热衷于向海外直接投资是因为企业有动力且有能力去投资，并从两个角度阐述企业 OFDI 动机：资产开发（Asset Exploitation）和资产创造（Asset Exploration）。其中，资产创造主要是指 OFDI 企图获得战略性资产（技术、营销和管理经验）。对发展中国家企业而言，跨国直接投资并不是利用现有竞争优势、实现企业利润最大化的主体行为，而是对于外部环境冲击的战略反应。因此中国企业跨国直接投资的战略动机多表现出外部环境的要求（陈漓高，2009）。鲁桐

(2003)以确定中国目前在投资发展轨迹中所处的阶段为前提,认为跨国直接投资快速增长的动力来自于国内经济实力的提高。江小娟(2004)则认为我国跨国直接投资的动力来自于我国更多地参与国外自然资源开发的需要,利用国外科技资源的需要,通过投资带动出口的需要,更好地贴近国外市场的需要,推动产业结构调整的需要。邢建国(2003)认为中国跨国直接投资成长的推动力来自于政府部门的政策推动,综合国力的增强以及对经济主体战略的调整。而王林生等人(2003)提出:国家利益的驱动是跨国直接投资发生的宏观原因,企业利益的驱动是跨国直接投资发生的微观原因。因此,对于企业国际化的动机研究并没有得到统一的认可,分析企业国际化发展的动机理论,探索中国传媒集团国际化动机的成因,将有利于中国传媒产业国际化的进程。

3.4.2　Dunning 的国际投资动机理论分析

Dunning 指出对于不同的生产类型和行业,对外直接投资的决策对于内部化优势、区位优势与所有权优势的要求是有差异的,并给出了三种对外直接投资动机:资源寻求型、市场寻求型和效率寻求型。其后又补充了战略资产寻求型动机,提出对外直接投资"战略性资产获取动机说",认为战略性资产获取型投资的目标是通过全球化战略以获得技术等关键资产,从而提高跨国企业的国际竞争力。归纳起来,Dunning 国际投资动机共有四种类型:

1) 资源导向型

资源导向型是以资源为导向的一种投资战略,公司直接投资、参与国际生产的目的是为了寻求和获得东道国的资源优势,并以这些资源为母公司或在第三国的分支机构以及其他国际市场提供产品和服务。许多新兴市场国家为了经济发展常利用本国自然资源吸引海外直接投资。同时东道国政府因为自然资源的不可再生性而对这类投资进行控制。资源导向型常常由于原材料市场竞争程度很低，缺乏透明度，长期在这种市场内经营的当地公司由于对当地情况熟悉并且具有广泛的关系网络，能够获得原材料来源，因此一般资源导向型的跨国公司都会与当地合作者合作。据统计，1975 年，在 9 大投资国（澳大利亚、加拿大、法国、联邦德国、意大利、日本、荷兰、英国和美国）制造业对外直接投资的产业分析中，资源型投资（主要包括煤、石油、橡胶、非金属与金属矿 4 项）所占比重为 15.2%；1980 年、1985 年和 1990 年，上述比重分别为 27.9%；25.7%和 18.1%（石建勋，2004）。

总体而言，对于资源寻求型，其国际化经营动机可归纳为三方面：

（1）海外寻求国内的劣势资源，主要是从国外获得本国缺少的或相对不利的原料产品的企业，通过投资于海外的产业，开采外国的资源来补充自己的先天不足，并获得由低成本原材料带来的益处。

（2）维护原料来源的稳定性，使用进口原料的企业，随时都受到国际原料市场供给状况与价格变化的影响，面临多种不确定性。原料出口国政府随时有可能对原料出口进行限制，原料供应企业和购买同行也可能在相互竞争中采取一些不正当手段，导致原料可供应量、质量、价格、供应时间等发生变动。这些不确定性威胁到原料进口企业的生产规模、产品质量以及在市场竞争中的地位。为了防止或消除这些不确定性，厂商往往前往国外的原料产地投资设厂，成为该地政府管辖下的一个合法公司。

（3）利用生产区位优势。有些原料，不适合长途运输，如某些新鲜农副产品在远距离运输中易损坏变质，一些腐蚀性强的原料在运输中不安全等。当某一企业需要进口这些原料生产产品供应国内市场时，经济的做法是投资于原料产地，进行原料的开采和就地初加工，然后将经过初加工的原料运回国内供生产使用，以节约巨额运输成本。同时企业也可将生产基地转移到原料产地，就地组织原料进行生产，就地或就近销售，可同时节约原料运输成本和产品运输成本。

2）市场导向型

市场导向型是指公司直接投资的目的是为了满足东道国市场或相邻市场的需求，实行当地生产、当地销售。市场战略动机来源于企业自身规模的扩展需要，通过更深层次的国际分工来获得规模经济效应。20世纪90年代后，新兴市场国家的崛起使得跨国公司市场选择增加，但需要贴近顾客以便针对需求迅速做出反应。在不确定性程度较高或对顾客需求不了解的情况下，跨国公司会让出一部分控制权，寻找当地合作者，但由于这类直接投资是利用跨国公司原有所有权优势，即使让出一部分控制权也不会太多，且一旦从合作者那里学习到自己需要的知识，合作关系便宣告瓦解。市场寻求型投资多数是基于多种导向，规避贸易风险、稳定与扩大市场。

3）效率导向型

效率导向型跨国公司更多的是利用母公司资源支持、产品大部分销售回母公司或其他子公司，它们进入东道国就是要压低成本。这类跨国公司比较重视东道国的优势资源：生产要素成本、政策优惠与基础设施建设。

4）战略资产型

伴随着跨国公司全球战略资产的角逐，国际化经营已成一种必然趋势，通过战略资产的寻求，根据专业化协作的原则，利用领先的世界技术，进行国际直接投资，在全球范围内最有利的地方配置专业化生产厂家，可以形成国际专业化生产网络。同时，大型跨国公司在激烈的国际市场竞争中，凭借自己的雄厚实力，通过收买中小企业股份控制这些企业的生产经营，利用价格策略与技术优势挤垮并接收大量中小企业，结果使自己的经营领域由一部门扩展到多部门，形成混合型垄断公司。同时，在国际直接投资设立跨部门的海外企业，以通过产品多样化来分散风险，实施多元化经营。

3.4.3 中国传媒集团国际化动机的实证检验

由于Dunning四种类型的投机理论是基于发达国家的企业而归纳，为了检验 Dunning 国际投资动机理论在中国传媒集团国际化进程中的有效性。本书将对于中国传媒集团的国际化现状进行分析，然后针对中国传媒集团国际化的问题进行深入访谈，并且利用问卷进行实证分析。

1）实证检验假设

进行资源型投资多是因为国内资源比较贫乏，需要资源投入比较多的行业，如制造业、建筑业等，并且资源性投资方式常常规模巨大，周期长，风险高。而相对于传媒产业而言，多数的国际化是进行外向国际化或者低水平的国际化，依赖更多的是国外的良好的竞争环境、富有吸引力的国外消费市场，受到资源因素影响较小。因此，得出第一个假设：

假设 1：中国传媒集团国际化动机不属于资源导向型。

由于国外经济发展水平较高，2010 年，美国的 GDP 为 14.6 万亿美元，人均 47 132 美元；德国的 GDP 为 3.3 万亿美元，人均 40 512 美元。相对于中国的市场而言，国外市场具有较高的消费能力。Islam 研究表明，一个国家的经济水平(如收入)与传媒产品的消费密切相关。同时，国外良好的市场环境，能够为企业经营提供便利。因此，国外市场对于中国传媒集团具有较大吸引力，通过开展国际化战略，可以拓展海外市场，赢得海外市场的发展机会，由此得到第二个假设：

假设 2：中国传媒集团国际化动机属于市场导向型。

传媒产业的发展离不开基础设施建设，良好的软硬件环境，对于传媒产业的发展，传媒市场的开拓有着重要的意义。发达国家有良好的基础设施，能够提供良好的公共服务，开展传媒集团的国际化战略业务，能够提升传媒集团的经营效率，因此得到第三个假设：

假设 3：中国传媒集团国际化动机属于效率导向型。

中国传媒集团国际化的战略是在国际化趋势大背景下，考虑外部环境的威胁与自身的优势，根据专业化协作的原则，通过国际化学习国外的先进技术与管理方式，在提升自身竞争力的同时，形成国际专业化生产网络，从而促进集团更好发展，因此得到第四个假设：

假设 4：中国传媒集团国际化动机属于战略导向型。

以上四个假设，是针对 Dunning 国际化动机理论的四个方面，结合中国传媒市场现状，给出的实证研究假设。接下来，将对于实证过程与实证结果等进行分析。

2）中国传媒集团国际化动因的实证结果分析

为了探索传媒集团的国际化动机，对上海文广集团、上海世纪出版集团、解放日报报业集团有关领导进行了深入访谈基础上，结合传媒产业发展的形式，分析传媒集团机会与风险的同时，进行了问卷调研。对于问卷的设计，针对 Dunning 国际化动机理论的四方面，首先，考虑到资源因素，传媒集团从事国际化，除了要寻求国内劣势资源外，国外稳定的传媒经营环境对于我国的传媒产业也是可以利用的资源，并且政府对于产业结构的调整以及对传媒产业的财政支持等，都是传媒产业从事国际化可资利用的资源。其次，对于市场因素，主要考虑到海外市场高的经济发展水平，对于传媒产品具有相当高的消费能力，且海外传媒产业巨大发展空间对于中国传媒集团也是一个极大吸引力。再次，对于效率因素方面，国外的研究主要考虑追逐海外低的生产要素成本、寻觅国外的政策优惠以及利用国外便利的基础设施等。最后，对于战略导向型，传媒集团进行国际化，在利用自身优势向国外学习同时，借助国家战略导向的引导，通过培育自身竞争力从而打造国际品牌。对于问卷的设计，经过与有关专家的交流访谈，对于问卷的结构、问题的数量等进行了反馈。并且对于此次问卷，于 2010 年 4 月进行了预调查，调研对象是交通大学媒体与设计学院单考班在职硕士研究生，通过预调查结果进行分析，对于调查问题进行了局部调整，从而确保问卷设计的合理性。最终确定从以上四个方面进行设计，共分为 16 个相关的问题，分别针对

Dunning 动机理论的四个方面。

对于中国传媒集团国际化动机的探讨，主要是对上海世纪出版集团、上海文广集团、解放日报报业集团和文汇新民晚报集团 4 家集团公司有关领导深入访谈的基础上，开放性交流中国传媒集团市场现状、国际化发展概况等之后，进行问卷调研，填写对象是公司的管理层人员①。研究对象主要是公司的中高层，对于企业的战略相对熟悉，且调研数据来自不同类型的传媒集团，具有广泛代表性，能够很好支撑调研的问题。由于研究对象是上海四家公司中高层人员，总体样本量受到限制，尤其调研对象需要提前预约，极大地增加了此次调研的难度与工作量，与此同时，研究经费受到限制，无法进行大范围的调研。经过努力，此次调研共获得有效调查问卷 61 份。

通过对 61 份有效调研问卷的分析，在所参与调研的 61 位调研对象中，男性 48 人，占 78.7%，女性 13 人，占 21.3%，平均年龄 37.6；处于高层职位的有 7 位，占 11.5%；处于中层管理职位的有 39 位，占 63.9%；处于基层管理职位的有 15 位，占 24.6%。由此可见，中高层管理人员共占到了 75.4% 的比重，并且中高层对于企业与传媒行业有着较为全面的信息，因此本问卷的调研人员反映了可信的信息。

并且参与调研的对象中，多数具有较长的工作经验，95%有 4 年以上的工作经历。而在目前公司工作 1 到 4 年达 7 人，占 11.5%；5 到 8 年的有 37 人，占 60.7%；9 到 12 年的有 11 人，占 18%；13 年以上的有 6 人，占 9.8%。

表 3.6 给出了描述性变量统计，关于调研的详细分析见附录。由表 3.6 各个指标的得分可知，对于寻求国内劣势资源（均值 2.80，方差 0.833）、政府产业政策导向和行业协调（均值 3.09，方差 1.09）等得分较低，海外市场经济发展水平（均值 3.90，方差 0.90）与海外市场空间的吸引力（均值 3.60，方差

① 对于研究调研，要特别感谢原世纪出版集团副总裁张耀伟博士，文广集团研究发展部副主任郭炜华博士提供的帮助。

0.91）等得分较高，寻觅国外政策优惠等得分中等，而集团闲置资金的利用（均值 2.03，方差 1.13）、创新能力的培育（均值 3.08，方差 1.42）等得分较低，针对 Dunning 国际化动机理论的四个方面，可以初步得出如下结论：

检验假设	实证结论
假设 1：中国传媒集团国际化动机不属于资源导向型	支持
假设 2：中国传媒集团国际化动机属于市场导向型	支持
假设 3：中国传媒集团国际化动机属于效率导向型	部分支持
假设 4：中国传媒集团国际化动机属于战略导向型	不支持

表 3.6　传媒集团国际化动机问卷描述性统计

类　型	问卷问题	得分均值	得分方差
资源型	海外寻求国内的劣势资源	2.8033	.83306
	海外稳定的经营环境	3.6066	.88088
	政府的财政和金融支持	3.2623	.85443
	政府产业政策导向和行业协调	3.0984	1.09095
市场型	海外市场高的经济发展水平	3.9016	.90747
	具有吸引力的海外市场空间	3.6066	.91794
效率型	追逐国外低的生产要素成本	3.4754	.72126
	寻觅国外传媒市场的政策优惠	3.5082	.84898
	利用国外良好的基础设施建设	3.5410	.88645
战略型	通过国际化提升传媒公司自身的良好形象	3.1148	1.01814
	政府“走出去”战略导向	3.9016	1.13585
	借助传媒产品输出国家观念	3.2295	1.32153
	引进新的经营理念和管理模式	3.8197	.82681
	通过国际化把企业打造成国际知名品牌	3.5902	.71594
	集团闲置资金的利用	2.0328	1.13970
	集团创新能力的培育	3.0820	1.42939

由实证的结论可知，Dunning 的国际化动机模型并不能充分地解释中国传媒集团国际化的动机，这或许与中国传媒集团发展较缓慢，海外投资刚刚起步，并未形成系统化的战略模式，缺乏足够的国际竞争力有关，更多的是在外界推动下被动地进行国际化战略。因此，对于中国传媒集团国际化问题的相关探索，寻觅中国传媒集团国际化的影响因素，构建中国传媒集团国

际化动机理论，能够进一步指导中国传媒集团国际化的开展，从而提升中国传媒产业的国际化水平，增强中国传媒产业的国际竞争力与传媒软实力。

3.4.4 中国传媒集团国际化动机的四力模型分析

为了进一步研究中国传媒集团国际化动机理论，对于此次调查进行了深入分析，首先对于研究样本采用了 Kaiser-Meyer-Olkin 与 Bartlett 检验，根据 SPSS17.0 的测算，该问卷的 KMO 为 0.753，Bartlett 近似卡方为 427.546。因此比较适合进行因子分析(表 3.7)。用主成分分析法对样本进行最大方差旋转分析，可以得到四个因子(表 3.8)。

表 3.7 研究样本的 KMO 和 Bartlett 检验

KMO 和 Bartlett 的检验		
取样足够度的 Kaiser-Meyer-Olkin 度量。		.753
Bartlett 的球形度检验	近似卡方	427.546
	df	120
	Sig.	.000

表 3.8 因子分析主因子的提取

	成份			
	1	2	3	4
海外稳定的经营环境	.877	.001	.155	—.051
具有吸引力的海外市场空间	.866	.150	.084	—.032
追逐国外低的生产要素成本	.829	—.017	.212	—.113
海外寻求国内的劣势资源	.731	—.013	—.070	.197
寻觅国外传媒市场的政策优惠	.709	.200	.316	—.020
海外市场高的经济发展水平	.657	.261	.086	—.090
利用国外良好的基础设施建设	.562	.228	.387	.110
政府的财政和金融支持	.071	.791	.004	—.003
政府“走出去”战略导向	.206	.705	.124	.303
引进新的经营理念和管理模式	.429	.593	—.258	—.260
通过国际化提升传媒公司自身的良好形象	.094	.306	.701	.164
政府产业政策导向和行业协调	.209	—.199	.642	—.086
集团创新能力的培育	.269	—.419	.559	.054

（续表）

	成份			
	1	2	3	4
借助传媒产品输出国家观念	.221	.205	.122	.772
集团闲置资金的利用	—.431	—.037	.034	.766
通过国际化把企业打造成国际知名品牌	—.034	.139	.587	—.643

由表3.8可以看出，每个条目的因素载荷均大于0.559，总体方差解释率为65.47%，问卷的结构效度较好，能够很好地说明所研究的问题，问卷设计较为全面地反映了中国传媒集团国际化动机要素，通过因子分析可以发现，本次调查可以得到四个因子，具体如下：

第一个因子包括海外寻求国内的劣势资源、海外稳定的经营环境、海外市场的经济发展水平、具有吸引力的海外市场空间、追逐国外低的生产要素成本、寻觅国外传媒市场的政策优惠、利用国外良好的基础设施建设，主要考察了国内外市场环境对中国传媒集团国际化动机的影响，国内外市场的发展空间与潜在发展能力对中国传媒集团国际化发展的吸引力，以及市场要素（如基础设施等）对中国传媒集团国际化发展的影响。由于这些因素均与市场要素密切相连，我们称第一个因子为市场影响因子。

第二个因子包括政府"走出去"战略导向、借助传媒产品输出国家观念、政府的财政和金融支持、政府产业政策导向和行业协调。这里主要考虑到政府对传媒集团国际化战略的影响作用。一方面，政府对于传媒产业发展的政策导向，利用传媒产业发展输出中国文化、国家观念与意识形态；另一方面，政府对于传媒产业发展给予支持，包括政策扶持，产业结构调整，以及给予资金的支持，帮助中国传媒产业实施国际化，通过国际化发展壮大。这些要素与政府政策密切相关，我们称其为政府影响因子。

第三个因子包括利用国际化提升传媒集团自身的良好形象、通过国际化把企业打造成国际知名品牌，这里主要考虑到传媒集团从事国际化是为打造国内外知名品牌的目的，通过实施品牌战略，可以提升集团的知名度与美誉度，增强企业的竞争力。我们称其为品牌影响因子。

第四个因子包括引进新的经营理念和管理模式、集团闲置资金的利用、集团创新能力的培育。主要是从集团自身的能力出发，考虑到集团自身资源与发展战略需要，通过国际化战略，引进国外的经营理念与先进的管理方向，进行相应的战略调整，以及培育自身核心竞争力的需要。这些因素均出自集团自身发展需要，我们称其为集团创新影响因子。

通过对以上四因子进行分析，可以将中国传媒集团国际化的动机归纳为四种力量：①政府推动力。由于政府大力推动和支持政策，在政府“走出去”战略导向下，促使传媒集团走出去，实施国际化战略；②市场拉动力。传媒集团为了提高自身产品的市场占有率而进行国际化运作，国外市场的吸引力、市场规模与潜在消费能力等均产生极大吸引力；③品牌驱动力。传媒集团为了提升自身的影响力，需要构建全球性的知名品牌，从而实施国际化战略；④集团策动力。在利用自身资源的同时，通过国际化学习国外的相关技术与管理模式，并通过国际化发展战略储备国际化人才，从而为集团创新力的培育与竞争力的提升奠定基础。对于中国传媒集团国际化的四种力量，可以构建中国传媒集团国际化动力模型，如图 3-2 中国传媒集团国际化动机四力模型。

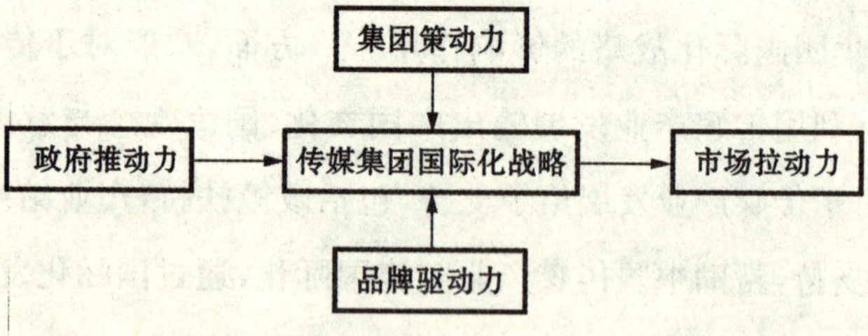

图 3-2　中国传媒集团国际化动机四力模型

通过对中国传媒集团国际化动机的实证分析，可以发现，对于 Dunning 国际化动机的四种类型，资源导向型与战略导向型在中国传媒集团国际化进程中不适用，而市场型与效率型与中国现状吻合。这说明 Dunning 的国际化动机模型并不能充分地解释中国传媒集团国际化的动机。通过因子分析对于问卷进一步考察发现，中国传媒集团的国际化动机可以用四种力量来解释：政府推动力、市场拉动力、品牌驱动力与集团策动力，这可能与中国传媒集团国际化密切相关。由于中国传媒集团国际化起步较晚，国际化程度不高，并未形成系统化的战略模式，缺乏足够的国际竞争力，自身能力有限，使得传媒集团国际化更多依赖外力作用。通过对于传媒集团国际化动机分析，在丰富国际化理论的基础上，对于中国传媒集团国际化发展具有现实指导意义，能够进一步提升中国传媒产业的国际竞争力与传媒产业软实力。

3.5　本章小结

本章首先对于中国传媒产业与传媒集团的发展现状进行了分析，并指出了中国传媒集团国际化存在的问题。然后利用 PEST 法，对于中国传媒集团国际化影响因素从政治、经济、社会文化和技术方面进行了分析。最后，对于中国传媒集团国际化动机进行了实证研究，基于 Dunning 国际化动机理论，对于中国国际化动机因素进行了问卷调查，并对于 Dunning 的理论进行了检验，通过对问卷结果进行因子分析发现，中国传媒集团的国际化动因可归纳为四种因子：市场影响因子、政府影响因子、品牌影响因子和集团创新因子，根据实证的结果构建了中国传媒集团国际化动机的四力模型，将中国传媒集团国际化动机归纳为四种力量：市场拉动力、政府推动力、品牌驱动力和集团策动力，并对该模型进行了分析。

第4章 基于文化差异的中国传媒集团国际化目标市场DMP选择模型

对一个国家文化的理解，将影响跨国经营战略中对市场领域的选择。“创新波及理论”认为，新思想的传播或交流在文化背景相同的群体内部较容易，否则很困难。因此在市场选择上，美国企业国际化市场的首选一般是加拿大，而不是文化迥异的亚洲国家；中国企业在跨国经营时，一般首先考虑的市场是香港；日本则首先考虑韩国、中国台湾等。然而对于中国传媒产业国际化目标市场选择问题如何，目标市场选择对于国际化战略的影响如何，一直缺乏应有的研究。本章在分析文化差异相关概念的基础上，将通过实证的方法检验文化差异理论在中国传媒集团国际化目标市场选择方面的实用性，最后将通过动态决策系统方法给出中国传媒集团国际目标市场选择概念模型，以期对决策者的决策行为提供相应的辅助作用。

4.1 文化差异、文化距离与心理距离研究

对于文化距离与心理距离的研究，首先要明确国家文化的概念，对于国家文化概念的解释，将会影响到文化距离等的研究。

文化作为一个难以捉摸的概念，使得不同的国家，有着不同的文化，从

而产生了国家文化之间的差异，产生了国家文化的距离，并且由于商业环境的不同，在国际商务中，合作双方在心理上存在着一定的距离，往往影响国际化合作中的效果，决定国际业务的成败。因此，对于中国传媒集团国际化战略的研究，需要对文化差异、文化距离与心理距离进行相应的分析，明晰三者之间的关系（图 4-1），从而在国际化战略中进一步完善相应的策略。

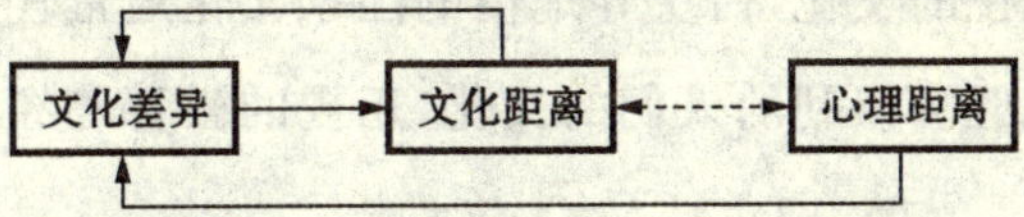

图 4-1 文化差异、文化距离、心理距离关系图

4.1.1 文化差异分析

文化与文化距离在国际化研究中比较重要（Kogut & Singh，1988；Barkema et al.，1997；Park & Ungson，1997；Morosini et al.，1998；O'Grady & Lane，1996；Evans & Mavondo，2002），但没有一个简洁的定义能够完整地包括文化这个概念。文化被看做是一个群体，一个社区或国家所共享的经验、理解和涵义。Low & Leong(2000)认为文化是一个复合体，包括了知识、信仰、艺术、伦理、风俗和一个社会的人们所形成的能力和习惯。文化是一个固有的行为影响因素，在国际业务中，能够影响合作组织之间的交往、评估和谈判机会。不同的文化拥有不同的管理模式和组织本质的不同想法（Hofstede，2005）。文化被视为一个关键因素，用以解释外部市场的吸引力、扩张模式、市场和零售策略的适应度、进入模式和组织绩效。Hofstede(1980)将国家文化定义为“人们头脑中，一个群体区别于其他群体的东西”，并对国家文化进行了深入研究，从五个维度进行阐述。

文化是一个潜在的东西，一般通过习俗、态度、社会象征和其他方式来凸显自己。在已有文献中，研究国家文化对于管理实践或者组织战略影响的很多，Trompenaars(1993)对于来自28个国家的15 000个管理者进行10年的跟踪研究，通过因子分析的方法发现，文化特征可以用普遍性(universalism)和特殊性(particularism)来体现。国家文化可以被定义为一个国家共享的准则和价值不同于另外国家的程度(Chen & Hu，2002；Hofstede，2001；Kogut & Singh，1988)。曾忠禄(2003)认为国家文化是一个国家政治边界内占主导地位的文化，占主导地位的国家文化通常代表拥有最多人口或最大的政治或经济权利的人们的文化，正规的教育和经营活动都采用主导文化的语言。

对于国家文化的研究，并没有形成统一的定论，然而均强调在国家的层面，视国家文化为国家共享的资源。在接下来的研究，我们将国家文化视为一个国家(地区)所共享的、长期积累下来的文化的积淀，具有稳定的特征。

4.1.2 文化距离分析

由于国家文化的差异，使得不同文化之间存在着文化距离，而文化距离概念，通常是指两个不同的国家或地区之间，各自所尊崇的文化之间的差异。关于国家文化距离的衡量，相关的一些文献论述比较多，主要依据Hofstede(1980，1991)提出的文化距离的测量维度。归纳起来，有如下几种：

1) Kougut 和 Singh 的文化距离测量法

Kougut 和 Singh(1988)使用 Hofsede 对于国家文化衡量的前四个指标[①]，发展了一个综合性的指标来决定两个国家之间的文化距离。

$$CD_j = \sum_{i=i}^{n} [(I_{ij} - I_{im})^2 / V_i] / 4$$

2) 欧氏距离测量方法

基于 hofstede(1980)的文化维度指标，Barkema & Vermeulen(1998)给

① Hofstede 文化维度前四个指标：权利距离、集体主义、男性主义和不确定性规避。

出了距离测量方法为：

$$CD_j = \sqrt{\sum_{i=1}^{4}\{(I_{ij} - I_{im})^2\}/V_i}$$

3）Morosini 的距离测量方法

在 Kougut 和 Singh 研究的基础上，Morosini et al. (1998)给出了文化距离的测量方法：

$$CD_j = \sqrt{\sum_{i=1}^{4}(I_{ij} - I_{im})^2}$$

以上公式中，CD_j代表第j个国家到m国家的文化距离，I_{ij}、I_{im}代表j、m国家第i个文化衡量指标，V_i代表第i个衡量指标的方差，$i=1,\cdots,4$。Kougut 和 Singh 的测量方法考虑了不同文化维度的权重影响，且使用最广泛，有着大量的实证研究（表 4.1），而 Morosini 测量方法并不假定各个文化维度对于文化距离的影响具有同样的重要性或权重。

表 4.1　文化距离对于进入模式影响的实证分析总结

研究者	母国	东道国	文化距离测量方法	结论
KogutandSingh(1988)	其他国家	美国	Kogut and Singh 法	正相关
ChoandPadmanabhan (1995)	日本	其他国家	Kogut and Singh 法	不显著
BarkemaandVermeulen (1998)	荷兰	其他国家	Kogut and Singh 法	正相关
PadmanabhanandCho (1999)	日本	其他国家	Kogut and Singh 法	不显著
BrouthersandBrouthers (2000)	日本	英国、法国、荷兰、比利时、德国、卢森堡	Kogut and Singh 法	不显著
VermeulenandBarkema (2001)	荷兰	其他国家	Kogut and Singh 法	正相关
Harzing(2002)	其他国家	其他国家	Kogut and Singh 法	正相关
Larimo(2003)	其他国家	其他国家	Kogut and Singh 法	正相关

4）基于 Schwartz 文化维度的测量法

类似于以上两种方法，基于 Schwartz(1994)七个文化维度的测量（参见

2.3节)，许多学者计算了文化距离，并用以检验该文化距离对于企业国际市场进入模式的影响。Rian Drogendijka 和 ArjenSlangen(2006)利用此种文化距离的测量方法，检验了荷兰公司国外扩张模式，并验证了文化距离对于进入模式影响的显著性。

5) 管理认知的测量法

管理认知的测量方法主要是通过问卷调查，采用 likert7 分量表的方法进行分析，主要调查管理团队在多大程度上认为文化差异对于进入模式有影响。(Boyd et al.，1993；Bell，1996；Drogendijka R.，2006)管理认知的方法对于文化差异的解释主要包括规则和惯例上的不同、风俗习惯、行为、商业实践、组织实践、语言、交流的方法、人们之间的关系等，通过这些不同的差异进而确定文化差异对于进入模式的影响程度。

在实证研究中，由于 Hofstede 关于文化维度的基础研究得到了广泛的认可，且 Kogut 和 Singh 的方法考虑到各种文化维度之间的权重，使得该方法得到广泛使用，并使得文化距离概念在实证研究中得到了广泛认同。

4.1.3 心理距离分析

虽然文化距离得到广泛研究，但许多研究者在文化距离的基础上，进一步探讨了心理距离问题，两者之间有许多相似性。大多数对心理距离研究的文献都试图表达在许多环境因素方面，母国与海外目标市场国的相似性或差异有多大(Ali，1995；Johanson & Vahlne，1977；1990；Johanson & Wiedersheim-Paul，1975；Lee，1998；Nordstrom & Vahlne，1994；Vahlne & Wiedersheim-Paul，1973；1977)。实际上，心理距离(Psychic distance)的定义自从 Beckerman(1956)在国际贸易的研究中首次使用以后，经历了许多变化。从20世纪70年代以后，才开始在学术界受到广泛重视。Vahlne 与 Wiedersheim-Paul(1977)将心理距离定义成防止或阻碍潜在的供应商与顾客之间信息流动的因素。Nordstrom 与 Vahlne(1994)又将心理距离重新定义为阻碍公司学习与理解国外环境的因素,认为尽管心理距离与文化距离有着一定的差别,但是他们两者之间存在很大的重叠性,进而得出心理距离主要包含文化差异,结构性差异(主要指法律与管理体制)以及语言差异。O'Grady 与 Lane(1996)将其进一步定义为公司关于国外市场的不确定性程度,这种不确定性程度来自于文化差异以及其他方面的困难形成的公司对认识国外市场环境的障碍。

Lee 与 Swift 认为心理距离等同于文化距离,Lee(1998)将文化距离定义由语言、商业惯例习俗、法律政治体系以及市场基础设施所感知或理解的母国与目标国的社会文化距离;Swift(1999)认为心理距离是一系列相关文化因素的结果,在这其中感知和理解起着决定作用。尽管 Lee(1998)与 Swift(1999)对心理距离的定义中包含了感知理解的过程,但他们将心理距离与文化距离作为同义语来使用。不过,Lee(1998)对心理距离的定义克服了前人定义中的关于距离的模糊性的问题。如 O'Grady 和 Lane(1996)在心理距离的定义中强调一种不确定性,但是将不确定性理解为距离是差强人意的。距离是指根据两点之间分离的程度确定的相似性和差异,相反不确定性是指关于某事缺少一些确定的结论(Sykes,1987)。因此,在关于心理距离的研究中只强调不确定性,与心理距离的本质是不符的。

在国内,对于心理距离的研究不多,通常将心理距离看成是对文化及商业环境等差异的感知与理解而形成的母国市场与国外市场之间的距离,并且商业环境差异主要包括商业企业在东道国经营过程中必须考虑的各种环境因素的差异,主要包括了法律政治环境、经济环境、商业惯例、语言环境,以及市场结构等。汪旭晖(2004,2005)因此将心理距离看成是由国家文化距离和商业环境距离构成的,其中,商业环境距离主要由法律政治环境、经济环境、商业惯例、语言环境以及市场结构等几个方面构成;法律政治环境主要通过政治的稳定性等来确定；经济环境主要由GDP或GNP指标、经济稳定性、政府管制水平、通货膨胀率、消费需求水平，以及城市化水平等确定；市场结构可以市场集中度来确定；商业惯例主要通过消费者购物习惯、消费习惯等来衡量；语言环境则注重比较两国语言的相似程度。由于这些指标很多可以通过国家、地区的统计年鉴获取，因此具有可测量性。因此，汪旭晖给出了商业环境距离的测量公式：

$$BD_j = \sum_{i=1}^{k} [(I_{ij} - I_{ic})^2 / V_i] / k$$

BD_j代表第j个国家到母国的商业环境距离，I_{ij}代表第j个国家第i个商业环境距离的衡量指标，V_i代表第i个衡量指标的方差，c代表母国。根据上述对于国家文化距离以及商业环境距离的测量，并因此给出了心理距离的计算公式：

$$PD_j = \alpha CD_j + \beta BD_j$$

公式中α与β分别代表国家文化距离与商业环境距离的权重，其中$\alpha + \beta = 1$。

在20世纪70年代，Uppsala大学的scandinavian研究者首次尝试测量心理距离(Johanson & Vahlne，1977)，用心理距离理论解释外商直接投资，将心理距离看成是一个公司对于外国市场特征的不确定性的程度。到了20世纪八九十年代，对于心理距离的测量多数基于Sethi的世界簇群分类或者Hofstede的文化维度。尽管基于两者的分类有着大量的研究，然而，所有的这些测量并不能给出精确的定义(O'Grady & Lane，1996)。Sethi最初的29个变量并不包括语言、宗教、文化、商业经营和政治法律体系的不同。同样，Hofstede并没有处理不同的语言、宗教、教育、政治和法律体系或者工业发展等。近年来，不同的学派对于心理距离从不同的视角进行了研究(表4.2)。

表 4.2　心理距离的相关研究

学　派	作　者	心理距离变量
国家贸易研究	Linnemann(1966)	地理距离和三个虚拟变量
	GruberandVernon(1970)	地理距离和一个虚拟变量
	HirschandLev(1973)	地理距离和一个虚拟变量
	Learner(1974)	地理距离
	GeraciandPrewo(1977)	三个虚拟变量
	SrivastavaandGreen(1986)	地理距离和三个虚拟变量
	Bergstrand(1989)	地理距离和两个虚拟变量
北欧研究者	VahlneandWiedersheim-Paul(1977)	15 个独立的变量
	JohansonandWiedersheim-Paul(1975)	Vahlne 和 Wiedersheim-Paul (1977)研究基础上的单规模
基于 Sethi 和 Hofetede 研究	Davidson(1983)	基于 Sethi(1971)之上单规模
	KogutandSingh(1988)	基于 Hofstede(1980)之上单规模
	BenitoandGripsrud(1992)	基于 Hofstede(1980)之上单规模
	GrosseandGoldberg(1991)	地理距离和 hofstede 规模
	GrosseandTrevino(1996)	地理距离和 hofstede 规模
基于关键信息的研究	Dichtl, Koeglmayr, andMueller(1990)	单变量,自报告,事后决策
	HolzmullerandKasper(1990)	单变量,自报告,事后决策
	KimandHwang(1992)	四变量,自报告,事后决策
	VahlneandNordstrom(1992)	单变量

然而在实际中,心理距离与企业海外经营绩效的关系具有不确定性,常常导致了心理距离悖论。许多模型的研究都认为与母国相似的海外市场的绩效更高(Bilkley & Tesar,1977;Cavusgil,1980;Czinkota,1982;Johanson & Vahlne,1977;Nordstrom & Vahlne,1994)。通常被认为心理距离小,企业更容易学习与理解,这样企业在海外经营所面临的不确定性风险就大大降低(Nordstrom & Vahlne,1994)。然而,在对已有文献进行归纳的基础上则发现了一些矛盾的现象,即心理距离近的目标市场绩效反而更差。O'Grady and Lee(1966)的研究验证了心理距离悖论现象。同样,Stottinger(1998)和 Evans(2002)以零售业为例,验证了心理距离悖论的存在。因此,心理距离对于国际化的影响值得继续深入研究。在心理距离理论发展的同

时，地理距离也作为一种重要的因素阻碍了企业国际市场选择的因素。在早期的国际化理论研究中，很多都包括了地理距离的因素。Srivastava & Green(1986)就将心理距离看成是地理距离与其他三个虚拟变量的组合；Bergstrand(1989)则将心理距离看成是地理距离与其他两个虚拟变量的组合。对于地理距离的计算，经常是考虑到两个国家之间的距离，通常以两个主要城市之间的物理距离来衡量，Douglas Dow(2000)将其他国家到澳大利亚的地理距离定义为澳大利亚到出口国家最重要港口的地理距离，例如澳大利亚与中国的地理距离，可以用悉尼与上海之间的距离来替代。

在对文化差异、文化距离和心理距离进行分析的基础上，文化差异理论对于中国传媒集团目标市场选择的影响程度如何，在接下来的一节，将在文化距离分析的基础上，实证检验文化距离理论对于中国传媒集团目标市场选择的影响，并对文化距离的影响机理进行探讨。

4.2 中国传媒集团国际化目标市场选择实证—基于文化距离分析

不同于一般的制造业企业的国际化目标市场选择，传媒产业将会更多地受到文化因素的影响，不仅仅是因为文化差异方面导致的沟通交流障碍，同时文化对于传媒产品本身而言，也有着重要的影响，在接下来的章节，将通过实证的方式检验文化差异理论对于中国传媒集团国际化目标市场选择的影响。

4.2.1 研究假设

进入国外市场绝非易事，由于文化的差异、法律法规、语言差异和组织结构的差异等，使得进入国外市场相当困难(Roberta Minifie，1998)。对于目标市场选择的研究，需要分析其影响因素的基础上进行决策，Wirtz(2001)对于德国传媒产业国际化动因及目标国的选择进行了研究，认为目标国的选择应该考虑市场潜力、国家风险、进入障碍等。由于中国传媒集团国际化发展处于起步阶段，国际化程度较低，对于国际化目标市场选择主要从目标国的吸引力、目标国与中国的地理距离、文化距离等出发，因此，主要有如下假设。

对于目标市场选择的研究中，地理距离影响了两国之间的商业交流。首先，地理距离影响了运输成本，对于那些运输成本较高的产品，相对较近的地理距离提供了一种价格优势；其次，地理距离影响了信息搜集与传递的成本，地理的相近性能够加快信息的传递，尤其是一些隐晦的知识需要管理者面对面交流(Carlson，1974)，因此，地理距离影响到交易成本。与制造业相比，传媒产业进行国际化运输更少的产品与原材料，地理距离对于产品的成本影响较小；同时，随着目前通讯水平的提升，大大降低了信息的搜集与传递成本，使得地理距离对于信息的搜集成本影响较小。因此，对于传媒集团的国际化而言，地理距离对于目标市场的选择影响较小，故而得到第一个假设。

假设1：传媒集团目标市场选择不受地理距离的影响。

一个国家的经济水平(GDP)直接影响人们对于传媒产品的消费能力，如对于休闲娱乐产品的消费，Islam(2002)研究表明，一个国家的经济水平(如收入)与传媒产品的消费密切相关。中国传媒集团在进行国际化目标市场选择决策时，需要考虑目标国的经济发展水平，目标国家的经济发展水平，对于中国传媒集团国际化目标市场的选择将产生重要的吸引力，由此得到第二个假设。

假设2：传媒集团目标市场选择受目标国GDP影响较大。

在进行国际化战略过程中，由于交易成本的存在，使得国际化面临着许多不确定性，而文化差异的存在，增加了信息交流与沟通的困难，并在一定程度上影响了个人或团队的思维，增加了决策的不确定性，从而增加了国际化的风险。同时，由于传媒产品内容很多属于意识形态，将会受到文化折扣理论[①]的影响，因此，在传媒国际化目标市场选择过程中，由于文化差异的存在，将倾向于选择文化距离较小的目标市场，因此得到第三个假设。

假设 3:传媒集团目标市场选择倾向于文化距离较小的国家。

目标国市场对于传媒集团国际化的吸引力，除了 GDP 的吸引之外，目标国良好的基础设施，完善的经济政策，不仅能为传媒集团发展提供了便利，而且降低了传媒集团经营的风险，能够为传媒集团的发展提供极大的空间，因此得到第四个假设。

假设 4:传媒集团目标市场选择倾向于良好的目标国市场经济环境。

4.2.2 实证研究模型

为了研究文化差异对于中国传媒集团目标市场选择的影响，将搜集中国传媒集团国际化过程中，已经开展国际业务或合作的国家，然后以所选国家的频率为因变量，探索文化差异等因素是否对于目标国选择产生影响。

1) 相关变量的测量

(1) 因变量(FREQ)的测量。

为了研究的便利性，将以传媒集团所选择的目标国家出现的频率(FREQ)为因变量。假设所选目标国家为 $A_i(i=1,\cdots,m)$，在国家 A_i 从事业务的传媒集团个数为 $N_{ij}(i=1,\cdots,m,j=1,\cdots,n)$。则进入目标国 A_i 的频率为：

---

① 指在国际文化贸易中，文化产品如电视剧、电影会因为其内蕴的文化因素不被其他民族观众认同或理解而带来产品价值的减低。

$$FREQ_{A_i} = \frac{N_{ij}}{\sum_{j=1}^{n} N_{ij}} \quad (i = 1,\cdots,m, j = 1,\cdots,n) \tag{4-1}$$

(2) 文化距离(CULDIST)的测量。

国家文化距离衡量的相关研究较多，主要依据 Hofstede 提出的文化维度[①]：权利距离、男性主义、集体主义、不确定性规避，进而构建文化距离的测量模型[②]。尽管 Schwartz 指出了 Hofstede 研究的一些缺陷：文化维度并非充分，其设计并不是针对国家文化维度，因此可能并没有包括所有相关的问题；样本选取并不能充分地反应国家文化的全部内容；由于所调查的对象为 IBM 的员工，并不能代表整个国家的文化层次；数据存在过时的可能性。然而，基于 Hofstede 文化维度的 kogut 和 singh 的文化距离计算方法，考虑了不同文化维度的权重影响，得到了学界广泛认可，本书同样利用该方法计算文化距离。

Kougut 和 Singh 的文化距离测量：

$$CD_j = \sum_{i=i}^{n} [(I_{ij} - I_{ia})^2 / V_i] / 4 \tag{4-2}$$

其中，CD_j代表第j 个国家到m 国家的文化距离，I_{ij}、I_{im}代表j、m 国家第i 个文化维度指标，V_i代表第i 个维度指标的方差，$i=1,\cdots,4$。

(3) 地理距离(FLIGHT)的计算。

---

① Hofstede 对于国家文化研究得出四个维度：①权利距离（Power Distance）用来衡量人们接受不平等的权利分配的程度；②男性主义/女性主义（Masculinity/Femininity）主要衡量男女对于生活的态度；③个人主义/集体主义（Individualism/Collectivism）用个人主义指数衡量；④不确定性规避（Uncertainty Avoidance）指社会对于不确定性的认知程度。后来基于儒家思想提出第五个维度：长期价值倾向（Long-term Orientation），因该数据不够齐全，多数研究基于前四个文化维度。

② 对于文化距离的测量，基于 Hofstede 文化维度有：Kougut 和 Singh 的文化距离测量法、Barkema & Vermeulen 欧氏距离法、Morosini 测量法；除此之外，还有基于 Schwartz 文化维度的测量法、管理认知的测量法等。

考虑到地理距离影响交易成本等，Douglas Dow(2000)将澳大利亚到各个国家的地理距离（千米）视为澳大利亚到目标国家最近的主要港口的距离。Sylvia 等(2008)在研究美国影视产品的出口目标国的影响因素时，将各个国家最著名的城市到美国著名城市(纽约)之间的最快飞行时间视为地理距离。考虑到目前传媒集团决策者之间面对面交流的时间因素，以及传媒产品的运输方式等，本书将选取北京到各个国家首都的航行时间(小时)视为地理距离，该数据来源于中国国际航空公司北京直飞各个国家首都的飞行时间，个别国家没有直飞的，将选择通过转机最快到达目的地的航行时间①。

(4) 市场吸引力的衡量。

一个国家的经济水平(GDP)直接影响人们的消费能力，同时 GDP 的水平反应了市场的发展潜力，因此对于目标国市场潜力与吸引力的衡量，将采用目标国的 GDP 总量，选取 2008 年底世界各国的 GDP 为研究的数据。

(5) 市场经济环境测评。

对于目标国家市场经济环境的衡量，将根据美国商业环境风险评估机构报告的世界各国与地区的环境投资指数 BERI(Business environment risk index)来计量，该指数利用德菲法专家意见及国际货币基金出版的统计资料，定期对世界各个主要国家做风险评估报告，主要考虑目标国的运营风险、政治风险与汇兑风险等三个方面，然后综合评定该国的投资指数以评估各国投资机会。

2) 样本数据与实证模型

考虑到中国传媒集团国际化相关数据收集的困难，实证检验将以国家广电总局和国家新闻出版总署正式批准的试点出版集团为对象，搜集出版集团有国外业务的相关信息，通过对于传媒集团主页以及互联网数据的收

① 飞行数据来源：http://www.airchina.com.cn/.

集，总共有中国出版集团、中国科学出版集团、北京出版社出版集团、辽宁出版集团、吉林出版集团、江苏出版集团、浙江出版联合集团等8家出版集团有国际化的业务①，所涉及的目标国家包括美国、德国、法国等13个国家，与这些目标国家共计有44次合作，本书将以这44次合作数据为相应的因变量进行分析。

本书的实证模型如下：

$$FREQ_{A_i}=\beta_1+\beta_2 CULDISI+\beta_3 FLIGHT+\beta_4 GDP+\beta_5 BERI+\omega$$

其中：$FREQ_{A_i}$ 为8家出版集团与13个目标国有过合作业务的频率，式(4-1)中 m 为13、j 为8；*CULLDIST* 为中国到各个相应目标国家的文化距离，按照式(4-2)计算而得；*GDP* 为目标国家2008年的国内生产总值，数据来源于世界银行的报告；*BERI* 为美国商业环境风险评估机构报告的各国或地区的市场经济环境指数。

4.2.3　实证结果与分析

利用SPSS17.0进行回归分析，可以得到相关的描述性统计(表4.3)，通过相关因素的回归分析(表4.4)可以发现：目标国所选频率与文化距离、GDP显著正相关，而与地理距离显著负相关，与投资环境指数正相关，但不显著。

表4.3　文化距离、投资环境指数等变量的描述性统计

	均值	标准偏差
文化距离	1.052 890 62	.519 158 900
GDP	2.787 5E6	3.746 72E 6
地理距离	8.826 9	3.598 88
投资环境指数	60.846 2	10.350 89

① 指的是出版集团在国外有连锁店、分公司或与国外的企业有合作战略等，进而走入国际市场。

表 4.4 相关模型回归分析汇总

	模型 1	模型 2	模型 3	模型 4	模型 5
(常量)	1.866** (2.362)	2.971** (2.832)	2.776*** (6.768)	2.747*** (3.437)	1.155 (1.706)
文化距离	1.443* (2.128)			1.640* (2.139)	1.944** (.736)
地理距离		.046 (.426)		−.182 (−1.772)	−.004** (.002)
GDP			2.185E-7** (2.426)	1.992E-7* (2.161)	1.733E-7* (.000)
投资环境指数					.028
标准估计误差	1.218991	1.43659	1.16910	1.03193	.941907
F值	4.530*	.182	5.884	4.224	4.503**
调整 R 方	.227	−.073	.289	.446	.539

注：括号内的数值为 *t* 值，***、**、*分别表示在 1%、5%、10%的水平上显著。

由表 4.4 可以看出，根据相关研究所得到的显著性水平，对于原研究假设，可以得出如下结论：

假设 1：传媒集团目标市场选择不受地理距离的影响	支持
假设 2：传媒集团目标市场选择受目标国 GDP 影响较大	支持
假设 3：传媒集团目标市场选择倾向于文化距离较小的国家	不支持
假设 4：传媒集团目标市场选择倾向于良好的目标国市场经济环境	不显著

通过回归结果可知，对于中国传媒集团国际化目标市场选择的影响因素，其原因可以归纳如下：

（1）不同于国外有关文化距离与目标国选择的研究，出版集团对于目标国家选取的次数与目标国的文化距离显著正相关，即出版集团倾向于选择与中国文化距离较大的国家进行合作。这可能由于多方面原因引起，首先，中国的传媒集团缺乏国际化经验，对于目标市场的选择缺乏系统的决策模型；其次，可能由于中国传媒集团国际化动机的影响，更多地考虑在政府的政策导向下进行国际化，承担着国家观念输出的重任；最后，传媒产品作为一种文化产品，受到文化折扣理论的影响，传媒集团拟通过在文化距离更大的市场宣传中国的文化理念与意识形态。

(2) 由 GDP 的显著性可知，出版集团目标国家的选取与目标国的 GDP 具有相关性，并且在 0.01 的水平上具有显著性，即中国出版集团倾向于选择 GDP 较高或者经济发展水平较高的国家，同时也说明了经济发展水平对于传媒产业消费能力的影响。

(3) 由目标国家与中国的距离的系数可知，出版集团所选目标国在地理距离上十分显著，这类似于制造业等，多数情况需要对于产品进行运输，考虑到运输成本的问题，因此，目标国与中国的距离往往会影响到目标国的选择。

(4) 由投资指数的影响可以看出，其对于目标国市场的选择虽然存在着正向的影响，但并不显著，这可能与中国传媒集团目前进行国际化动机的理论密切相连。中国传媒集团目前的国际化，并非完全出于经济效应，更多考虑到政治效应与政府的导向等。

通过实证可以看出，对于目前中国传媒集团国际化目标市场的选择，由于交易成本的影响，不仅如同制造业等需要考虑到地理距离的影响，同时，文化距离同样产生了显著的影响，因此，必须考虑文化差异的影响，降低文化折扣的损失。然而，到目前为止，中国传媒集团国际化仍缺乏系统的科学决策，为此，在接下来的部分，将结合中国传媒集团的现状，从决策者的角度出发，构建中国传媒集团目标市场选择的 DMP 模型。

4.3　基于 DMP 法的中国传媒集团国际化目标市场选择

4.3.1　国际化目标市场选择模型分析

关于国外市场选择研究，Kumar et al. (1993)认为国际市场选择是一个三阶段的过程：甄选（Screening）；识别（Indentification）；选择（Selection）。Rahman(2003)研究了澳大利亚国际业务如何成功地选择了国际市场，并提出了两阶段过程：市场规模吸引力与市场结构吸引力。Roberta Minifie & Vicki West(1998)分析了国外市场选择的影响因素：政治稳定性（Political stability）；政府控制（Government control）；文化差异（Cultural differences）等，并根据这些影响因素给出了中小企业国际化市场选择模型，通过对于政治稳定与文化差异的分析，综合市场潜力与贸易壁垒的因素，在可能的目标市场集合中选择最优的目标市场。Wood & Robertson(2000)以美国出口企业为例，研究发现市场潜力、法律法规、政治、基础设施、经济和文化是最重要的选择标准。Brouthers & Nakos(2005)以希腊出口中小企业为样本，研究发现：这些中小企业通过客观方法进行目标市场选择，比那些采用特殊的直觉或者个人感觉确定目标市场的企业表现出更好的绩效。关于海外市场评估选择的过程，在学术界有着代表性的模型(表 4.5)。

表 4.5 海外市场选择模型

研究者	第一阶段	第二阶段	第三阶段	第四阶段
Cavusgil(1985)	筛选	识别	选择	
Johansson(1997)	国家识别	初步筛选	深度筛选	最终选择
kumar(1994)	筛选	识别	选择	
Root(1994)	初步筛选	深度筛选	最终选择	

4.3.2 目标市场风险评估方法研究

海外市场进入的目标，力求选择赢利的机会大而损失风险小的国家，这就要求对各个有关国家的投资风险进行评估和互相比较。西方学者提出了各种不同的评估方法，但大体上，无非两大类，即数量分析和经验判断。

1) 数量分析

运用数学和统计方法，对反映风险的各项指标进行整理分析，编制出各种指数，或者建立数量模型，作为评比和决策的依据，实际上数量分析过程中也经常加入主观的判断。主要有以下几种方法：

(1) 工商业环境风险指数。

1960 年由美国学者海纳(F. T. Haner)首创，该指数包含 15 个指标，其中 5 个较重要，每个指标占 10 点，共为 50 点；其余 10 个指标各占 5 点，也共为 50 点，故合计为 100 点。上述较重要的 5 个指标是：政治稳定性、文化共同性、经济增长率、汇率、外资激励等因素，其中文化共同性指东道国与母国之间文化的差异程度，如美国与英国在文化上有历史联系，故其文化共同性必高于美国与非洲国家。汇率指各国通货膨胀的程度以及外汇自由兑换和汇率浮动的情况，外资激励因素指东道国对外资的政策、法规等。

(2) 政治体制稳定性指数(Political System Stability Index，PSSI)。

这是美国学者 Dan Haendel 和 GeraldWest 编制的指数，包含 15 个指标，分成经济发展、政治稳定、社会冲突三组，每一组有“分指数(sub-index)”，再由三组“分指数”综合成 PSSI。他们强调以客观的数据为基础，例如，编制社会经济组的分指数时，采用 GNP 增长率、人均能源消费率、人均收入水平等重要指标。又如，记录各有关国家历年来示威、罢工、暴动、政变等发生的频率，作为反映社会冲突的指标：计算居民每 1 000 人与士兵、警察人数的比率等，作为测定各国保安力量的一种依据。这样在编制政治稳定、社会冲突的“分指数”时，就避免了主观和空泛的偏差。

(3) 综合分析(Integrated Analysis)。

美国学者卢梅尔(R. J. Rummel)与希能(D. Hiluan)两人将数百个变量，通过电子计算机程序进入综合比较，得出结论，按各国风险大小为序排列，提供企业参考。这数百个变量分别构成 4 个方面：

国内动乱——包括暴动、政治暗杀、游击战、内阁危机等。

对外冲突——包括驱逐外交人员、示威抗议、军队动员、局部战争等。

政治气候——包括左派力量的大小、议会席次分配、军人对政治的影响等。

经济发展——包括政治的经济政策和各项重要的经济指标等。

显然，上述三种数量分析法，分别构建了各自的风险测量指标体系，只是在有关指标的衡量方面，存在着差异，且有关的数据同样存在着主观判断的情况。

2）经验判断

目标市场选择风险的评估经验判断，通常有游学法与专家意见法。

（1）游学法（Grand Tour Approach）。

这是专家、顾问和企业主管根据长期积累的经验作出的判断和预测。首先是实地考察，即企业主管或顾问到东道国做调研旅行，与各界人士会晤，并亲身体验东道国的环境气氛，然后作出结论。此法强调从实际出发，根据第一手信息进行判断。

（2）专家意见法（Delphi Method）。

该方法最早是在40年代由美国著名的兰德公司所使用，使用这方法应先设计问卷调查表，表内应包括影响投资风险的各项因素，分别寄送给有关部门专家，然后归纳意见，综合出几种方法，再送给专家征求意见，最后得出结论，作为参考。专家意见法虽然存在着很多主观性，然而由于专家对事态的准确把握，以及成本较低，在实践中赢得了广泛应用。

4.3.3 中国传媒集团国际化目标市场选择的影响因素

为了创造更多的价值并且保持更大的国际竞争力，发达国家政府更多地鼓励企业走向国际市场（Minifie，1998）。伴随着国际竞争的加剧，企业经营的目标市场已经全球化（Westhead，2002）。然而，由于文化、法律法规、语言和组织结构方面的差异，企业进入国际市场会面临这很多困难（Andersen,2002)。而国际目标市场选择则是对于潜在的影响因素进行排序或者分类,以确定最优的决策方法。由于目标市场选择的影响因素很多,并且多数影响因素比较模糊难以准确衡量,因此很难寻找一个普遍的模型或决策方法适合所有的市场,使得国际化目标市场选择极具复杂性。并且外部不确定性的存在,也增加了目标市场选择的复杂性。已有的理论(如行为决策理论)对于不确定性进行了研究,并给出了不同的定义。(Thompson,1967,Galbraith,1973,March & Olsen,1976,Weick,1979;Mosakowski,1997,Milliken,1987;Christine M. Beckman,2004)给出了不确定性的定义:由于不完全信息导致的企业在预测未来方面存在的困难。

对中国传媒集团国际化目标市场选择而言,不仅受到国内外文化、法律法规、语言和组织结构方面差异的影响,而且由于外部环境的不确定性,政府对于传媒管制等方面,使得中国传媒集团国际化目标市场选择更具复杂性。因此,如何分析相关的影响因素,厘清各因素的作用方式与效果,探索中国传媒集团目标市场选择的模型,将有利于中国传媒产业的国际化发展。

进入国外市场绝非易事,由于文化的差异、法律法规、语言差异和组织结构的差异等,使得进入国外市场相当困难(Minifie,1998)。对于目标市场选择的研究,需要分析其影响因素的基础上进行决策。相关的文献对于国际化目标市场选择的影响因素进行了研究,政治稳定性是进入国外市场需要考虑的最重要的影响因素,政府稳定性程度影响了外商经营的成功程度(Cardillo,1995)。政府的控制或影响也是企业进入国外市场需要考虑的另一个重要的环境因素(M. K. Erramilli,1992)。文化差异也是国际目标市场选择的一个重要影响因素(Robles,1994;Shane,1994;Meschi,1994;Stephens,1995;P. Iles,1995;Tongren,1995;Kanter,1994;Slate,1993)。Wirtz(2001)对于德国传媒产业国际化动因及目标国的选择进行了研究,认为目标国的选择应该考虑市场的潜力、国家风险、进入障碍等。借鉴 Wirtz 的研究，对于中国传媒集团国际化目标市场选择的影响因素，将从国家风险、市场吸引力、进入障碍与文化相似性方面进行研究。接下来，将在分析相关影响因素的基础上，结合中国传媒集团的现状，构建中国传媒集团目标市场选择模型，并对该模型进行分析。

4.3.4 基于 DMP 法的目标市场选择模型构建与分析

对于国际目标市场选择方法有许多研究，然而这些研究都是基于个案进行分析的，并不具备广泛意义的指导作用。目前而言，由于中国传媒集团国际化属于发展的初期阶段，因此，对于中国传媒集团目标国市场选择影响因素的研究较少，对于中国传媒集团的国际目标市场选择，将给出基于决策过程 DMP(Decision Making Process)分析方法，给出中国传媒集团的目标市场选择的动态模型(图 4-2)，用以指导目标市场的选择。这种方法旨在帮助决策者缩减可能的潜在市场。因此，此模型只是一种工具，只是起到辅导作用，并不能替代决策者。在长期看来，中国传媒集团国际化的目标是为了提升传媒集团的竞争力，从而实现经济效应。因而，将其目标国市场选择影响因素可以归纳为以下几个方面：市场吸引力、国家风险、进入障碍和文化

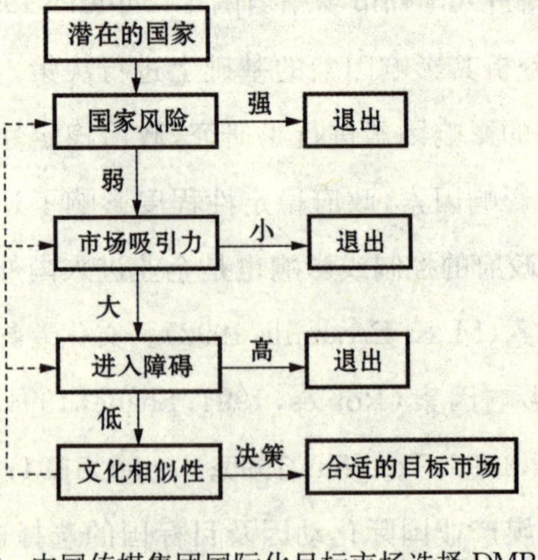

图 4-2 中国传媒集团国际化目标市场选择 DMP 模型

差异性。在接下来的部分，将对这些影响因素进行具体分析，从而使得该模型更具有实际意义。

对于传媒集团国际化战略的第一步，首先要对计划进入的目标市场进行选择。然而，对于目标市场的选择，需要遵循一定的步骤。

选择所有可能的目标市场以备分析。在这一阶段，决策者所选定的可能目标市场集合可以包含一个国家，也可以包含多个国家。首先，通过各种出版物来搜集信息评估目标市场的政治稳定性，排除政治不稳定的国家。政治稳定性，是指一个国家或地区有着稳定的代表大多数人民的政府，为经济连续增长创造条件并且鼓励私营企业的经营。具备政治稳定性的国家或地区通常不会出现经常性政府更迭、军队政变、暴乱、反政府的工人罢工等活动，因此往往会吸引国外企业进入该国市场。其次，通过对世界经济运行形势与波动情况分析，考察商业运行环境，分析目标国家市场的吸引力。再次，对剩下的目标国的需求潜力和关税壁垒进行量化分析，以高需求低壁垒为标准选择最优的目标市场。测度目标国家需求潜力可以用以下三个指标：其一是产品的净消费量，即目标国国内该产品的生产量加上进口减去出口；其二是进口渗透率，即进口占净消费量的百分比，比例越高则说明目标市场的开放程度较高，而且目标国国内生产的竞争程度也较低；其三是企业所在国出口占目标国总进口的份额，份额越高说明两国具有较强的经济联系，企业就越有可能享有更多的优势如市场信息优势。贸易壁垒主要包括三个方面：一是关税壁垒，用目标国年平均关税率表示，它对出口产品的定价有直接影响；二是非关税壁垒，如产品包装规定、价格监督等；三是运输成本，目标市场和本国市场之间的运输成本直接影响到某些产品的出口价格。最后，根据文化相似性确定目标国家的选择。具体而言，该模型的相关分析包含以下 5 个步骤：

第一步：选择潜在的目标国家。

对于潜在目标国家的选择，将取决于决策者的偏好，由于决策者对于目标国家地理距离的远近、是否为发达国家、市场潜力与个人可支配收入等的偏好，将会选择自己所偏好的潜在目标国，从而缩小目标国的范围。

第二步：国家风险。

国家风险通常包括货币风险、安全性、法律体系缝隙、政治风险与通胀风险。中国出口信用保险公司每两年推出的《国家风险分析报告》①，研究对象包括联合国承认的192个主权国家，在分析国家基本信息的基础上，从政体、政局、国际关系的角度逐一分析国家政治风险，主要从政治稳定性、国内矛盾、政府更迭、民主和司法制度、种族/民族冲突、宗教信仰、国家安全等探索“政治状况”；然后对于国家宏观经济层面进行分析，关注国家宏观经济运行、国际收支、金融货币、外债及财政收支等情况，并给出短期的趋势预测；接着分析该国与我国的政治关系、贸易往来和经济合作情况，揭示双边经贸关系中特殊的风险因素，并从投资政策、金融体系以及税收体系三个方面分析国家投资环境，关注金融市场稳定性及发展水平、行政机构的官僚腐败程度、外汇及金融管制情况、投资优惠和限制措施等；在国家“基本信息”、“政治状况”、“经济形势”、“投资状况”、“双边关系”分析的基础上，最后给出国家风险的整体评价和风险评级的“总体风险评估”。中国信保的国家风险参考评级共分9个级别，分别标识为1、2、3、4、5、6、7、8、9，风险水平依次增高。对于国家风险的衡量，通常可以用商业环境风险指数、运营风险指数、政治风险指数与投资利润评等指数等体现。

(1) 商业环境指数 BERI(Business environment risk index)。

对于商业环境的研究，世界银行下属的国际金融公司每年会发表《全球商业环境报告》，报告对各国商业环境进行排名。而德国经济研究机构 ifo

---

① 《国家风险分析报告 2009》，中国金融出版社，2009.

的 IER 研究所(Institute for Economic Research)通过经济合作与发展组织 OECD(Organization for Economic Cooperation and Development)给出了商业环境指数。目前,商业环境指数的统计主要有三个组织:德国的经济研究机构、经济合作与发展组织 OECD 与日本的日本经济研究中心 JCER(Japan Center for Economic Research),这三个研究组织给出的经济环境指数基本类似。

由于 JCER 指标具有相应地便捷性,因此得到了广泛的应用。JCER 指标能够用相同的量纲对于不同国家的商业环境进行评估,产品增长率、进口和零售均进行了统一;该指标将世界经济环境指数绘成天气预报类似的地图,使其更加简单明了。如果这个数据与过去 10 年(1996～2005)的平均增长率相等,那么此指标将等于零,然后,按照比较的结果,在零处将天气视为多云并且将其分为五个层次,具体五个层次[①](图 4-3)。

图 4-3 JECR 商业环境预报图

JCER 指标不仅覆盖了发达国家,而且包括新兴经济体,总共包括 15 个国家和地区:日本、美国、欧盟、中国香港、韩国、新加坡、中国台湾、印度尼西亚、马来西亚、菲律宾、泰国、巴西、中国、印度和俄罗斯。其中欧盟是以 27 个国家为一个指标,并且这所有的 15 个国家和地区包括了世界 GDP 的 80%。该指数的计算方法,主要包括商业环境指标(估计每年经济增长率)、出口环境指标、股市指数。商业综合指数使用每月的进口和产品指数进行测量,具体测量指数对于每个国家略有差别。

对于商业环境的分析,还需要考虑世界整体经济运行情况,Ifo 的数据不

① 来源于 http://www.jcer.or.jp/eng/.

仅给出了商业环境情况统计，而且对于世界经济运行给出了统计，并对于经济运行趋势进行预测，给出了相应的预测模型与分区域的预测趋势。以2005年为基准年，经济运行指数规定为100，Ifo给出了世界经济最近几个季度的整体运行指数（表4.6），并且给出了各大洲最近季度的商业环境指数、经济环境波动与世界经济形势与预期图（如图4-4）。

表4.6 世界经济运行指数

度/年	2/08	3/08	4/08	1/09	2/09	3/09	4/09	1/10	2/10
环境	82.4	74.2	60.6	50.7	65.2	79.6	91.4	99.5	104.1
现状	99.1	87.9	69.2	46.7	39.3	43	54.2	67.3	80.4
预期	66.7	61.4	52.6	54.4	89.5	114	126.3	129.8	126.3

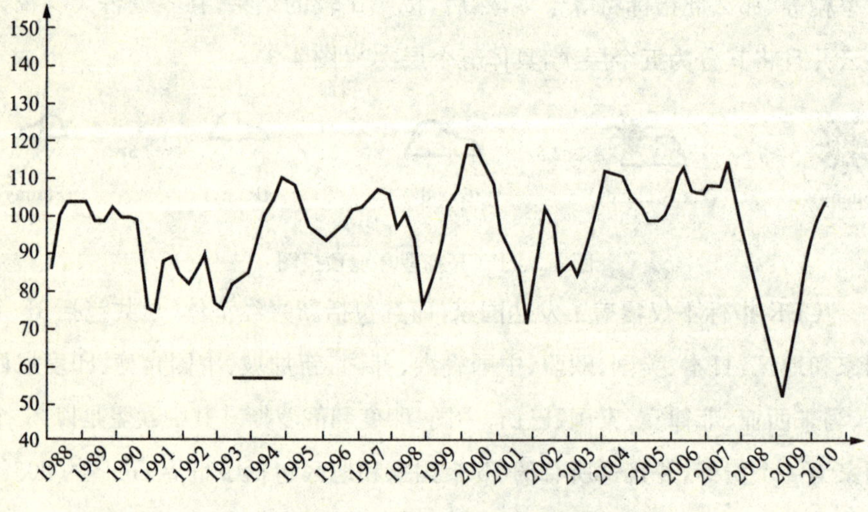

图4-4 IFO世界经济环境波动图

（2）运营风险指数ORI（Operation risk index）。

运营风险指数测量在复杂运行条件公司所获得的外汇收入的情况，通常指由于不充分的或者内外部的人或系统所产生的直接或间接损失。运营风险指标主要在衡量各国企业的经营环境，通常包括政府政策、国内对外资的态度、企业国有化程度、通货膨胀、国际收支、官僚体制、经济成长、货币兑换能力、契约执行、劳动成本、专业服务、交通通讯、当地管理水平及长短期贷款等。

(3) 政治风险指数 PRI(Political risk index)。

尽管政治风险经常被提及,然而关于政治风险的准确定义依然难以确定(Mark,1983)。Truitt(1974)认为政治风险是非商业风险,如逐渐征用等。关于政治风险具体的定义是国际银行外商投资委员会于 1962 年给出的,通过对国际企业的调查之后,将政治风险定义为:相对于所有权的控制权的损失或者由于政府的行动导致企业的损失。政治风险经常被认为是政府或者统治者的行动(Ady,1972;Aliber,1975;Allen,1973;Dunning,1971;Kronfol,1972;Nehrt,1972;Whitman,1965;Zenoff,1969)。政治风险被看成是政治事件的变化或者暴力等,通常被看成是对于特定行为的限制等(Bass,McGregor,Walters 1977; Green & Cunningham,1975;Haner,1979;Stobaugh,1969;VanAgtmael,1976;Ball,1975。尽管政治风险在国际业务中经常被提及,关于政治风险的概念通常被局限于政治活动所引起的未预期的影响,常常被看成是政府对于商业的干预。Weston & Sorge(1972)认为政治风险是由于政府干涉或者阻止交易、改变协定或者对于全资或者合资企业所有权的没收等行为所引起。Aliber(1975)等也认同政治风险是由于政府或者统治者对于经营的干预引起的。

政治风险指数测量的是社会政治变革,由 Mint 与 Eurasia Group 合作分析企业的政治经济风险等,全球政治风险指数 GPRI(Global Political Risk Index)评估政府、社会、安全和经济四方面的 20 个指标,每个指标得分在 0 到 100,分数越高,表明政治越稳定,并且政府越有能力处理外部冲击与危机。该指数还对风险指数预期进行判断,以确定接下来的走势:正、负或中性。图 4-5 给出了若干国家政治风险指数的数据①。

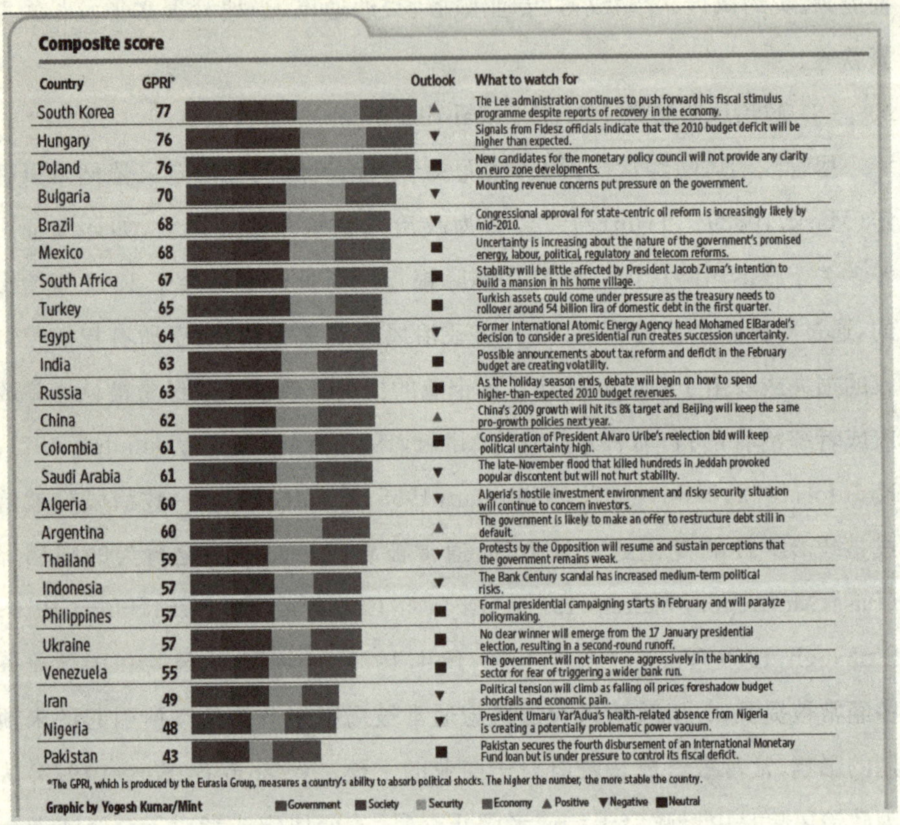

图 4-5　国家政治风险指数的数据

由于政治风险的复杂性，对于政治风险的评估也有很多方法，较为成功的是杰夫雷·西蒙的政治风险评估总框架（表 4-7）。此法为分类廓清了过去有关风险定义上的含混不清，有助于明确认识风险事件的特性以及这些事件对企业资产和经营带来冲击的可能性（曾忠禄，2003）。

① 数据来源：http://www.livemint.com/2010/01/13222909/Global-Political-Risk-Index.html.

表 4.7　政治风险评估总框架

	宏观		微观	
	社会面	政府面	社会面	政府面
国内	革命、政变、内战、派系冲突、民族或宗教骚乱、大范围闹事或恐怖主义、全国罢工、抗议、抵制、舆论转向联合行动主义	国有化或征用、逐渐国有化、资本与利润汇出限制、领导人斗争、政体剧变、高利率、官僚政治	选择性恐怖主义、选择性罢工、选择性抗议、国际企业抵制	选择性国有化或征用、选择性当地化、合资经营压力、差别税收、地方要求或雇佣法律、某种产业管制、违约地方竞争补贴、价格控制
国外	跨国游击战争、国际恐怖主义、世界舆论、撤资压力	核战争、常规战争、边界冲突、联盟变化、禁运与国际抵制、高外债偿还比率、国际经济不稳定	国际行动集团、外国跨国公司竞争、选择性国际恐怖主义、国际企业抵制	母国与东道国外交紧张、双边贸易协定、多边贸易协定、进口或出口限制、外国政府干预

资料来源：转引自王超主编《跨国战略——国际工商管理》。

（4）投资利润评等指数 PORI(Profit Opportunity Recommendation Index)。

而美国商业环境风险评估机构利用德菲法(Delphi Method)专家意见及国际货币基金(IMF)出版的统计资料，定期对世界各个主要国家做风险评估报告。该份报告就营运风险指标、政治风险指标、外汇兑汇能力等三个主要部分对投资国提出评估数据，每部分的指针占三分之一，加总后按得分高低归类分级，以评估各国投资的利润机会建议 POR(Profit Opportunity Recommendation)。投资利润指数是根据运营风险指数、政治风险指数与外汇支付能力指数加权所得。根据投资风险指数评等，可分为四种：70～100 属于低风险区，值得鼓励前往投资；55～69 属于中度风险区，可投资；40～54 属于高风险区，可从事贸易活动，不适宜前往投资；40 以下，不能有任何商业往来，除非以现金支付的方式或经由第三方的书面保证，否则不能与这些国家进行任何商业交易。

（5）清廉指数。

除了以上四个方面，世界知名组织“透明国际”对于国家风险也进行了相应的研究，该组织主要通过对腐败的数据统计，定期给出全球各个国家的清廉指数。该部分可参见3.2节。

(6) 政治稳定性。

除了政治风险与清廉指数之外，与国家风险密切相关的应该是政治的稳定性。具备政治稳定性的国家或地区通常不会出现经常性政府更迭、军队政变、暴乱、反政府的工人罢工等活动，因此往往会吸引国外企业进入该国市场。由于市场进入与一个国家的政治稳定性密切相关，政府维持稳定性的程度将会影响外国投资者在该国业务的成功与否。Cardillo(1995)认为政治稳定性是进入国外市场需要考虑的最重要的影响因素，其实证研究发现，政治的类型并不显著，而政府的稳定性十分显著。已有的研究表明，国家的稳定性比一个国家的政治更加重要，决策者需要决策一个特定的国家的政治结构是否有大的变化。评估稳定性可以从以下几个方面着手：

- 是否有一个统治文件，例如宪法等能够提供稳定性；
- 与其他国家冲突的历史等；
- 国家的法律如何，是否有效地实施；
- 经济数据是否具有连续性，例如GDP，失业率和通胀率；
- 日常的实践和文化是什么？

另外，政府控制与政府的伙伴关系均体现了国家的风险程度，并对国际目标市场的选择产生了重要影响，政府控制的程度或规章制度影响了市场进入模式。Erramilli(1992)认为政府控制的程度或影响将是决定外国市场进入成功的一个重要环境因素，并且政府规章制度的数量在市场选择决策方面很重要，因为政府颁布的法律法规是有关外国市场利润问题。这些法律法规可以拒绝外资进入，亦可以允许100%的股权投资，这些法律法规能够简化外国投资者获得许可的程序。Roberta Minifie & VickiWest(1998)给出了政府高低两种伙伴关系，低伙伴关系被看成是对商业运营持中性态度,多数是资本主义国家,他们更多主张通过市场的自身作用影响商业运营;高伙伴关系通常是政府对于商业运营持肯定态度,政府颁布相关法律法规为商业运作提供便利。

第三步:市场吸引力。

市场吸引力是指市场对企业生产的特定产品的吸引能力,包括企业销售增长率、目标市场容量等。对于传媒产业而言,市场的吸引力需要考虑市场结构、市场规模、市场增长潜力、价格结构、成本结构与基础设施等(Wirtz,2001)。

(1) 市场结构(Market structure),有狭义和广义之分,狭义指买方构成市场,卖方构成行业。广义是指一个行业内部买方和卖方的数量及其规模分布、产品差别的程度和新企业进入该行业的难易程度的综合状态,也可以说是某一市场中各种要素之间的内在联系及其特征,包括市场供给者之间(包括替代品)、需求者之间、供给和需求者之间以及市场上现有的供给者、需求者与正在进入该市场的供给者、需求者之间的关系。市场结构通常用市场集中度来衡量,即传媒产业市场前几名企业市场份额占整个市场的比例,一般包括绝对集中度与相对集中度,绝对集中度以该产业市场中最大的N个企业所占市场份额的累计数占整个产业市场的比例来表示。其计算公式为:$CRN=\sum x_i/X$;相对集中度一般以洛伦茨曲线及基尼系数表示;陈蕾与李本乾(2005)对于中国传媒产业的市场结构进行了分析。

(2) 市场规模,即市场需求量。需求量越大,则标志市场对企业生产该产品越有吸引力。市场需求量主要受到经济发展水平与人口结构比例的影响,经济发展良好,增强了潜在的消费能力,同时合理的人口结构比例增加了潜在的消费者,这些均能增大市场需求量,均为潜在的市场规模。

(3) 市场增长潜力,测度目标国家传媒产品需求潜力可以用以下三个指标:其一是传媒产品的净消费量,即目标国国内传媒产品的生产量加上进口减去出口，净消费量越大，说明该市场潜力越大；其二是进口渗透率，即进口占净消费量的百分比，比例越高则说明目标市场的开放程度较高，而且目标国国内生产的竞争程度也较低；其三是企业所在国出口占目标国总进口的份额，份额越高说明两国具有较强的经济联系，企业就越有可能享有更多的优势如市场信息优势。

(4) 价格与成本结构，传媒产品的科技含量很大程度上影响了产品的成本与价格结构。因此，科技发展较好的国家，不仅能够提高传媒产品的品质，同时能够降低传媒产品的成本，进而提升传媒产品的吸引力。

(5) 基础设施的便利性对于企业国际化影响较大，Dunning 效率型的国际投资动机理论就分析了基础设施的便利性所带来的效率与吸引力。

关于市场吸引力，在此将以美国与欧洲四国（法国、德国、意大利和西班牙）的传媒产业发展情况进行对比分析（表 4.8）。

表 4.8 欧洲四国电视产业基本情况(2006 年)

	法国	德国	意大利	西班牙
电视普及家庭数(万)	2 240	3 471	2 119	1 320
电视普及率(人口比,%)	66.12	67.49	49.39	54.86
有线电视普及率(全家庭比,%)	16	71	0.2	10
收看卫星播送(DBS)家庭数(万)	20	10	17	15

数据来源：2008 年电通情报媒体白皮书。

据美国 Advertising Age 统计，美国传媒产业 2008 年的总收入为 3 015 亿美元；另一家权威市场研究机构 Datamonitor 估计，美国传媒产业 2008 年总收入为 2 673 亿美元；研究公司 Plunkett Research 则认为，美国传媒产业 2008 年总收入高达 8 915 亿美元，据预测，美国传媒产业 2010 年总收入将增长 1.8%，未来五年（2010～2014）的平均年增长率为 2.2%。不仅仅美国的传媒产业收入具有很大的发展空间，而且美国的电视用户与广播听众人数一直相当高，这些都是巨大的消费市场，将进一步促进美国传媒产业的发展。

第四步:进入障碍。

进入障碍包括三方面的贸易壁垒:一是关税壁垒,用目标国年平均关税率表示,它对出口产品的定价有直接影响;二是非关税壁垒,如产品包装规定、价格监督等;三是运输成本,目标市场和本国市场之间的运输成本直接影响到某些产品的出口价格。其次,进入障碍需要受到目标国家或区域法规的限制。在市场方面,竞争者的行为、消费者的行为等均会产生进入障碍;在公司方面,难以从市场获得有效的信息,增加了企业经营的困难,这些都会提升了进入障碍。

第五步:文化差异。

对于文化相似性或文化差异的研究比较多,有许多方法能够强调文化差异问题,对于文化相似性可以从以下这些出发:语言;美学;宗教:影响世界观和购买习惯;文化价值与态度:影响购买行为与一般行为的所有方面;社会结构:影响家庭行为,时间与金钱的支出;风俗习惯:影响实践、食物消费和一般的行为;显然,社会文化环境因素越类似,进入一个国外市场越容易。

在以上五步分析的基础上,充分论述了 DMP 方法在中国传媒集团国际化目标市场选择过程中的重要性与可行性。针对该模型,如果国家风险较高,需要退出并调整潜在的目标国家;当市场吸引力不足的时候,同样选择退出;只有当市场具有足够的吸引力与发展潜力的同时,才能开展国际化业务。针对进入障碍与文化相似性进行了选择,从而确定最终合适的目标市场。该模型根据实际情况可以在每一阶段返回,并进行动态调整,不仅仅满足了传媒集团国际化目标市场选择的方法,而且通过动态的决策方式,提高了决策的科学性与可行性。

4.4 本章小结

在相关理论分析的基础上，通过实证研究分析了文化差异对于中国传媒集团目标市场选择的影响。结果发现，中国传媒集团国际化目标市场选择倾向于文化距离大的国家，这与已有的研究相背离，对于这种异象，可能的原因除了中国传媒集团国际化程度较低之外，可能与中国传媒集团国际化的动因相关。由于中国传媒集团受到政府外力作用较大，进入文化距离更大的目标市场，拟通过在文化距离更大的市场宣传中国的文化理念与意识形态，此结论与中国传媒集团国际化动机有关政府推动力的结论一致。最后，研究了中国传媒集团国际化目标市场选择的影响因素，从决策者角度出发，利用决策过程方法(DMP)给出了动态决策模型，进一步丰富了中国传媒集团国际化目标市场选择的相关理论。

第5章　基于文化风险的中国传媒集团国际化进入模式AHP模型

国际市场进入模式是一种制度安排，如合资企业、独资企业、契约合同以及许可证等，即企业将产品、技术、人力、管理经验和其他资源进行跨国转移的方式(Root，1994)。企业可以在本国生产，然后将最终产品出口到其他国家；也可以将自己的技术直接转让到国外；还可以在国际市场上进行直接投资，将技术、资本、人力等资源甚至企业本身转移到国外。国外市场进入模式决策是企业的产品与国外市场的一种连接方式(Yung & Konopa，1993)。因此，企业市场进入方式选择不仅受到企业与产品特征的影响，而且依赖于国内外的市场环境因素。国际市场进入模式是企业结合国际市场环境，利用自身资源和优势，使企业商务活动进入国际市场的一种途径。

本章着重探讨国际化战略第二步——进入模式决策。进入模式决策是企业国际化战略的核心组成部分。主要解决进入模式选择的影响因素与进入模式优劣的评价。中国传媒集团国际化程度较低，国际市场进入模式决策影响因素复杂，面对复杂的外部环境，尤其受到跨文化风险的影响，如何选择恰当的海外市场进入模式是摆在传媒集团面前的难题。针对中国传媒集团的现状，本章对中国传媒集团国际化的文化风险进行了细分，探索中国传媒集团国际化进入模式决策的影响因素指标体系，为进入模式的科学决策提供相应的理论基础，以增强进入模式选择的科学性。

5.1 国际市场进入模式选择方法与决策分析

5.1.1 国际市场进入模式的选择方法

国际市场进入的模式决策问题也是国际经济领域研究的一个重点。在西方跨国公司理论中，主要研究的是跨国企业做出了海外直接投资的决策而不是其他的模式。西方跨国公司理论的发展是伴随着西方跨国公司，特别是大型跨国公司的发展而发展起来的。而海外市场进入模式选择的方法，通常有两种，其一是用科学决策方法，进行定量分析。其二是概念模型的方法，该方法通过对决策因素的分析和研究提出一个决策的概念模型。

1) 定量决策法

定量决策法以科学决策方法为研究对象，使用定量的决策方法和先进的手段，对海外市场进行分析，然后选择进入模式。这种方法通常使用计算机和数据发掘等先进的决策技术，取得了明显的效果，许多企业已经成功应用了此法。但此法对于技术和人才要求较高，需要较高的成本，因此，一般只适用于大型的、有实力的跨国公司，海外进入决策的复杂性和不确定性限制了该方法的使用。在已有的研究中，对于定量决策方法的研究，主要是应用博弈理论进行相关分析，相应的研究主要有两个分支：其一是由 Grossman & Hart(1986)首先提出的一个两阶段、两个参与者的模型，其模型建立在科斯等人的交易成本理论基础上；其二由 Buckley & Casson(1998)等人在内部化理论基础上建立的一个两厂商理论模型。Grossman & Hart (1986)认为企业纵向或横向的一体化可以看成是所有权分配效率的问题，并以此为基础建立了一个两阶段、两个参与者的模型来考察企业的进入模式，该研究认为：最佳的所有权取决于当一方增加控制权所带来的边际收益等于另一方失去控制权所造成的边际成本。

此后，很多学者在参考该模型的基础上提出了更富有成效的模型，如Hart & Moore(1990)，Feenstra(1998)，Feenstra & Hanson(2004)。Buckley & Casson(1998)建立了一个两厂商经济的理论模型来考察出口、许可贸易、合资以及独资等进入模式之间的选择，最优的进入模式是通过排除那些成本高、利润低的模式而得到的。Gorg(1998)在Buckley & Casson(1998)的启发下建立了古诺模型来考察一个两厂商经济中市场结构对进入模式选择的影响。Muller(2001)则建立了一个两厂商经济的两阶段模型，在第一个阶段，跨国公司的决策是通过收购或新建投资进入国际市场，否则就放弃进入国际市场；在第二个阶段，跨国公司若是绿地投资进入国际市场，则与目标国的本土企业展开价格竞争，若是收购方式进入的，则成为垄断者。后来的学者Eicher & Kang(2002)在Muller(2001)的模型中引入了国际贸易和运输成本变量，进一步深化了对于进入模式的定量研究。

以上博弈模型把进入模式选择看做最优化问题，并提出了参与者在决策过程中的战略互动，然而这些模型存在着明显的缺陷：即假设经济体中只有两个厂商，在这样的假设下，厂商所面临的环境通常是被忽略的。另外，由于过于依赖博弈分析，常常忽略了决策者对进入模式选择的影响。因此，对于进入模式的定量分析有待进一步深入研究。

2) 概念模型法

概念模型法是通过对决策因素的分析和研究提出一个决策的概念模型。Brouthers(2002)从产业风险角度对企业海外进入决策的风险进行了分析，他认为海外市场的不确定性给企业的决策带来了很大的风险，企业根据海外市场风险的不同决定进入决策。Ahmed认为对海外市场风险的控制主要涉及三个方面的因素：经营者对企业的控制，这与他以前的经验有关；文化的差异性，主要指文化的包容性和相关性；产业结构，主要指对新进入者的环境等（李波，2004）。Lavie（1990）把跨国企业按照市场能力分成四个类型，研究了它们的进入决策的过程和每种类型企业的决策特点。Ma（1999）认为跨国企业进入海外市场的因素中竞争越来越重要。应考虑如下因素：竞争的反应类型，包括降价，新产品导入，进入新的市场等；跨国市场重叠（Market Overlap），跨国企业的战略和跨国组织结构；全球协调一致的竞争策略；特定市场的细分和进入壁垒的竞争决策。这一研究很好地综合了前人的成果，尤其注重整体的决策框架，但试图用一个综合模型来解释复杂的跨国市场竞争是很困难的。

5.1.2 国际市场进入模式的决策模型及其评价

除了上述的各种方法外，许多研究者使用经济学模型的方法提出了许多海外进入的经济学模型揭示企业选择某个模式的内在动因，主要的模型有[①]：

1）赫斯特模型(Horst Model)

赫斯特是最早研究进入方式选择问题的学者之一。20 世纪 70 年代初，他提出了关于选择出口和直接投资方式的赫斯特模型（图 5-1）。该模型假定跨国公司可以在母国和东道国两个国家销售其产品，每个市场分别有向下倾斜的需求曲线，生产成本取决于生产量，并且分别考虑报酬递增和报酬递减两种情况；同时，跨国公司的经营目标是利润最大化。跨国公司的生产基地在母国，所面临的选择问题是通过出口还是当地生产来占领东道国市场。

在图 5-1 中，(1)表明在母国市场上企业的边际成本线（C_1）、边际收益线

① 本部分主要参考文献刘海云（2001）；鲁桐（2007）；刘建丽（2009）等。

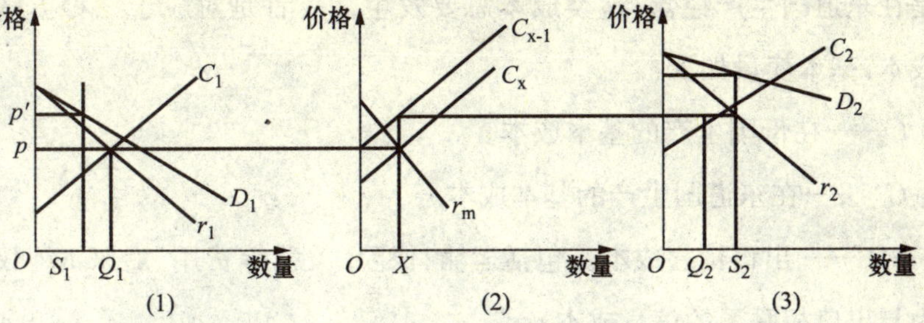

图 5-1　赫斯特模型

(r_1)和市场需求线(D_1)情况下，如果企业仅在国内销售，其产量将由 C_1、r_1 的交点决定；(3)中对应的曲线表明东道国的生产收益与市场需求情况；(2)则是(1)、(3)两者结合的情况，即假定东道国对进口征税，企业部分出口的情况。赫斯特模型最早涉及了跨国公司进入方式问题，较好地提示了出口和直接投资与关税的关系，使进入方式与环境变数(关税壁垒)直接联系起来，后来关于进入方式问题的研究大都建立在赫斯特的工作之上。由于赫斯特模型没有考虑技术许可方式，且没有考虑时间因素，因而属于静态分析。另外，该模型把直接投资和出口看成是替代关系，在一定的条件下，如果直接投资增加将会替代出口，而使出口减少。相对于互补关系而言，这种分析很难说是全面的。

2）赫奇模型(Hirsch Model)

赫奇模型是第一个讨论出口、对外直接投资和技术许可三种进入方式选择的模型，该模型于 1979 年由鲁格曼和赫奇进一步加以完善。其基础是成本最小化原则，基本变量是基本生产成本和多种进入模式对应的特别生产成本，各种成本都是净现值形式。赫奇模型假定跨国公司在销售市场(无论是母国还是外国的)上的销售收入不变，利润大小取决于基本生产成本和特别生产成本。前者是生产过程中劳动、资源、技术以及其他生产要素投入的价值，是跨国公司的边际成本，随产量变动而变动。无论跨国公司在母国还是在东道国生产经营，这类成本总要发生。后者是对应于三种方式所发生成本，基本变量如下：

C——在母国生产的基本成本。

C^*——在东道国生产的基本成本。

M^*——出口销售成本。包括运输、保险、关税等费用（后来 M^* 仅被定义为与出口相联系的信息成本）。

A^*——国外经营的附加成本，指跨国公司对外直接投资时由于母国和东道国的环境、文化和政治制度差异而产生的住处成本。

D^*——技术知识耗散成本，与采用技术许可方式而可能导致跨国公司企业特定优势的丧失的风险相联系。

刘海云归纳了赫奇模型关于三种进入方式的选择（表 5.1）。由于该模型属于静态模型，没有考虑到时间因素，因此存在一定的缺陷，它仅适用于跨国公司进入某一东道国市场的比较。从公司战略视角出发，成本最小化可能并不是企业进入决策的唯一标准（鲁桐，2007）。

表 5.1 赫奇模型关于三种进入方式的选择

选择结果	选择条件	选择原因
出口	$C+M^*<C^*+A^*$ $C+M^*<C^*+D^*$	出口成本小于 FDI 成本 出口成本小于技术许可成本
FDI	$C^*+A^*<C+M^*$ $C^*+A^*<C^*+D^*$	FDI 成本小于出口成本 FDI 成本小于技术许可成本
技术许可	$C^*+D^*<C^*+A^*$ $C^*+D^*<C+M^*$	技术许可成本小于 FDI 成本 技术许可成本小于出口成本

3）鲁格曼模型(Rugman Model)

鲁格曼（Rugman）从企业特定优势和进入模式关系的角度，提出了一种进入模式的选择方法，并试图使选择方法动态化。该方法仍是基于赫奇模型和净现值法对不同类型成本的划分和界定，只不过特别强调了跨国公司的垄断性质。这种企业特定优势的垄断性有两层意义：一是意味着跨国公司为了保持其垄断地位而更倾向于利用内部市场。诸如技术许可之类的合同安排会给跨国公司带来特定优势的丧失风险；二是意味着跨国公司将按垄断市场的定价方法来追求利润最大化。

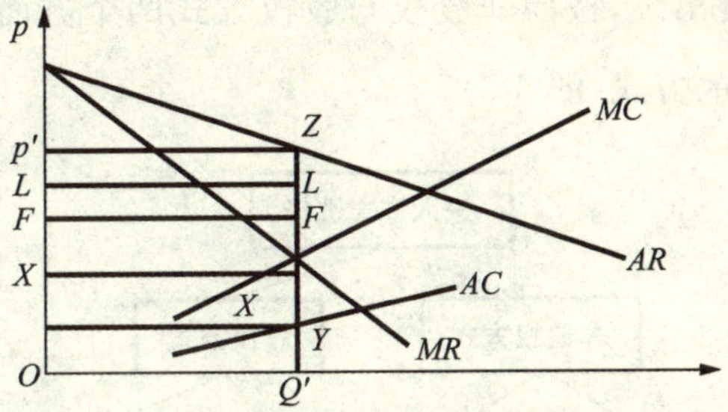

图 5-2　鲁格曼模型

鲁格曼对图 5-2 模型建立了数学模型，并引进了时间变量使之动态化，从而提示了多阶段进入模式选择的最优时间顺序。鲁格曼模型注意到了进入模式选择的动态性质，提示了进入模式与环境之间的关系，这是其最大特点。事实上，生产函数不变的假定已经排出了这一论题。此外，鲁格曼模型和前述其他模型一样并没有分析三种进入模式之间的相互关系，因此存在着不尽完善之处。

4) 加利宁模型(Jalilian Model)

为了增强选择模型的一般意义，一些学者对于研究的假设条件进行改变，通过环境变量来建立选择模型，从而得出不同的研究结果。加利宁认为对于进入模式选择的影响因素，主要包括三个方面：一是母国和东道国的生产效率差异；二是技术转让成本；三是与不同生产经营环境相联系的成本，这种成本因母国和东道国的经济、文化等环境变量的不同而产生，同时也是寡头博弈支付矩阵的一种结果。按照利润最大化的原则，企业会选择成本最小、生产效率最高的进入方式，从而随着时间的推移由出口过渡到对外直接投资和技术许可。加利宁模型改变了以往研究的视角，考虑到了环境变量对于进入模式选择的影响(刘建丽,2009)。

5) 市场进入方式的层级模型

Yigang Pan & David K. Tse(2000)提出了“市场进入方式的层级模型”,从股权的角度出发,按照非股权与股权方式两个方面进行进入方式的选择,形成了递进的方式(图 5-3)。

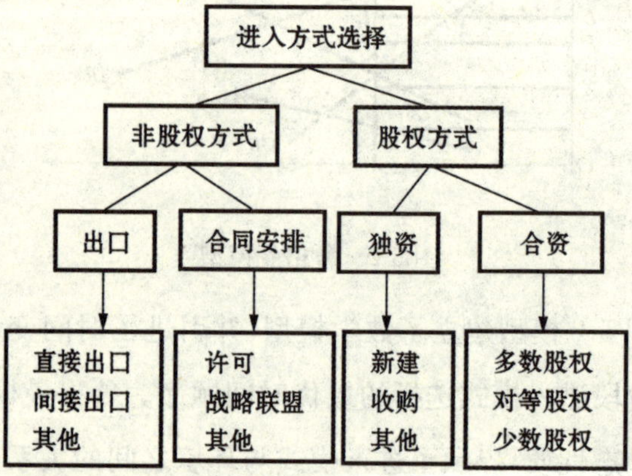

图 5-3 市场进入方式的层级模型

6) Minifei 进入模式决策模型

Minifei 等人把进入决策的因素归纳为国家、产品、产业和企业四个因素,并提出了海外进入模式的选择模型(图 5-4)。该模型强调进入模式的影

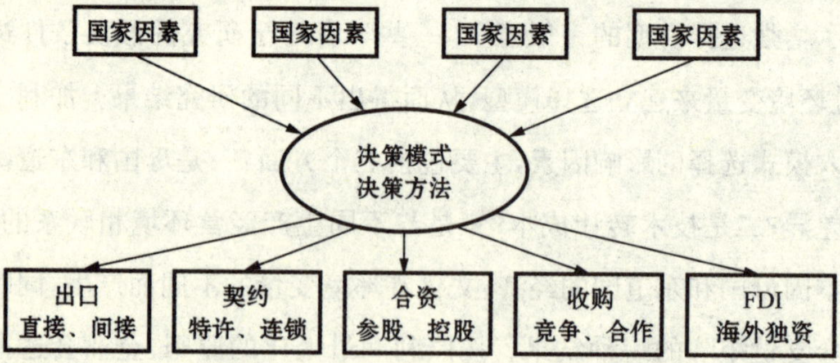

图 5-4 Minifei 进入模式决策模型

响因素的作用，且注重决策方法。不足的是，此模型并未给出各种因素如何影响进入模式的选择，以及决策方法对于进入模式最终选择的影响问题。

7）模型评价

对于进入模式选择的模型，对企业海外市场进入有一定的意义，但这些模型都存在着不足。刘建丽(2009)给出了一些评价：首先，企业跨国经营中的信息不充分和信息不对称普遍存在，因此模型对于“经济人”和信息充分的假设欠妥；其次，这些模型都未考虑企业战略和企业家个人因素对进入模式决策的影响；再次，赫斯特模型、赫奇模型等仅仅区分了三种最基本的进入模式，而且将三者的关系视作相互替代的关系不妥。不仅仅如此，已有模型并未充分考虑进入模式影响因素的复杂性，尤其对于传媒集团国际化进入模式的决策问题，除了需要考虑一般行业的影响因素之外，还需要着重考虑政府的影响因素；以上模型多数只是静态模型，缺乏实践指导意义，因此，对于进入模式选择动态化决策是解决模型有效性的唯一途径。

5.1.3 国际市场进入模式的决策过程与原则

由于进入模式的决策过程与原则影响了进入模式的选择，因此，需要探讨决策过程与决策原则，从而优化进入模式的选择。

1）国际市场进入模式的决策过程

对于不同的市场进入模式来说，交易的对象是不一样的。如出口进入的交易对象一般是国外代理商；股权进入模式的交易对象是合作伙伴或者是消费者。进入模式选择的一般方法把交易对象假设为是无差异的。实际上，对于中国传媒集团而言，能否和交易对象建立长期的关系往往影响国际化经营的进一步拓展甚至影响经营的成败。因此，在目标市场确定之后，有必要进一步确定交易的对象(孔新川，2002)，选择交易对象是一个渐进的过程，可以分为三个阶段。

(1) 搜寻潜在交易对象。

在这个阶段,企业应尽可能搜集和利用大量信息以便寻找潜在的国外合作伙伴。目前而言,对于消息的获取途径,首先是因特网,企业可以将产品的相关信息发布到自己的主页上,也可以在一些专业网站上注册或宣传企业有关信息。其次可以参加商品交易会或通过一些出版物获取潜在客户的信息;另外,企业还可以利用现有的商业网络(包括客户的客户或者供应商)来取得相关信息。

(2) 开发交易对象。

一旦确认了可能的交易对象之后,可以和这些不同的交易对象进行试验性的交易。如果交易双方都认为进一步的合作关系所带来的利益超过合作所带来的成本,双方就可以通过谈判达成协议。实际上交易对象的开发阶段是对交易双方关系的测试和评估,如果有一方认为与第三方合作会获益更多,这个阶段就会结束;而如果交易双方计划建立长期的合作关系,那么双方就会投入更多的资源来进行合作。这个过程减少了不确定性也增加了双方的信任,可以进一步巩固了交易双方的关系。

(3) 确定交易对象。

在经历前两个阶段之后,企业要根据已获取的相关信息以及开发交易对象过程中双方的合作情况来确定交易对象。如果企业需要在两个或两个以上潜在交易对象之间选择,企业要考虑双方目的的一致性、交易对象的信用和交易对象的绩效以确定合适的交易对象。

2) 国际市场进入模式的决策原则

进入模式的影响因素决定了进入模式的决策方法与过程,在企业进行实际决策的过程中,需要掌握一定的决策方法,遵循一定的决策原则,才能使进入模式恰如其分地发挥应有的效应。虽然进入模式的决策方法复杂且带有主观因素的影响,但总体而言,进入模式的决策方法有不同的原则。除了机械主义原则(刘建丽,2009)之外,对于传媒集团的国际化进入模式决策,还需要遵循灵活性的原则等。

(1) 机械主义原则。

机械主义原则被鲁特(1987)称为“自然原则”,它指的是在任何情况下,管理者只考虑用一种方式进入海外市场,“它忽略了不同国家市场和进入条件的异质性”,而固守一种进入模式。在机械主义原则的指引下,管理者容易陷入“视觉狭隘”,可能会由于单一进入模式无法成功进入目标市场而放弃更有前景的市场,或者会以不合适的方式进入一个市场。由于思维的机械性,导致决策的过程不是综合考虑外界的各种影响因素,管理者所做的只是寻求恰好适应本企业进入模式的海外市场。机械主义原则预先假定企业要采取的模式就是最优的,将外界环境的动态变化忽略,固守僵化的思维,正因为如此往往会造成极大的损失。

(2) 实用主义原则。

在实用主义原则下,企业通常以一种低风险的进入模式开始国际化的业务,而这种初始模式通常是某种形式的出口。只有当出口模式不可行或不能赢利时,企业才会转而寻求更有效的进入模式(Root,1987)。大多数企业都采用实用主义原则来开展国际业务并取得了相应的成效,主要归因于实用主义原则极大降低了海外市场进入的不确定性,并且在选定的进入模式奏效时,企业不会贸然选择其他的模式,从而可以规避可能的风险。尽管如此,该原则使得企业失去了寻求赢利更高的进入模式,也失去了进一步发展的潜力。在竞争急剧的市场环境下,企业可能进一步失去既有的优势,也将被更具活力的竞争者所替代、淘汰。

(3) 灵活动态协调原则。

由于进入模式受到内外部复杂因素的影响,因此存在着极大的不确定性。如果一直采取机械的原则,将会造成极大的损失。为了避免“习惯性谬误”的代价，进入模式需要随时根据外部环境的变化而采取应对措施，动态协调原则正是在企业整体国际化战略的指引下，综合考虑内外部影响因素，在各种进入模式之间进行系统比较，选择符合企业战略需要的进入模式，并且通过动态的选择、适应与调节过程，对进入模式进行动态跟踪、评估与调整，使决策误差最小化。

鉴于传媒产业所具有的产业与事业的特殊性，以及面临的复杂的外部环境影响，传媒集团国际化运作面临着各种各样的挑战。在国际化经营的过程中，需要把握好传媒集团宏观方向的导向作用，同时也要应对来自微观层面的冲击。如何处理好宏观微观方面的各种变化，协调各个层面之间的关系，使得传媒集团的国际化目标得以顺利实施，对于国际化进入模式需要采取动态的可控性原则，从而降低相应的风险，防止事态的恶化。

5.2 中国传媒集团国际市场进入模式选择的影响因素与作用机理

中国传媒集团国际市场进入模式选择的影响因素是复杂的，是诸多因素动态作用的结果。它不仅受到国际产业发展趋势、经济体制、政府发展战略、经济环境、政府行为能力等宏观因素的影响，也受到产业发展阶段、产业结构、相关产业及产业集群等微观因素的影响。为了分析的便利性，将从宏观到微观的角度对于相关影响因素进行归纳，并对于影响因素的作用机理进行探讨，系统分析中国传媒集团进入模式。对相关影响因素，将从宏观、中观、微观三层面进行细分：宏观层面考虑母国与东道国的政治、经济、文化与法律方面的影响；中观从产业与行业角度出发，主要考察产业或行业的市场规模、市场结构、市场竞争格局、要素市场状况及市场基础设施等因素对进入模式选择的影响；微观因素将分析企业规模、企业国际化经验等的影响。接下来的部分，在国内外对于进入模式相关影响因素研究的基础上，结合中国传媒集团的现状，对于相关影响因素作用机理进行探讨。

5.2.1 宏观层面影响因素与作用机理分析

目前有关母国因素对于进入模式选择的影响研究较少，Root(1987)认为国内市场规模、竞争格局、生产成本和对外经济政策这几个因素会影响企业的海外市场进入模式选择。Kogut 和 Singh(1988)也指出国内的市场规模会影响企业的进入模式选择，同时分析了文化因素的影响。Erramilli(1996)，Pan Tse(2000)等人考察了母国文化特征对企业进入模式选择的影响。而 Pan(2002)，Kouvelis et al. (2001)等则从母国汇率水平、融资成本等出发，研究了经济因素对进入模式中企业所有权结构决策的影响。考虑到宏观因素影响的多层次性，在此，拟从政治、经济、文化和法律法规四个方面，阐述母国与东道国的相关因素对于中国传媒集团国际市场进入模式的影响。

1) 东道国与中国的政治因素

正如第三章有关中国传媒集团国际化动机的实证研究所述，中国传媒集团的国际化战略受到政治因素的影响，在一定程度上政府影响了中国传媒集团国际化进入模式选择，推动了中国传媒集团的国际化战略。关于政治因素对于进入模式的影响，Minifie(1998)认为政府控制对于进入模式产生影响。Delios 和 Henise(2003)基于国际化发展阶段理论，以 1980～1998 年间 665 家日本企业在 49 个国家的投资经历为研究对象，指出东道国的国家政治风险和政府政策是影响企业进入模式选择的重要因素。一些学者对于东道国的风险进行了研究(Contractor，1990；Brouthers，1995；Tse，PanandAu，1997)，如政治风险(各种政治事件：战争、暴乱、宗教冲突和政治极端主义等)，目标国的政治风险由于不可预期则会对企业进入该国市场模式选择产生较大的影响。一般而言，如果目标国的政治风险大，政局不稳定，那么企业对于采用资源承诺程度高的进入模式就会采取谨慎的态度，而倾向于较安全的出口模式。

(1) 东道国的政治影响因素。

东道国政府政策对于企业进入模式的影响非常明显（Henisz 和 Williamson，1999），不同政策对于企业进入模式产生了不同的影响。对于中国传媒集团国际化进入模式选择，不仅需要考虑东道国的政治稳定性的影响，同时东道国的相应政策也对于进入模式选择产生极其重要的影响。

首先，传媒集团进入东道国市场时需要考虑政治风险，因为一国政治的稳定性将对传媒集团业绩产生根本性的影响。不仅如此，政治的稳定性对于中国传媒集团开展的文化知识与意识形态的输出，国家的文化安全等都产生重要影响。而政治风险对于传媒集团国际化业绩的影响通常表现在三个方面：①政治风险使得资产被东道国政府没收，甚至得不到任何赔偿，从而导致不必要的损失；②政治不稳定，资金受到东道国政府的管制，无法撤回到本国；③东道国爆发暴动或内战时，跨国公司在当地的设施受到破坏，雇员受到伤害（许晖，2006）。

其次，东道国相应政策也会影响到进入模式选择。东道国政府对于外资的排斥或者鼓励政策将影响中国传媒集团对该国投资的可能性和倾向性，尤其外资政策直接影响中国传媒集团国际化进入模式的股权比例，从而影响了相应的进入模式选择策略。此外，东道国的政策风险影响到企业进入顺序的选择。因此，对于中国传媒集团而言，东道国的政府政策将影响相应的国际化策略，在选择进入模式之前不考虑政治稳定性，还要考虑东道国的政策环境、政策稳定性。

(2) 中国的政治影响因素。

中国政府对外开放政策，以及政府对于传媒产业发展的支持，将极大地影响中国传媒集团国际化进入模式的选择。

首先,中国自1978年以来的对外开放政策,加速了中国企业融入世界的步伐,并且使得中国出口总量持续不断增长,这些影响了企业国际化进入模式的选择。由于国内相关立法政策的滞后性,以及中国法律与国外的差异,使得中国企业在国际化进程中面临着更多的政策风险。2006年,中国颁布了多个政策性文件,制定了传媒产业未来5年的发展路径,其主要内容包括:一是要加大对党报、党刊、通讯社、电台、电视台、新闻网站和时政类报刊等重点新闻媒体的扶持力度,特别是要加大对中央和省级主要新闻媒体的扶持,加强基础设施建设,加快设备和技术的更新改造,不断改善硬件条件,提高信息化水平和传播能力,充分发挥舆论主阵地、主力军作用;二是按照突出重点、合理布局、整合资源、办出特色的总体要求,加快建设一批综合实力强、在国内外有广泛影响的新闻网站;三是充分发挥主流媒体在信息、人才等方面的资源优势,发展手机网站、手机报刊、IP电视、移动数字电视、网络广播、网络电视等新兴传播载体,提高竞争力,扩大影响力。这次政策的出台,首先激发了中国传媒产业走出去的激情,同时也对于中国传媒产业国际化发展战略提出了相应的要求,影响了传媒集团国际进入模式的选择。

其次,中国贸易政策对于进入模式选择的影响。在新中国成立到改革开放以前,中国实行国家贸易垄断的管理体制,所有的贸易由国家统一控制,这一时期中国的企业没有自主贸易权,国家统包外贸盈亏的体制使得企业无法实施外向经营战略。自十一届三中全会以来中国开始了贸易管理体制改革,建立了地方贸易企业,打破了国家贸易垄断的局面。尤其从1991年始,中国开始了新一轮的对外贸易体制改革,推动了政企分开,取消了所有指令性的进出口计划,渐渐凸显了管理体制的市场化特征。与此同时,中国的贸易政策改革也在顺利进行,开展了出口退税制度,刘建丽(2009)对于中国出口退税制度进行了总结,共分为四个阶段:第一阶段,1950~1978年:计划经济体制下非系统的征免退税阶段；第二阶段，1979～1994 年：探索建立系统的进出口税收制度；第三阶段，1994～1999 年：反经济周期运作的出口退税手段；第四阶段，2000 年至今：趋向贸易自由化与产业结构调整导向的出口退税政策。中国的政治不仅为传媒集团国际化提供了良好的外部环境，而且积极支持传媒集团的国际化战略，影响了传媒集团的进入模式选择。

2）东道国与中国的经济因素

经济因素主要指经济政策的稳定程度、经济规模及经济活力。在经济政策上，目标国国际收支的变化，将会影响该国进口的变化，从而不利于出口模式的进入方式。而目标国的经济规模与增长潜力，则意味着企业的产品在该国的市场规模也可能较大，因此企业可以考虑在该国市场上加大投入。如果目标国的经济很有活力，那么即使该国的市场还没有完全成熟，企业也可能愿意选择资源承诺较高的模式进入该国市场。

（1）东道国的经济影响因素。

东道国的经济规模（GDP）或人均 GDP 将会影响传媒产品的消费，同时东道国的经济活力（如世界经济运行指数）等将会影响传媒产品或传媒企业的国际化策略。因此，考虑东道国的经济影响因素，对探索经济影响因素对于国际化进入模式的选择有着重要作用。东道国市场规模与潜力是促进企业由出口、许可转向直接投资的重要变量（Buckley 和 Casson，1996；Jim 和 Hwang，1992；Agarwal，1992；Root，1987）。更大的 GDP 总量预示着更大的购买潜力，因此不少研究用 GDP 预测一国市场规模及其潜力。Dunning（1980）和 Konrin（1976）等人认为，GDP 总量及其增长率是吸引 FDI 的最重要的决策因素。如同 Globerman（1999）研究发现一样：在保持其他因素不变的情况下，较大的 GDP 规模和较快的 GDP 增长率往往意味着更多的投资获利机会。Sabi（1988）认为，大规模的市场可以促使跨国公司能够获得规模经济优势，从而降低边际成本，实现长期获利。

其次，东道国的贸易政策会直接影响到别国产品对于该国的出口。东道国出于对本国企业的保护，在贸易政策方面往往会采取相对的保守主义，尤其在经济危机阶段，将会对于别国企业的进入策略产生重要的影响。正如Rugman(1981)指出，“非天然的市场缺陷”尤其是东道国的保护主义政策能够使企业产生内部化反应。企业寻求在这些国家投资，实际上就是寻求将这种保护性政策的区位特定优势转化为企业的专有优势。Henisz和Williamson(1999)研究发现东道国国家政策对于企业进入模式影响非常明显，不同的政策对企业不同层次进入模式决策产生不同的影响。东道国的贸易政策对企业的出口和出口替代性的对外直接投资有明显直接影响。一些国家出于保护国内资源、产业的目的，对外国的投资持怀疑态度并采取限制政策。对于传媒产业而言，受到文化冲击的影响，很多国家对于传媒产业进入进行了严格的限制。这些贸易与外资政策，很大程度上限制了中国传媒产业国际化的进程，影响了传媒集团国际化进入模式的选择。

(2) 中国的经济影响因素。

中国传媒集团国际化进程的特殊性不仅受到全球国际化进程浪潮的影响，而且受限国内经济体制转轨的约束。有关中国经济因素对传媒集团国际化进入模式选择的影响，将从中国的经济政策导向出发，探索各种经济政策对传媒产业的独特影响。

首先，中国对外开放政策加深了中国企业融入世界经济的粘合度。从中国实施对外开放政策以来，尤其是1992年邓小平南方讲话以来，中国逐步形成了全方位对外开放格局，尤其是沿海企业的对外开放程度，凸显沿海地区经济进一步集中化趋势。这种对外开放的经济政策，为传媒集团国际化经营提供了良好的政策扶持，有利于中国传媒集团国际化进入模式的决策。

其次，中国外汇储备与对外直接投资加速了中国企业的国际化进程。

中国近年来的外汇储备与对外直接投资呈持续上升之势，有利于中国传媒集团积极主动地实施"走出去"战略（表 5.2），并为进入模式的决策提供坚强的后盾。

表 5.2　1982～2005 年中国外汇储备与对外直接投资流量对比

年份	外汇储备余额（亿美元）	对外直接投资（亿美元）
1982	69.86	0.44
1983	89.01	0.93
1984	82.2	1.34
1985	26.44	6.29
1986	20.72	4.5
1987	29.23	6.45
1988	33.72	8.5
1989	55.5	7.8
1990	110.93	8.3
1991	217.12	9.13
1992	194.43	40
1993	211.99	44
1994	516.2	20
1995	735.97	21.14
1996	1050.49	25.62
1997	1398.9	26.34
1998	1449.59	17.74
1999	1546.75	9.16
2000	1655.74	68.85
2001	2121.65	25.18
2002	2864.07	28.5
2003	4032.51	55
2004	6099.32	122.6
2005	8188.72	

3）东道国与中国的文化因素

目标国和本书的文化差异，对于进入模式选择的影响很大。当两国的价值观、语言、社会结构、生活方式的差异太大时，例如对外直接投资方式将面临很高的环境成本，此时，企业就更加倾向于选择出口或技术许可等模式进入国际市场。两国的文化结构，影响了对于传媒产品的消费，进而影响了中国传媒集团国际化进入模式的决策。

（1）东道国的文化影响因素。

在2.3.1节中有关Hofstede文化维度进行了分析，由于东道国文化权力距离与不确定性的差异，一方面权力距离和不确定性规避等民族文化特征，将直接影响企业的所有权偏好；另一方面，母国与东道国的文化差距影响企业的所有权结构偏好。Hennart和Larimo(1998)以美国为东道国，研究了日本和芬兰公司对美国投资中的所有权选择，指出母国文化通过文化特征(culture characteristic)与文化距离(culture distance)两种方式影响企业对外直接投资中的所有权策略，且在控制相关变量的基础上，文化距离对于所有权选择显著。Makino和Neupert(2000)选取美国和日本之间相互投资的企业数据，进一步验证了母国权力差距与不确定性规避特征对企业对外投资中所有权决策的影响。以权力距离与不确定性规避为变量，对投资于中国的跨国公司进行研究，Yigang Pan和David K. Tse(2000)发现母国文化特征对企业股权进入与非股权进入存在着影响，高权力差距国家的企业更倾向于股权进入，来源于高度不确定性规避国家的企业更加偏好非股权进入模式。正是由于文化因素影响了决策者的思维，进而影响了进入模式的选择。因此，在研究进入模式影响因素时，东道国的文化因素是一个重要的变量，将影响进入模式选择的倾向。

（2）中国的文化影响因素。

中国文化对于传媒集团国际化进入模式选择的影响，是多种因素相互交织作用的结果，一方面需要考虑Hofstede文化维度的影响，中国属于高权力差距的社会，组织集权化程度较高；其次中国文化风险规避倾向较高，对于国际化进入模式股权选择存在着影响。另一方面，由于中国特有的历史文化，对于传媒产品的影响发挥着作用，尤其是传媒产品的内容，蕴含着丰富的中国传统历史文化，因此，传媒集团国际化进入模式选择需要考虑东道国对于中国传媒产品或中国文化的接受程度，需要考虑文化折扣因素的影响（第六章将对于文化折扣进行探讨）。

4）东道国与中国的法律因素

法律因素指法律体系的完善程度和涉外商务相关的政策法规状况，以及对外国企业的法律态度（如是否给予外国企业国民待遇）等。限制进口的法律法规（如高关税、配额、非关税壁垒等）对出口方式不利，限制外资的法律法规对直接投资方式不利。而给予外国企业国民待遇以及其他优惠政策，有利于直接投资。对于法律因素方面，可能出现一些相互冲突的现象：①东道国与中国之间的法律不一致，国外的经营环境可能与国内的相差较大，包括法律环境。传媒集团若在国外经营，必须遵循东道国的法律、政策，如果对于国外政策缺乏足够了解，将会导致不必要的损失；②国家法与国际法不一致导致法律冲突。传媒集团在选择进入方式的时候，需要考虑这些因素，一旦在国外经营，既要遵循国际法，按照国际惯例行事，也要遵循东道国的法律，因此，法律的影响因素对于传媒集团国际市场进入模式的选择会产生一定的影响。在做出进入模式选择确定之前，需要考虑法律的因素，一方面在经营过程中需要遵循相应的法律法规，另一方面，由于法律对于相应的外资的响应限制，将会影响中国传媒集团在国外的投资，例如合资企业中的股权比例，将影响进入模式的选择策略。

5.2.2 中观层面影响因素与作用机理分析

产业与行业因素主要表现为该产业或行业的市场规模、市场结构、市场竞争格局、要素市场状况及市场基础设施等因素对进入模式选择的影响。针对产业因素对于进入模式选择的影响，为了进一步分析，将探索相关因素对于进入模式选择影响的作用机理，进而为中国传媒集团国际化的选择提供相应的理论基础。

1）市场规模对于进入模式的影响

市场规模分为现有规模和潜在规模，从规模经济角度来看，市场规模增加，会增加内部化的收益，使得固定成本得到稀释。如果目标国市场规模较小，不足以支持最低有效生产规模时，宜采用契约等进入模式。如果市场规模很大或未来的潜在规模很大，则应该选择设立分支机构或子公司出口等进入模式。近年来，中国传媒产业发展迅速，国内传媒产业市场规模迅速提升，且政府一直鼓励打破现有区域、行政和行业分割，培育强势传媒企业，鼓励和支持非公有资本以多种形式进入政策许可的传媒产业领域，倡导建立统一、开放、竞争、有序的现代文化市场体系。中国传媒产业市场建设的步伐将继续加大，市场取向和产业性质的管理将日益得到应有的尊重。因此，伴随着传媒产业市场规模与产业竞争力的增强，在国际化进程中，应发挥规模经济效应，着手把握目标市场的市场，从而选择合适的进入模式。

2）市场结构对于进入模式的影响

根据产业组织理论，市场集中度高意味着存在寡头垄断行为，对市场进入存在着障碍，进入者可能内部化市场来应对市场的不完全性。研究表明，市场结构影响着企业的经营指导思想，继而影响到企业的行为（Hatten K. J. ，Schendel D. E. and Cooper A. C. ，1978）。由于市场结构影响企业行为，企业行为又会影响企业绩效，因此在研究中国传媒集团国际化进入模式的选择，需要考虑市场结构。通常而言，一个国外市场可能是竞争性市场、寡头垄断市场或者完全垄断市场，在一个竞争性市场中，新进入者可能采取低资源承诺的进入模式，这是因为当一个市场竞争程度较高时，通常其利润较低，因此企业不会采用需要较多资源投入的进入模式。寡头垄断市场则促使新进入者采用单一所有权的进入模式，以使该企业能够和目标市场上占主导地位的企业进行充分的竞争。而在完全垄断的市场结构中，与垄断企业竞争的成本很高，此时传媒集团选择技术许可将是上策。

3) 要素市场状况对于进入模式的影响

要素市场状况是指目标国原材料、劳动力、能源等生产要素的成本、质量与可获得性。因为这些因素直接影响产品的成本及质量，因而对市场进入的模式有直接的影响。此外，企业外部采购、销售等方面的协作方式对进入目标国市场的企业也有重要的影响。因此，要素市场成本低的国家对于直接投资进入模式选择具有较高的影响权重；要素市场的不完全则会提升企业的经营成本因而会阻碍直接投资模式进入；对于要素市场成本比较高的目标国，企业更愿意选择贸易模式进入。要素市场状况，决定了中国传媒集团投资获得资源的稳定性与否，从而影响到收益与进入模式的选择。

4) 市场的基础设施对于进入模式的影响

市场的基础设施包括交通、能源、通信、港口等设施以及目标国的营销网络。基础设施是生产经营的硬环境，目标国的营销网络是经营活动的软环境，硬环境状况直接影响货物的流转速度、经营成本、生产进度、服务质量；而软件状况直接影响整个企业的运营效率。尽管传媒产品的运输流转对于基础交通设施要求并不是很高，但是传媒产品的生产和流通与通信等基础设施密切相关，良好的市场基础设施有利于传媒集团国际化的开展。

5.2.3 微观层面影响因素与作用机理分析

企业自身因素对进入模式选择的影响主要来源于其内部资源禀赋、战略导向和国际化网络资源。内部资源禀赋方面，企业规模直接影响企业股权承诺的能力，组织结构和治理水平则影响企业收购和合资的能力。国际化人力资源储备、产品特性直接影响企业投资与否及投资方式的决策。企业的商誉、技术诀窍等无形资产通过影响企业资源承诺和控制程度的意愿而影响进入模式选择。总之，从微观层面研究对于进入模式的影响因素，可以从企业规模、企业国际经营的经验、企业资源以及产品特性与企业组织战略等几个方面开展。

1) 企业规模对于进入模式的影响

企业规模一般与进入模式的控制程度正相关，企业进入国际市场要耗费很多资源，规模较大的企业比较容易提供这些资源，而中小企业则缺乏这方面的优势。由于企业规模影响了传媒集团的竞争力，规模较大，实力雄厚的传媒集团可能更倾向于选择高股权的进入模式从而凸显自身的竞争力。

2) 企业国际经营的经验对于进入模式的影响

Caves & Mehra(1986)发现，国际化经验与并购选择模式显著相关。拥有更多国际化经验的公司能够承担并购的风险，并能够整合不同的管理模式。因此，国际化经验越丰富，公司越有能力采取并购的模式；鉴于缺乏国际经验，公司将采用合资的方式分担风险和管理责任。企业国际经营的经验反映在国际销售额占总销售额的比重、当前有联系的国际市场数量以及关于目标市场的知识等方面。研究表明，随着企业国际经营经验的积累，企业倾向控制程度高的进入模式如独资。中小企业国际经营的经验少，在国际化的初级阶段，倾向于低控制程度的进入模式，如出口，以便在进行直接投资之前积累经验。国际化经验的欠缺，使得中国传媒集团在国际化进入模式的选择上可以借鉴制造业或服务业的相关经验，采取动态的调整战略。

3) 企业资源对于进入模式的影响

企业资源指与企业技术、资本、管理能力和营销技术等相关的因素。企业技术、资本、管理能力和营销技术等资源越丰富，进入方式选择余地越大；反之，优势不强、资源不足的企业只能考虑资源投入较少的进入模式，如出口或技术许可等。战略因素产生的影响主要是指企业在选择进入模式时要从总体战略目标出发，平衡企业在单个国外市场的单独目标和企业的整体目标。因此，企业选择某一进入方式并不是因为其进入成本低，而是因为其对提高竞争能力有利。一般而言，只有当企业国际化程度达到一定水平后，才有条件进行战略选择。

4）产品特性对于进入模式的影响

产品特点因素指产品自身的属性，如产品要素构成、产品的比较优势、产品的技术含量、市场地位以及售后服务水平。产品要素构成，一般来说劳动密集型和资源密集型产品主要以具有丰富廉价劳动力和自然资源的国家为目标。企业的产品比较优势明显时，企业在选择市场进入模式时就会有较大的自由度。具有比较优势的产品与普通产品相比，即使在负担高额的运输成本和高额的进口关税后，也能在目标市场上保持竞争优势，因而企业既可选择投资方式进入，也可选择贸易方式进入。一般而言，对技术含量高的产品，企业更倾向控制程度高的进入模式，因为这样的产品使得企业拥有更高的市场力量和讨价还价的能力。另外，控制程度高的进入模式还可以防止企业的技术被扩散，产生传播风险。企业的主线产品、核心技术在进入国际市场时，大多采取投资方式且以独资为主；而非主线产品、边缘技术则通常采用非投资方式进入。此外，售后服务水平也有不同，有些产品对售后服务有较高要求，因而要求缩短产品与顾客的距离，以便提供及时和高质量的售后服务，这类企业更倾向于采取直接投资的方式进入市场。

5）企业战略规划对于进入模式的影响

Dubin(1975)，Wilson(1980)，Caves & Mehra(1986)发现，公司采用多元化战略，更倾向于采用并购而非绿地投资进入外国市场。这可能归结于多元化的公司是在更高级别管理与更加成熟市场上，他们不是特别关心产品创新或者品牌层面最初的转移。类似地，相对于合资，多元化公司更加倾向于并购，且企业的国际化战略动因直接决定某种进入模式的选择。此外，企业的品牌战略、竞争战略等也影响企业进入模式倾向。对中国传媒集团而言，母国与东道国环境蕴藏着机会与威胁，集团自身资源与能力则是其选择某种进入模式时所具备的优势与劣势的根源，在内外因素的考虑基础上，传媒集团要充分利用机会，规避威胁，发挥优势，弥补资源与能力缺口。

5.3　中国传媒集团国际进入模式的跨文化风险因素

对于国际风险研究，有着大量的理论与实证分析，通常将风险分为：政治风险、政府政策风险、宏观经济风险等。Miller(1992)对于国际化风险进行了研究，从经理人员感知的角度分析了不确定性，将不确定行分为三类：一般环境不确定性，指影响各行业商业环境的因素，政治不稳定性、政府政策不稳定性、宏观经济不确定性和社会不确定性等；行业不确定性，指投入物市场的不确定性、产品市场的不确定性、竞争不确定性和技术不确定性；公司不确定性，指公司内部的具体因素，运营不确定性、责任不确定性、研发不确定性、信誉和行为不确定性等，并将这些不确定行整合成为一个一体化风险管理的框架，为后来的研究提供了指引。许晖(2006)基于Miller风险一体化管理的研究框架，将风险分为宏观环境风险(社会一般环境风险)、中观环境风险(行业竞争风险)和微观环境风险(企业内部环境)，并对各种风险进行了评价(见表5.3)。

表5.3　国际化风险分类及相关研究

风险层面	风险类型	相关学者
宏观经济环境	政治风险	Sctcliffe and Zaheer(1998), Miller(1992), Keith D. Brouthers(1995), Austin(1990), Kim & Hwang(1992), James Austin(1990), Root(1994)
	政府政策风险	Miller(1992), Sctcliffe and Zaheer(1998), Keith D. Brouthers eta(2002), Yung-Chul Kwon & Leonard J. Konopa(1993), Kim & Hwang(1992)

（续表）

风险层面	风险类型	相关学者
宏观经济环境	宏观经济风险	Miller(1992)，林天德(2000)，Keith D. Brouthers eta(2002)，Kim & Hwang(1992)，Austin(1990)，Yung-Chul Kwon & Leonard J. Konopa(1993)，Sctcliffe and Zaheer(1998)，Root(1994)
	社会风险	Miller(1992)，林天德(2000)
	自然条件的风险	Miller(1992)，Root(1994)，Yung-Chul Kwon & Leonard J. Konopa(1993)
	文化风险	Keith D. Brouthers(1995)，Kim & Hwang(1992)，Austin(1990)，Yung-Chul Kwon & Leonard J. Konopa(1993)，林天德(2000)，Root(1994)
中观环境风险	投入物市场风险	Miller(1992)，Keith D. Brouthers eta(2002)，Yung-Chul Kwon & Leonard J. Konopa(1993)，Root(1994)
	产品市场风险	Miller(1992)，Keith D. Brouthers eta(2002)，Keith D. Brouthers(1995)，林天德(2000)，Kim & Hwang(1992)
	竞争风险	Miller(1992)，Keith D. Brouthers(1995)，Keith D. Brouthers eta(2002)，Root(1994)
	技术风险	Miller(1992)，Yung-Chul Kwon & Leonard J. Konopa(1993)，Kim & Hwang(1992)，韦国亮(2000)
微观环境风险	生产风险	Miller(1992)，Werner & Brouthers(1996)
	责任风险	Miller(1992)
	研发风险	Miller(1992)
	信誉风险	Miller(1992)
	行为风险	Miller(1992)，Jensen & Meckling
	人力资源风险	Miller(1992)，Werner & Brouthers(1996)
	交易风险	Shapiro(2002)，Martin & Mauer(2003)
	投资风险	Agarwal & Ramaswami(1991)，吴南宗(2002)，谢剑平(2000)
	筹资风险	Gallinger & Poe(1994)
	营运风险	Miller(1992)，Root(1987)

资料来源：许晖，国际企业风险管理，对外经济贸易大学出版社，2006。

对于中国传媒集团跨文化风险的研究，首先需要分析民族文化的差异，通常而言，由于不同民族性格、思维模式、行为方式与宗教信仰等差异，使得在国际化进程中表现出不同的风险类型，具体而言，主要包括以下几种类型：

5.3.1 传媒产品风险

由于传媒产品不同于一般的制造业产品，传媒产品更多地融入了文化的内涵，如一本书籍或一部电影、电视剧等，在消费产品的同时，也在消费着外来文化。鉴于两个国家之间文化存在的差异，在消费传媒产品时，受消费观念、价值观念的异同影响，常常引起消费倾向的不一致，往往会导致需求的差异，引起产品销量或企业合作的风险。

1）文化产品内容折扣的影响

"文化折扣"概念，是加拿大学者 Colin Hoskins 在《全球性电视和电影》一书中提出的概念，指在国际文化贸易中，文化产品如电视剧、电影会因为其内蕴的文化因素不被其他民族观众认同或理解而带来产品价值的减低。"文化折扣"依据生产者和消费者的接近性而变化，这种接近性既与语言、地理等因素有关，也与心理因素有关，是地理距离、共同语言及以往文化贸易历史等因素的一个综合函数。喻国明教授(2009)指出：文化折扣低的产品，则易于为人们所接受。由于传媒产品属于文化产品，当将其移植至其他地区时，观众可能无法认同节目中所呈现的风格、价值、信仰、机构以及行为模式，将极大减低传媒产品的吸引力。因此，在传媒集团国际化过程中，传媒产品内容的差异，尤其是文化折扣理论的存在，使得文化产品在消费过程中，产生折扣现象，进而产生了产品内容风险。

2）价值观念与消费观念异同的风险

不同民族文化的差异，使得不同民族之间形成了不同的价值观念，如宗教信仰的异同。具体而言，主要表现为以下几个方面：其一，传统文化塑造了不同的民族性格，传统文化是民族文化的积淀与结晶，在融入民族性格中，使得各民族表现出了不同的民族个性。往往由于民族责任、个性等使得各个民族形成了不同的价值观念，导致了跨文化整合过程中的困难。其二，处理问题的方式不同，行为模式是民族文化的外显形式，它以固定的结构，在相同相似的场合为人们所采用，成为群体表达认同的直接沟通方式，不同民族文化造成不同的行为模式。其三，文化差异导致了不同民族的思维方式的差异，以至于各个民族在面对同样的外部环境时，表现出来不同的行动方式。传媒产品国际化过程中，在接受外来文化产品时，由于思维模式的存在，影响了人们的价值观念，进一步影响了传媒产品的消费。

3) 产品市场的风险

产品市场风险是对于传媒产品市场需求无法预料的情况，由于消费习惯与消费品位的变化，或者一些替代性产品的变化等对于需求造成的影响。关于产品市场的风险，Brouthers 与 Lance 等(2002)认为产品市场风险是指产品需求、客户偏好的未预料的改变，和(或)替代品和(或)互补产品有用性的改变。

5.3.2 国际化合作风险

合作双方由于文化差异的存在，增加了外部环境的不确定性，导致合作双方面临着各种风险。一般而言，经营环境不连续的可能性，尤其是经营环境剧烈变化的可能性，如市场供求关系、竞争激烈程度将直接影响企业营运情况与效益；同样，由于企业外部竞争形势多变，致使市场竞争规模①与竞争方式往往产生极大的变化。另外，政治力量的相互作用与影响，如政府推出一系列产业政策法规，这些对企业之间的合作往往带来了极大的波动，可能会造成经营环境相对复杂。传媒集团国际化经营，必须通过控制及时了解环境变化的原因和状况，针对环境的变化对计划进行动态调整。对外部环境的复杂性探索，将采用 PEST 分析法，从政治、经济、社会与技术进步等四

① 指竞争对手为了竞争获胜而投入的成本规模。

个方面进行分析。

1）政治影响因素(Politics)

由于中国传媒产业的特殊性，传媒代表国家立场，是党的喉舌。因此，媒介的管理首要需要考虑国家的政治立场与主张。党和政府对于新闻传播事业需要进行宏观管理，以实现其正确的舆论引导作用，媒介活动需要严格遵守国家的相关政策法规，确保媒介的舆论宣传作用。中共中央批准的《关于进一步做好新闻舆论工作的若干意见》中对于坚持正确舆论的"五个有利于"可以作为现阶段的政治标准，即"要造成有利于推进改革开放，建设社会主义经济体制，发展社会生产的舆论；有利于加强社会主义精神文明建设和民主法制建设的舆论；有利于鼓舞和激励人们为国家富强、人民幸福和社会进步而艰苦创业、开拓创新的舆论；有利于人民分清是非，坚持真善美、抵制假恶丑的舆论；有利于国家统一、民族团结、人们心情舒畅、社会政治稳定的舆论"。同时，传媒集团经营活动还需要考虑政府对于媒介行为的规范作用，各个国家制定的各项法律法规对于媒介产生了不同程度的影响力。例如，政府制定的《专利法》、《广播电视法》、《出版法》等对于媒介活动健康、有序地发展作了规范和约束。另外，政府对于经营性传媒产业的有关内容进行了相关地禁止，以防止不健康内容的传播，这些都对媒介的活动产生影响。

2）经济影响因素(Economy)

国家对于传媒产业的经济管制，在某种程度上将会限制传媒产业的自由发展；另一方面，在当前经济形势下，政府对于经济结构的调整，将为传媒产业提供更加宽松的环境。因此，国家的经济政策因素将是传媒集团发展过程中不得不考虑的重要方面。

首先，国家对于传媒产业的管制，主要是对于传媒资本的管制，在一定程度上限制了传媒产业的发展，伴随着传媒资本管制的放松，极大地促进了传媒组织的发展。

早在2001年,中办发[2001]17号文件明确提出“严格实行行业准入和许可制度”,“新闻传媒由国家主办经营,不吸收外资和私人资本。根据事业发展需要,报业集团、出版集团、广电集团的新闻宣传部门经批准可在新闻出版广播影视部门融资,其经营部门(报刊的印刷发行和广电的传输网络等)经批准可以有限责任公司或股份有限公司的形式,由集团控股,吸收国有大型企事业单位的资金,但投资方不参与宣传业务和经营管理。”

随着时间的推移,这一政策在发生转变,2003年12月31日,国务院颁发了《文化体制改革试点中支持文化产业发展的规定》和《文化体制改革试点中经营性文化事业单位转制为企业的规定》两个重要文件,文件指出:“党报、党刊、电台、电视台等重要新闻传媒经营部分剥离转制为企业,在确保国家绝对控股的前提下,允许吸收社会资本;国有发行集团、转制为企业的科技类报刊和出版单位,在原国有投资主体控股的前提下,允许吸收国内其他社会资本投资;广播电视传输网络公司在广电系统国有资本控股的前提下,经批准可吸收国有资本和民营资本。鼓励、支持、引导社会资本以股份制、民营等形式,兴办影视制作、放映、演艺、娱乐、发行、会展、中介服务等文化企业,并享受同国有文化企业同等待遇。”随后的“新闻出版总署关于印发《关于贯彻落实〈关于深化新闻出版广播影视业改革的若干意见〉的实施细则》的通知”,则打破了传媒投资的只允许“国有资本”进入的限制,认同各类资本都可以参与传媒经营,在一定程度上拓宽了传媒投融资渠道。

2005年8月国务院发布《关于非公有资本进入文化产业的若干决定》,允许非公有资本进入出版物印刷、可录类光盘生产等文化行业和领域,还可参股出版物印刷、发行,新闻出版单位的广告、发行,广播电台和电视台的音乐、科技、体育、娱乐方面的节目制作,电影制作发行放映,可以建设和经营有线电视接入网,参与有线电视接收端数字化改造,但在这些文化企业中,国有资本必须控股51%以上。非公有资本可控股从事有线电视接入网社区部分业务的企业，但非公有资本不得投资设立和经营通讯社、报刊社、出版社、广播电台(站)、电视台(站)、广播电视发射台(站)、转播台(站)、广播电视卫星、卫星上行站和收转站、微波站、监测台(站)、有线电视传输骨干网等；不得利用信息网络开展视听服务以及新闻网络等业务；不得经营报刊版面、广播电视频率频道和时段栏目；不得从事书报刊、影视片、音像制品成品等文化产品进口业务；不得进入国有文物博物馆。

其次，政府经济政策导向对于传媒产业产生了刺激作用。

伴随着经济的迅速发展，政府对于经济结构性调整倾向对于传媒产业的发展产生影响，对传媒组织活动的范围和原则的规定，将会引导和规范传媒组织经营的方向，刺激传媒产业的发展。在经济危机背景下，伴随着政府产业振兴规划的出台，政府为传媒产业的发展提供了更加宽松的环境。鼓励民营资本进入传媒产业，拓展传媒融资渠道，同时，完善了对于传媒外资的管理，进而能够充分利用外资。2009年4月，新闻出版总署署长柳斌杰在做客央视经济频道《对话》栏目时，明确指出新闻出版行业有望对民营资本开放，从而进一步拓展了传媒产业的融资渠道。

3) 社会影响因素(Society)

传媒集团经营的社会环境包括的内容比较广泛，主要包括各阶层的形成和变动、人口的数量及增长、人口的年龄结构、家庭结构、人口的地区性流动、社会结构、人民的生活方式、价值观念和信仰等等。传媒的社会因素主要是关于人口结构与变动的因素，而这些结构或变动影响了社会对于传媒产品的消费，进而影响了大众对于传媒产品的需求，也左右了传媒产业对于产品结构的调整与变化。如果传媒管理未考虑社会环境的变化，一味地执行既定的战略，将会导致由于市场需求的变化而使得企业处于不利的竞争地位。因此，对于传媒集团的管理，需要考虑传媒社会环境的变化，及时地根据社会的变化而对采取相应的对策措施，防止进一步的损失。

4) 技术影响因素(Technology)

Miller(1992)认为技术创新影响着一个行业的产品或生产过程，同时也对这个行业构成了威胁，因为它可能会使行业内已经建立起的竞争或协作模式产生混乱。Yung 和 Konopa(1993)在分析东道国市场特征的基础上，认为企业进入国外市场可能遇到的生产要素方面的风险，在技术要素要求上则体现为技术风险。Kim 和 Hwang(1992)则认为技术风险包括了东道国市场上主要技术变动的频率。对传媒集团国际化发展来说，需要考虑新技术所带来的传媒产业的变化。伴随着新技术的发展，传媒产品的科技化含量提升，新媒体的普及与推广，极大地改变了媒介的传播方式，改变了人们的消费观念，影响了传媒产业的发展。

5.3.3 管理风险

对于企业国际化过程的管理风险研究，主要是由于员工的差异使得管理复杂化，另外，管理风格差异常常也引起风险。

(1) 员工的差异使得管理复杂化。

在传媒集团实施国际化战略之后，即使集团制定了全面完善的计划，经营环境在一定时期内也相对稳定，然而不同组织成员的认识能力和工作能力存在差异，则容易引起管理的风险。计划的实现要求每个部门的工作严格按计划要求来协调进行，由于组织成员是在不同的时空进行工作的，员工的认识能力也不相同，对计划要求的理解可能存在着差异，即使每个员工都能完全正确地理解计划的要求，但是工作能力的差异，实际工作结果也可能在质和量上与计划要求不符。某个环节可能产生的偏离计划现象，会对整个组织活动的进行造成冲击，因此加强对成员的工作控制、防范管理风险是十分必要的。

（2）管理风格的差异引起的风险。

海外投资企业的管理人员在东道国所采用的管理模式、管理行为能否为当地的雇员所接受会直接影响到企业的经营决策的制定和能否得到贯彻执行。由于文化的差异，不同国家的管理人员往往有不同的管理思维和观念。比如美国人习惯按能力选拔年轻的有魄力的管理人员，注重个人能力在企业中的发挥。而日本人注重资历、经验，讲究团体精神和亲善管理。因此，如果不了解本国与东道国之间的文化差异，而采用以母国为中心的管理模式，往往会带来管理上的风险。处于不同文化背景的各方经理人员因不同的价值观念、思维方式、习惯作风等差异，对企业经营的一些基本问题上往往会产生不同的态度。如经营目标、市场选择、原材料的选用、管理方式、处事作风等，都会给企业的全面经营带来风险。

5.3.4　协同风险

由于组织规模的扩大，尤其是传媒集团在发展壮大之后，进行并购重组常常导致管理协同效应缺乏。在实际中，企业并购后对于企业的整合往往不够，使得组织的发展受到很大限制，因此需要通过风险控制加强对于组织并购后的相关方面的整合，以更好地提升并购的促进作用。在并购过程中会遇到很多不可预测的问题，可能最终导致整个企业破产。《新闻周刊》2001年做了一个封面报道“并购的混乱”，是由KPMG咨询公司做的调查，结果显示：并购之后一半企业股价下跌，1/3没有变化。而归其原因，多数由于受到贪多图大心理陷阱、财务和整合失败陷阱的影响。

因此，在传媒集团国际化过程中，尤其是并购之后，需要做好相应地控制活动，降低并购的协同风险，促进传媒集团更好地发展。

首先，并购后要进行集团企业文化的整合。在并购之后，鉴于民族、地域不同，企业性质不同，都可能带来文化上的差异，所以对于并购后企业文化的培育与塑造，是并购之后首先要考虑的问题。企业文化在集团中应该起到一种导向作用，把企业职工个人的目标引导到企业所确定的目标上来，并且企业文化需要起到凝聚作用，把各个方面、各个层次的人都团结在企业文化周围，产生一种强大的凝聚力和向心力。如果传媒集团在并购之后不能有效地整合企业文化，将缺乏相应的激励作用，对于集团的并购顺利实施将会起到负面作用。

其次，并购后集团协同效应的提升。纵观传媒组织并购失败的案例，很重要的原因就是并购后的整合不力，不能形成合力，并没有把两个或多个企业的并购当做一个系统进行整合。如果并购不能巩固一家企业在某一领域的竞争优势，或者不能帮助该企业进军一个新的领域，并在该领域确立竞争优势，那么，这种并购的最终结果难免不尽如人意，不能发挥出“1＋1＞2”的协同效应。

再次，并购后集团核心竞争力的培育。通过外部扩张获取资源与自身知识和资源的融合，是培育核心能力便捷且高效的途径。在并购过程中，一些并购方过分追求多元化经营，过分强调低成本扩张，盲目大量并购中小企业，没有充分考虑如何通过并购实现双方的优势资源互补，通过核心竞争力的培育以提高企业的整体竞争实力，致使企业并购后规模迅速膨胀，但企业核心能力跟不上企业业务范围的扩展和企业规模的扩张，最终将导致并购失败。据一项调查显示，把提高核心竞争能力作为重要并购动机的并购行为不到13％。由此可知，在并购中培育基于核心能力的并购战略思维是何等重要。

最后，并购后集团管理模式的改进。传媒组织并购的直接结果是传媒企业规模的扩大，而传媒企业规模的扩大必然带来管理难度的加大，包括组织层次的增加，各环节沟通渠道的增多，人员关系协调的复杂性以及目标和责任关系的变化等，这些都会导致传媒企业管理难度的进一步加大，如果传媒企业不能在并购后迅速提高管理水平，并购后的失败就在所难免，协同风险将会增加。

5.3.5 跨文化沟通风险

在经济全球化背景下，跨国经营和管理是以跨文化沟通为基础的。中国传媒集团在进行跨国经营将不可避免地面临着外来竞争以及多元文化的冲突，是否重视跨文化管理正在成为影响中国传媒集团国际化经营成败的关键因素。如何正确认识和识别国际化经营中的文化差异与风险并积极采取应对策略，以增强抗风险能力，是中国传媒集团面临的重要课题。

在国际性的经济环境中，交换信息、交流思想、决策、谈判、激励和领导等活动是以不同文化背景的管理人员和普通职员之间进行有效的沟通为纽带的。跨国经营的企业是包含多种语言和多元文化的国际性企业，复杂的多元文化使得有效的双向式沟通变得比较困难。在文化、信仰、价值观处于矛盾和冲突的时候，跨文化沟通就会遇到重重困难，影响管理决策的制定和执行的效果，从而产生了跨文化沟通风险。由于对双方文化了解程度有差异，使得跨文化沟通风险通常表现为几个方面：文化休克、文化迁移和文化定势。

1) 文化休克

文化休克是指跨文化交流中出现的一种心理现象或心理过程。Oberg认为文化休克是一个人初次进入不同于自身母语文化的全新文化环境后产生的心理上的不适应，是“由于失去了熟悉的社会交往信号或符号，对于新的社会符号不熟悉而产生的深度焦虑症”。Oberg 分析了文化休克的四个阶段：蜜月期、文化休克期、恢复期和调节期，并对文化休克的原因进行研究，首先由于地理因素，不同区域拥有不同的价值观、人格和血统，因此具有不同的意识；其次，群体与个人取向、时间取向等可能引起文化休克。

2）文化迁移

在跨文化交流中，人们下意识地用本民族的文化标准和价值观念来指导自己的言行和思想，并以此为标准来评判他人的言行和思想。有意或无意地用自身的价值尺度去衡量他人的心理倾向是比较普遍的。对各民族来讲，经常会把自己的文化置于被尊重的地位，用自己的标准去解释和判断其他文化的一切。发生文化迁移的主要原因在于对文化差异的不了解；由于文化中心主义的存在，文化迁移也可能是有意识的。在跨文化交流沟通中，常出现与文化迁移类似的情况，只不过是反方向而已，导致了逆文化迁移。文化差异是导致跨文化沟通出现障碍的主要因素。因此，尽可能全面地了解文化差异是人们关注的重点，尽量避免文化差异引起的风险。

3）文化定势

文化定势是指人类主体在一定历史时期、一定社会条件下，以一定状态固定下来的心理活动倾向，这种倾向是代表着人类对外部自然、社会现象反应的趋向性，表现着它准备去完成一定行为的社会文化规定性（杨国章，1994）。文化定势可能是因过度泛化而导致，即断言群体中的每一成员都具有整个群体的文化特征，也可能是忽视文化具有动态性和变迁性而引起。由于文化定势的存在，常常会妨碍文化间的交流和理解，从而导致跨文化沟通的失败。

在实际沟通中，上面几种问题常常会同时出现，因此，如何避免这些现象，需要对文化差异进一步研究，了解文化差异的作用机制，加深对文化差异的了解，综合运用各种沟通技巧，从而有效控制跨文化沟通风险。

5.4 基于 AHP 法的中国传媒集团国际市场进入模式决策

国外市场进入模式决策是企业的产品与国外市场的一种连接方式

(Yung & Konopa,1993)。企业市场进入方式选择不仅受到企业与产品特征的影响,而且依赖于国内外的市场环境因素,并且进入模式也存在着不同的类型,各种进入方式之间存在较大的差别,这就决定了进入模式选择的复杂性,在国际市场中如何正确地选择适合企业的进入方式,成为企业国际化经营战略中面临的一个难题,企业需要借助更加科学的方法对进入模式的选择进行决策。

通常而言,企业的海外市场进入模式决策是一种典型的离散多目标问题决策,这种决策问题的特点是各目标的不可公度性和相互之间的矛盾性①。因此,多目标的进入模式决策不存在所谓的"最优解",只存在满意解。进入模式决策需要考虑多重因素、多目标性和多层次性的影响,而层次分析法(AHP)恰好满足这些要求,能够较好地解决这一问题。对于AHP法在进入模式方面的研究,黄速建等(2009)构造了一个分层次树型选择模型和动态的多目标进入模式决策模型,研究了企业核心能力和竞争优势两方面,构建了企业综合效能最大化的进入模式,探讨了中国企业海外市场进入模式问题。邱佛英(2007)利用AHP法研究了国际市场进入方式的决策方法,并给出了案例研究,验证了AHP方法的可行性与科学性。谢军(2006)探讨了国际进入模式决策方法的重要性,并利用案例说明如何利用层次分析法进行市场进入模式的决策。AHP法最大的优点是,能够较准确地反映社会科学领域的问题,适用于无结构问题的建模(黄速建,王钦,2006)。它通过主观的两两比较的方法,将每一层次因素的相对重要性进行定量描述,利用数学方法确定反映每一层次全部因素的相对重要性次序的权值;通过所有层次之间的总排序,确定所有方案的排序(杨剑波,1996)。AHP法用决策者

① 所谓目标的不可公度性指各目标之间没有统一的量纲,因此难以作相互比较;目标之间的矛盾性是指,如果改进某一目标的值,可能会使另一些目标受损(杨剑波,1996)。

的经验判断各衡量目标是否实现的标准之间的相对重要程度，并合理地给出每个决策方案的每个标准的权数，利用权数求出各方案的优劣次序的决策方法（韩伯棠 2000）。基于 AHP 方法研究的可行性与便利性，在接下来的部分将使用 AHP 法对于中国传媒集团的国际化进入模式决策进行探讨，以提升中国传媒集团国际化进入模式决策的科学性。

5.4.1 AHP 法的基本原理

AHP 法由美国著名运筹学家、匹兹堡大学教授萨蒂（T. L. Saaty）20 世纪 70 年代提出的，用以解决多目标问题的决策分析方法，它充分利用人的经验和判断，采取相对标度形式，能够统一对有形和无形、可定量和不可定量的因素进行测度。在应用 AHP 进行多目标决策的过程中，首先需要对于影响因素进行分解，一般来说，可将影响因素分为三个层次：①最高层，只包含一个元素，表示决策分析的总目标，也称为总目标层；②中间层，包含若干层元素，表示实现总目标所涉及的各种准则、子准则，也称为准则层；③最底层，它表示实现各决策目标的可行方案、措施等，常称为方案层。利用比较判断原理对任一层的元素相对于上一层中某一元素的重要性进行两两比较，并根据两两比较得到的判断信息给出上一层元素的权重；最后通过权重合成原理，得到底层方案对于总目标的优先权重（相对优劣程度）。

利用 AHP 进行决策分析时，其基本方法大致如下：

1）建立递阶层次结构

应用 AHP 分析问题时，首先要分析各相关决策因素之间的关系，把问题条理化、层次化，构造出一个递阶层次结构模型。递阶层次结构中的层次数与问题的复杂程度以及需要分析的详尽程度有关，每一层次中各元素所支配的元素一般不超过 9 个，这是因为支配的元素过多会给两两比较判断带来困难。

2）构造判断矩阵

建立递阶层次结构后，上下层之间元素的隶属关系就确定了。按照递阶层次结构模型，从上到下逐层构造判断矩阵，每一层元素都以相邻上一层次各元素为准则，按 1～9 标度方法两两比较构造判断矩阵。设 n 个元素对某一准则存在相对重要性，根据特定的标度法则，第 i 个元素（$i=1,2,\cdots,n$）与其他元素两两比较判断，其相对重要标度为 a_{ij}（$i=1,2,\cdots,n;j=1,2,\cdots,n$），这样构造的 n 阶矩阵用于求解各元素关于某准则的优先权重，称为权重解析判断矩阵，简称判断矩阵，记作 $A=(a_{ij})n\times n(i=1,2,\cdots,n;j=1,2,\cdots,n)$。构造判断矩阵的关键，在于设计一种特定的比较判断两元素相对重要程度的标度法则，使得任意两元素相对重要程度有一定的数量标准。T. L. Saaty 教授给出了 1～9 标度方法（表 5.4）。显然，判断矩阵满足如下特征：①$d_{ij}>0$；②$d_{ij}=1/d_{ij}$；③$d_{ii}=1$

表 5.4　判断矩阵标度 d_{ij} 涵义

标度 d_{ij}	涵　义
1	i 因素与 j 因素相同重要
3	i 因素比 j 因素略重要
5	i 因素比 j 因素较重要
7	i 因素比 j 因素非常重要
9	i 因素比 j 因素绝对重要
2,4,6,8	为以上两判断之间的中间状态对应的标度值

3）层次单排序及其一致性检验

构造了判断矩阵，为求出层次单排序中各元素的优先权重，一是要解出判断矩阵的最大特征值及其对应的特征向量，二是要进行一致性检验，检验不合格的要修正判断矩阵，直到符合满意的一致性标准。在计算判断矩阵的特征值与特征向量的时候，可以用近似的方法，但方根法更好，其计算步骤为①：

① 《运筹学》教材编写组.《运筹学》(第三版)[M]. 北京：清华大学出版社，2005。

(1) 计算判断矩阵每行所有元素的几何平均值。

$$\bar{\omega}_i = \sqrt[n]{\prod_{j=1}^{n} a_{ij}} \qquad (i = 1,2,\cdots,n)$$

得到 $\bar{\omega} = (\bar{\omega}_1, \bar{\omega}_2, \cdots, \bar{\omega}_n)T$

(2) 将 $\bar{\omega}$ 归一化处理,即计算:

$$\omega_i = \frac{\bar{\omega}_i}{\sum_{i=1}^{n} \bar{\omega}_i} \qquad (i = 1,2,\cdots,n)$$

特征向量 $\mathbf{W} = (\omega_1, \omega_2, \cdots, \omega_n)T$,即为所求特征向量的近似值,这也是各因素的相对权重。

(3) 求判断矩阵 **A** 的特征值 $\lambda_{\max}$。

$$\lambda_{\max} = \sum_{i=1}^{n} \frac{(AW)_i}{nW_i} \qquad (i = 1,2,\cdots,n)$$

然后,要对层次单排序进行一致性检验,基本步骤如下:根据求得的判断矩阵 **A** 的最大特征值 $\lambda_{\max}$,计算 n 阶判断矩阵的一致性指标 CI,$CI = \frac{\lambda_{\max} - n}{n-1}$;查表得到平均随机一致性指标 RI,RI 指标随判断矩阵的阶数而变化;计算判断矩阵的一致性比率 CR,当 $CR \leqslant 0.1$ 时,通过一致性检验,否则,需调整判断矩阵。其中,$CR = \frac{CI}{RI}$。

阶数 n	1	2	3	4	5	6	7	8	9	10
RI	0	0	0.58	0.89	1.12	1.24	1.32	1.41	1.45	1.49

5.4.2 中国传媒集团国际市场进入模式决策指标体系构建

1) 指标体系选取原则

层次分析法的应用需要选择合适的指标体系,评价指标体系的合理设置是选择合适的国际市场进入方式的前提。由于指标体系的复杂性,因此在设置指标体系时，需要遵循一定的原则：

(1) 完备性原则，指标体系应能全面反映评价对象的本质特点，将评价目标分解为相应的准则以及可以明确表述的评价内容或指标，构成结构明确、层次清楚的目标体系。选定合适的评价方法，从不同层次和不同角度来衡量国际市场进入方式的优劣，以保证综合评价的全面性和科学性。

(2) 合理性原则，考虑到评价目标的多样性及评价值的不确定性，在设置评价体系中尽可能地兼顾到各方面的需求，使得企业目前的经济效益和长远的发展战略等都能得到很好的平衡，力争使国际市场进入方式具有多赢的特质。

(3) 普遍性原则，所选取的评价指标对所有的国际市场进入方式都是适用的，而不是某种进入方式单独具有的，对于不同类型的传媒集团，所选取的指标体系应具有代表性。

(4) 可测性原则，在评价的指标体系中各指标的涵义明确，而且是客观存在的，人们根据常识就可以推断其内涵。各评价指标可直接定量或通过一定的量化方法间接度量，计算简单，便于掌握。

(5) 比较性原则，对量纲不同的指标不能直接相互比较，可采用一定的方法对它们进行处理，使最终的结果具有现实意义。

(6) 适度性原则，在决策过程中，选取的评价指标数目应适当。如果指标设置过少，就不能全面、系统地反映被评价对象。但并不是说指标设置得越多就越好，指标设置越多，越难体现共性，可比性越差，评价结果背离实际就会越远。

2）中国传媒集团国际市场进入模式选择指标体系的确定

前文对于进入模式的影响因素从宏观、中观、微观三个层次进行了归纳总结，对于进入方式的评价标准，实践中多数是从投资项目收益出发进行分析，曾忠禄(2003)对于进入方式评价给出了比较具体的标准，包括：市场覆盖面、市场反馈、积累国际市场经验、控制、利润水平、风险等。黄速建与刘建丽(2009)分析中国制造企业海外市场进入模式选择时，通过层次分析法进行决策，从增强企业核心能力的战略效能与发挥企业竞争优势的经济效能两方面出发，构建了学习机会、获取互补性资产、品牌塑造、进入风险、控制程度、生产效率和投资回报率等7个指标。邱佛英(2007)从企业盈利能力、风险性和对企业能力的影响出发，构建了投资利润率、投资回报率、财务内部收益率、转移风险、运作风险、异常事故风险、外汇风险、财务风险、经营风险、市场占有率、获取当地资源、树立企业形象、控制权、灵活性、积累国际市场经验等指标。已有研究可以看出，对于进入模式的影响因素主要考虑战略效能与经济效能指标，然而，中国传媒集团的国际化战略，一方面由于国家文化差异的影响，需要考虑跨文化的风险，尤其是传媒产品受到文化折扣因素的影响。因此，不同于一般公司的进入模式选择，对于中国传媒集团的进入模式选择，跨文化风险的因素具有显著的影响。在此部分，基于上文的评价指标选择原则，将从风险性、战略效能和经济效能三个方面构建中国传媒集团国际市场进入模式的一级指标体系，将构建基于跨文化的风险中国传媒集团国际化进入模式的决策模式。

(1) 跨文化风险性指标。

在企业进入国际市场时，由于外部环境不确定性的影响，不管采取何种进入模式都会面临着不同程度的风险。因此，在研究企业国际化市场进入模式决策过程中，选取风险性指标是十分必要的。相对于中国传媒集团而言，进入国际市场所面临的风险主要包括政治风险、经济风险和跨文化风险。政治风险主要是由于政局不稳定所导致的政府更迭或政治动荡等，目标国家环境越动荡，生产商与许可商、委托商所签订的协议期限往往越长(保证对方投入的收回)，则这种契约就越容易破裂(Hennart，1988)。鉴于政治风险对于各种进入模式都会造成负面的影响，在进入模式决策时需要考虑政治风险的存在。对于政治风险的考评，可以参考第四章中的政治风险指数(PRI)。由于当地不确定性和需求不确定性，导致经济风险的存在，主要表现为外汇风险与经营风险。不同学者研究了实际有效汇率对于进入模式的影响，Yoshikawa(1990)研究了20世纪80年代日本企业海外市场进入模式在不同汇率水平下的变化情况，研究发现本币的实际汇率升值会增强企业在东道国的投资倾向。周晔(2005)通过相关性分析发现：人民币汇率对FDI有负向且显著的影响。陈棣(2006)研究了人民币实际有效汇率变动对中国企业出口的影响，当汇率综合下降1%，出口增加2.78%。而对于外汇风险(又称汇率风险)，是指经济主体在持有或运用外汇的经济活动中，因汇率变动而蒙受损失的一种可能性(李波，蔡淑琴，2004)。各主要货币的汇率不仅不同幅度、频繁地波动，而且它们之间经常出现难以预料的强弱势的变化，这就大大地加大了跨国经营企业的外汇风险。企业的经营风险一般是指由市场经济不景气，缺乏高素质的管理人才和信息业不发达等原因给企业经营收益带来损失的可能性，同时外部环境的不确定性以及产品需求的不确定性，也增加了经营风险。然而政治因素可以视为战略效能的影响，而经济因素通过经济效能指标，在此，主要探讨中国传媒集团国际化过程中的跨文化风险。

前文对于文化差异进行了分析，由于文化差异的存在，使得跨文化风险不可避免。Parkhe(1993)和Shane(1994)都认为不同国家的信任水平差异很大，这种差异导致经理人机会主义的倾向不同，不同的信任水平也会导致交易成本的差异，从而影响企业内部化意愿和进入模式的选择。对于股权合作来说，像建立合资企业、企业收购等，文化差异不仅会影响企业进入模式决策，还会涉及更多的人际沟通和文化整合问题。因此在文化差异较大的地区，企业对这些模式的选择应该比较谨慎。K. D. Brouthers和L. E. Brouthers(2000)发现东道国与母国的文化差异越大，企业更倾向于进行绿地投资。文化差异的存在，不同文化族群的人在消费习惯和消费文化方面也存在很大差异，这些都对于进入模式选择产生影响。对于中国传媒集团国际化的跨文化风险，5.3节进行详细分析，主要包括：传媒产品风险、国际化合作风险、管理风险、协同风险与跨文化沟通风险。

(2) 战略效能指标。

在第三章中对于中国传媒集团国际化动因的实证分析中可以看出，中国传媒集团国际化的动机除了经济效益之后，还包含其他的相关影响因素，因此，在战略效能指标方面，将进一步拓展相关的影响因素，从而为进入模式决策提供完备的分析。对于战略效能，主要包括以下几个指标：①学习机会，传媒集团通过进入模式的选择，学习国外相关传媒企业的技术以及管理模式等，进而改善自身的经营状况，拓展集团的经营渠道，提升自身的竞争力；②互补性资产获取，互补性资产的获取主要针对国际化动机的资源观点，所谓获取当地资源，是指获取目标国的土地资源、人力资源、技术资源和资本等。企业采取不同的国际市场进入方式，获取当地资源的程度也不同。与此同时，获取当地资源的多少也会对企业能力产生影响。获取的当地资源越多，企业能力提高得也越快；反之，获取的当地资源越少，企业能力可能得不到提高或提高得非常慢；③传媒品牌塑造，企业形象相对于企业的其他资源或条件来说，是属于企业的软性条件，即它对企业的生产能力、销售能力和盈利能力等方面不产生直接的影响，但它可能会从不同方面间接地对企业能力产生影响。比如说，企业的形象好，可能有利于该企业得到当地政府、金融机构、同行其他企业、消费者等的认可，进而有利于提高该企业的生产、获得资金和技术援助、销售等企业能力。企业采取不同的国际市场进入方式，在国际市场上树立的企业形象也可能会有差异；④积累国际市场经验，许多学者进行研究发现，一个企业的国际化经验取决于其进入国际市场的方式选择。不同的企业采取不同的方式进入国际市场，对其未来在国际市场上所扮演的角色起着至关重要的作用。这便直接决定了每个企业在其国际化的过程中是否能积累起有效的经验，最终对企业的整体实力产生一个有益的影响；⑤价值观念的输出，在第三章对于传媒集团国际化动机的实证分析中，通过国家化进行价值观念的输出是中国传媒集团进行国际化的一个重要原因。而不同的进入模式策略，对于价值观念的输出会产生不同的效果。因此，在进行进入模式决策，需要从价值观念输出战略高度思考。

(3) 经济效能指标。

在研究传媒集团进入模式的决策指标体系时，主要研究在选择某一种进入模式之后，其产生的经济效果和影响力是否能达到之前预期的市场占有率、投资利润率和投资回报率，并根据这种指标来对企业未来的决策进行判断。具体指标包括：①预期市场占有率，是产品销售额与市场总销售额的比例。企业在目标市场上的市场占有率的高低，说明了该企业在目标市场的销售商品或者提供劳务的数量在交易总额中所占比例的大小。在需求不变的情况下，该企业市场占有率高就意味着竞争对手在这一目标市场中的商品或者提供的劳务的数量较低。市场占有率状况反映了企业在目标市场地位的重要性，是企业竞争能力的直接体现；②预期投资利润率，是正常生产年利润与项目总投资的比例。投资利润率指项目达到设计生产能力后的一个正常生产年份的年利润总额与项目总投资的比率，它是评价项目投资盈利能力的静态指标；③预期投资回收期，指的是以项目的净收益抵偿全部投资（包括固定资产投资和流动资金）所需要的时间（简德三，2004）。它代表收回投资所需要的年限，回收年限越短，方案越有利，投资回收期间接地反映了项目财务上投资盈利能力。

综上所述，对于中国传媒集团国际市场进入模式评价指标体系进行归纳，可以从风险性指标、战略效能和经济效能总结，如表 5.5。

表 5.5 中国传媒集团国际市场进入模式评价指标体系

一级评价指标	二级评价指标
风险性指标(c_1)	传媒产品风险(c_{11}) 国际化合作风险(c_{12}) 管理风险(c_{13}) 协同风险(c_{14}) 跨文化沟通风险(c_{15})
战略效能指标(c_2)	学习机会(c_{21}) 互补性资产获取(c_{22}) 传媒品牌塑造(c_{23}) 积累国际市场经验(c_{24}) 价值观念的输出(c_{25})
经济效能指标(c_3)	预期市场占有率(c_{31}) 预期投资利润率(c_{32}) 预期投资回收期(c_{33})

5.4.3 基于 AHP 法的中国传媒集团国际市场进入模式决策模型构建

在构建中国传媒集团国际市场进入模式评价指标体系之后，对于具体地应用而言，有如下步骤：

(1) 建立 AHP 层次结构。

寻求传媒集团国际化进入模式的综合效能最大化的策略，明确海外市场进入首要目标，对进入模式的综合效能实现途径进行分解。考虑到中国传媒集团国际化起步较晚，为此，将按照目前中国传媒产业的现状从短期战略目标与长期性出发，给出中国传媒集团海外市场进入模式的选择问题。首先，针对海外进入模式选择问题，需要考虑外部的风险性，主要包括政治、经济和跨文化风险；其次，从短期看，中国传媒集团国际化主要是战略性需求，包括学习机会、品牌塑造、积累国际化经验以及国家观念的输出等；最后，长期发展而言，传媒集团进行国际化的动机是为了经济效应，追求集团的利润最大化目标。

假设进入模式 D_i 是集团决策者根据各种影响因素进行综合考虑后得出的初步进入模式选择方案，针对这些备选方案，集团需要从进入模式综合效能最大化要求出发，层层分解目标变量，通过确定各种进入模式的属性相对值及其权重，就可以比较各种进入模式的综合效能大小，进入模式决策的AHP层次结构如图5-5所示。

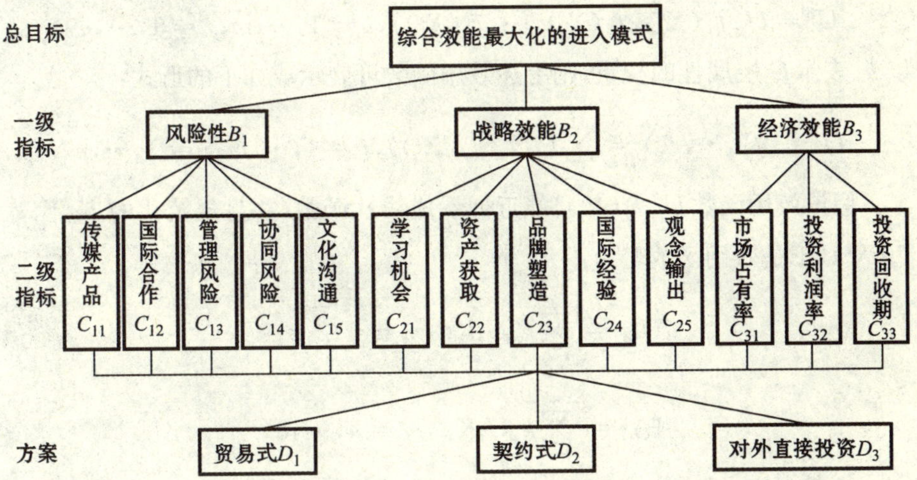

图5-5 中国传媒集团国际化进入模式AHP决策模型

(2) 构造判断矩阵。

科学地确定各指标的权重对进入模式决策的有效性至关重要。AHP法要求决策者对每一层次的各元素的相对重要性作出判断，这些判断的数量化显示就是判断矩阵。AHP法中的判断矩阵是指针对上一层次的某一元素，本层次有关元素之间的相对重要性。这种相对重要性可以通过因素的两两比较法加以确定，其数值通常取整数1～9及它们的倒数。应用该方法，从决策者偏好出发，可以确定第二层次和第三层次各指标的权重 **W**。同样，对于第三层次的指标，也可以得到相似的判断矩阵，假设判断矩阵为 P，可以计算其特征值和特征向量 **W**，若 P 的最大特征值为 λ_{max}，则一致性指标定义为$CI=\frac{\lambda_{max}-n}{n-1}$。得到判断矩阵后，还需将 CI 与平均随机一致性指标 RI 进行比较，检验公式为：$CR=CI/RI$。当随机一致性比率 $CR<0.1$ 时，即认为判断矩阵具有满意的一致性，说明权数分配是合理的。

(3) 构造多属性效用函数。

设 D^i 方案集$\{D^1, D^2, \cdots, D^m\}$中的第 i 个方案，$f_1(X^i)$，$f_2(X^i)$，…，$f_n(X^i)$分别表示第 i 个方案所对应的 n 个属性值，则 X^i 的效用函数值为：

$$U^i = U\{f_1(X^i), f_2(X^i), \cdots, f_j(X^i)\}, i = 1, \cdots, m; j = 1, \cdots, n$$

以 k_m 表示 C 层属性的权重，则上述效用函数可表示成如下的形式：

$$U = (f_1, \cdots, f_j) = \sum_{j=1}^{m} k_m U_j(f_j(X^i)), i = 1, \cdots, m; j = 1, \cdots, n$$

假设效用函数 $U\{f_j(X^i)\}$ 能近似看成线性函数，并且规范化的 K_{ij} 代替 $f_j(X^i)$，于是效用函数变为：

$$U_{B1} = \sum_{j=1}^{3} k_m U_j K_{ij}, m = 1, 2, 3$$

$$U_{B2} = \sum_{j=4}^{8} k_m U_j K_{ij}, m = 4, \cdots, 8$$

$$U_{B3} = \sum_{j=9}^{11} k_m U_j K_{ij}, m = 9, 10, 11$$

若 B 层的权重分别为 w_1, w_2, w_3，则总效用函数为：

$$U = w_1 U_{B1} + w_2 U_{B2} + w_3 U_{B3}$$

对于 K_{ij} 的赋值，可以运用了德尔菲法（刘建丽，2009），通过德尔菲法确定了 K_{ij} 之后，将其分别代入上式，即可得到最终的总效用值，从而能得到效用最大化的满意方案。

5.5 本章小结

本章首先对国际市场进入模式的方法进行了归纳，对国际市场进入模式的决策模型：赫斯特模型、赫奇模型等进行了分析，指出了这些模型的不足，并对国际市场进入模式的决策过程与决策原则进行了探讨。

其次，对于中国传媒集团国际市场进入模式的影响因素与机理进行了分析。从宏观到微观的视角，分别探讨了东道国和中国的政治因素、经济因素、文化因素和法律因素，以及市场规模、市场结构、企业国际化经验、产品特性等因素对于中国传媒集团国际化进入模式的影响，并结合中国传媒集团国际化的现状与动机，影响因素的作用机理进行了分析。

再次，分析了中国传媒集团国际化跨文化风险的类型。结合中国传媒集团的特性，特别分析了跨文化风险对于中国传媒集团国际化进入模式决策的影响，一方面，国家文化差异，如政治体制差异，政治稳定性等对于国际化战略的影响；另一方面，由于传媒产品的特殊性，受到文化折扣的影响，传媒集团国际化进入模式决策必须考虑跨文化风险。在分析文化差异的基础上，给出了中国传媒集团跨文化的风险类型：传媒产品风险、国际化合作风险、管理风险、协同风险和跨文化沟通风险等，分析了每种风险对于进入模式决策的影响。

最后，构建了基于跨文化风险的中国传媒集团国际化进入模式的 AHP 决策模型。中国传媒集团国际化进入模式不仅需要考虑战略效能和经济效能指标，更需要考虑跨文化风险指标，考虑到中国传媒集团国际化进入模式决策影响因素的复杂性，利用层次分析法（AHP）进行分析，构建了中国传媒集团国际化进入模式影响因素指标体系：跨文化风险、经济效能和战略效能指标，并给出了基于跨文化风险的 AHP 模型，增强了进入模式决策的科学性。

第6章　基于跨文化冲突的中国传媒集团国际风险CSM模型

全球经济一体化以及跨国公司多元化经营，使得国际企业跨文化冲突现象频繁发生，跨文化给企业经营构成了巨大挑战。加拿大凯琳教授研究发现，合资企业具有很高的失败率，在全部合资企业中，失败的合资企业大约占30%～40%(葛玉辉，2006)。由于文化差异的存在，使得企业国际化发展过程中的跨文化风险备受关注，如何在母国与目标国文化之间，寻求一种适度的平衡，成为许多企业在竞争中取胜的关键。正如美国管理专家D.A.里克斯所指出的那样：大凡跨国公司大的失败，几乎都是仅仅因为忽视了文化差异所招致的结果。现实中，文化边际域成为企业国际化过程中的跨文化冲突的发源地，并对企业国际化经营产生重大挑战(葛玉辉，2006)，使得跨文化冲突已成为跨国企业经营过程中不可回避的核心问题。

第5章对跨文化风险进行了分类，然而在实际中，跨文化风险通常表现为跨文化冲突，是指不同形态的文化或者文化要素之间相互对立相互排斥的过程，既指跨国企业在他国经营时与东道国的文化观念不同而产生的冲突，又包含在一个企业内部由于员工分属不同文化背景的国家而产生的冲突。因此，跨文化冲突成为跨国企业经营过程中不能回避的核心问题，面对跨文化冲突的风险，对国际企业的跨文化冲突进行背景、成因分析以及冲突的解决方案的挖掘，将有助于跨国企业推进深层的跨文化管理，对跨国企业吸纳先进的企业文化，提高企业的核心竞争力有重要意义。分析中国传媒集团跨文化经营面临的跨文化冲突风险，分清跨文化冲突的表现形式，厘清跨文化冲突的作用路径，构建跨文化冲突应对模式，挖掘有助于跨文化冲突防范机制与控制对策，吸纳国外先进的管理理念，有助于提高中国传媒产业的竞争力。

本章首先对传媒集团国际化过程中的跨文化冲突的表现形式进行分类，对跨文化冲突的作用路径进行分析，在深入分析跨文化冲突的基础上，构建了基于文化冲突的跨文化协同管理模型，并对该模型在传媒集团国际化进程中的运用进行了分析，提升了跨文化协同模型对国际化风险的防范与预警作用。最后，从管理机制、管理方法等方面出发，对于中国传媒集团国际化跨文化冲突的控制对策进行了研究。

6.1　中国传媒集团国际化跨文化冲突的表现形式

冲突是一个严重的问题，影响组织的工作绩效，管理冲突对管理者而言至关重要，美国管理学会曾对中高层管理人员做有关冲突的调查，结果显示，多数管理者把冲突管理的重要性排在决策、领导之前，管理者平均要花费20%的工作时间处理各种冲突（姜旭平，2006）。由于冲突管理在管理实践中有着重要影响，对冲突有着大量的研究，不同的学术流派给出了冲突不同的定义，如传统的观点：冲突是功能失调的结果，所有冲突都是不良的、消极的；人际关系观点：冲突是与生俱来的。而在中国传媒集团国际化过程中，由于文化、管理理念等差异，产生了跨文化冲突，受本土文化的影响，排斥外来文化，并导致了各种矛盾，表现在管理的各个方面，如管理理念、组织协调与人员管理的冲突等。

6.1.1 管理理念方面的冲突

由于受到国家文化、地域文化、历史文化的影响，使得传媒集团国际化过程中管理理念存在着较大的差异，导致在国际化战略中，常常出现管理理念的冲突。中国的儒家、法家、道家等学说已经嵌入企业道德、企业哲学与企业精神体系中，形成了中国特色的管理理念，追求以人为本、重视情感联系；而西方企业管理理念中，更多地渗透着科学管理与行为管理的思想精髓，对部门及负责人有较为严格、明确的职责、职权、职务解析，遵循规范运作，形成了有序、系统的各级体系。中外由于传统文化的差异导致的管理理念的出入，使得中国传媒集团在国际化进程中，在推行企业文化、制定企业战略中会产生极大分歧，导致了跨文化的冲突。

6.1.2 协调组织方面的冲突

文化背景不同可能会形成组织协调方式选择的不同，在中国传媒集团国际化中，组织协调可能会采用“和风细雨”的商谈式方法，西方企业中可能会采用严格的制度管理与约束方法。由于经营思想与方式在不同文化背景下的表现差异，西方在经营中追求互惠互利、市场变化等，而中方在此方面就存在差异，较少考虑对方的获利性。在公司协调组织方面，尤其在协调过程中的决策方式上，中国传媒集团的决策常常由集体做出，效率低下，多数是主要领导之间的妥协结果，这主要受到传媒集团所具有的特性决定，中国传媒集团不仅仅具备经济属性，市场化运作也需要考虑其政治属性；而西方传媒集团是市场化运作，有关决策在商讨之后，往往由个人做出决策，并承担最终责任，在提高效率的同时，对于决策执行能够起到控制的作用。因此，面对组织协调方面的冲突，中国传媒集团在国际化战略实施过程中，在考虑自身利益的基础上，保证核心利益不动摇的前提下，应加强与对方的沟通，减弱组织协调方面的冲突。

6.1.3 员工管理方面的冲突

中国传媒集团在员工管理方面，一直受东方文化体系的影响，遵循“以人为本、以德为先”的原则；而西方文化体系中，更多主张奉行一系列严格、科学的人事管理制度。因此，在国际化的过程中，时常在员工招聘、激励方面存在差异，导致一些冲突的存在。如在集团人员工资方面，中方一般将工资视为资历、经历、学历等因素的综合结果；而西方则多数认为工资主要是和所从事的工作有关，尤其是工作的性质差异决定工资水平的差异，只有当工作人员的工作内容发生变化，工资才有可能调整，且在人力资源招聘方面，可能由于中国所谓的“关系”，使得人员招聘方面出现冲突，双方在此方面的标准存在差异。不仅如此，由于文化背景、理念的不同，对于员工的激励可能会表现为不同的方式，如美国文化中，人们对工作的态度是积极热情的，而墨西哥文化中，对工作的态度则表现出为了维持所期望的生活水平而不得不采取的一种行为方式、一种谋生的手段。另外，由于经济发展水平的差异，从马斯洛需求理论出发，不同发展阶段的人们追求的理念有着差异，如果用一方的标准对于员工进行激励，难免产生员工激励方式的冲突。各个国家由于文化不同而导致对员工激励方面的态度和政策不同，在实际中，需要综合考虑各方面的因素，加强跨文化的融合，防止跨文化冲突的风险。

6.2 中国传媒集团国际化跨文化冲突的作用路径

冲突的发展是一个循序渐进的过程，通常包括几个阶段：潜在的冲突、直觉冲突、行为意向、显现的冲突、冲突的结果（罗宾斯，2005），图 6-1 描述了冲突的过程。

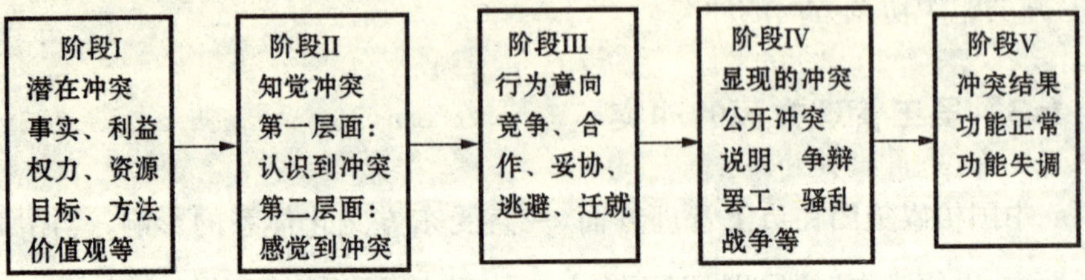

图 6-1 冲突的过程

中国传媒集团国际化跨文化冲突形成原因是多方面的，如不恰当运用管理习惯、文化误读、文化态度不同等，不仅如此，经济因素对于传媒产业国际化产生一定的影响力，这些因素是企业管理人员在不同文化背景下经营需要解决的问题，否则必然产生文化冲突，从而酿成不良后果。因此，研究中国传媒集团跨文化冲突的作用路径，分析跨文化冲突的内在根源，并采取相应对策措施，将能缓和跨文化冲突，促进传媒集团的国际化行为。具体而言，对于中国传媒集团的跨文化风险的作用路径，主要表现在两个方面：

（1）民族自卑感。传媒集团在进入目标国之后，目标国由于自身具备的强烈的民族优越感，从而有偏见地对待外来文化。这种民族优越感、民族歧视和隔阂是跨文化管理风险存在的普遍根源。民族优越感的存在，使得合作方倾向以母国为中心的管理方式，这种倾向在海外经营中不利于传媒集团双方的相互沟通协调，难以形成统一的目标，同时也不利于适应当地的社会文化，无法及时针对目标国经济和政治环境的变化进行相应的调整。

（2）商务习惯差异。中国传媒集团在海外的经营中经常需要同来自不同文化背景的商人和合作伙伴交往，面对各种不同的经营方式，如果不熟悉对方的商务惯例或者是来自不同文化的禁忌（喜好），很容易误解对方的意图或者冒犯到对方，导致合作的损失。除此之外，在合作的过程中，由于沟通差异的存在，如语言的沟通不顺畅等，也可能引起合作风险。

6.3 中国传媒集团国际化跨文化冲突的协同管理

6.3.1 跨文化冲突处理模型及分析

1) 跨文化冲突起源分析

在Hofstede看来,文化是在同一环境中的人们所具有的"集体思维模式",由于人们之间教育的差异、工作与生活的不同,使得不同群体、国家和地区的人们之间存在着差距,并呈现出很大的差异性与特殊的个性。在传媒集团国际化过程中,由于文化差异的存在,使得国际化过程充满了不确定性与风险性,在文化的积累与发展过程中会造成文化冲突(cultural conflict),即不同形态的文化或者文化要素之间相互对立、相互排斥的过程。陈晓云等(2005)通过对上海汽车工业(集团)总公司中的一家中德合资企业人员进行访谈,研究了跨文化管理中文化差异引起的冲突现象,总结为:理性与感性的差异;时间观念差异;行为方式差异;思维方式差异。王君华(2007)对于文化冲突的起源进行了探讨,认为民族性格、民族思维模式、民族行为模式、群体与个体、群体主流文化与亚文化等导致了文化冲突。

在前人研究的基础上,结合传媒集团国际化经营,对于传媒集团国际化的跨文化冲突,主要由于民族性格、思维模式等的差异引起的消费习惯的差异,导致对文化产品消费习惯的区别,从而导致了跨文化的冲突,具体而言,对文化冲突的起因,可以归纳为以下几个方面:

(1) 民族性格的差异导致了文化冲突,民族的传统文化是民族性格的深层积淀,它使各民族表现出不同的个性和特质。民族性格是各民族文化态度不同的根源,在国际化进程中,对一个民族性格不清楚的情况下,必然会遇到交流的障碍问题,从而导致了文化方面的冲突。

(2) 民族思维模式差异导致文化冲突,一个民族的思维模式的形成是在该民族长期的哲学背景、文化传统之下逐步确定的,思维模式是民族文化的一个具体表征。由于中外之间思维模式的差异,例如,美国人更注重实证主义的思维模式,人们相信只有经过实践检验后,才能归纳出结论;中国人更注重演绎式思维模式,强调推理,由此及彼,倾向于认为只要逻辑推理正确就能得出结论,而这常常是企业跨文化沟通中构成冲突的原因。

(3) 民族行为模式差异导致文化冲突,行为模式是民族文化的外显形式,它以固定的结构,在相同或相似的场合中为人们长期固定采用,成为群体表达认同的直接沟通方式。不同的民族文化造成了不同的行为模式,在相同的环境中,这种不同的行为模式会表现出很大的冲突。

2) 文化冲突处理模型及其评价

对于跨文化冲突早期研究,是美国学者亨廷顿关于文化冲突的论述①,未来社会的主要冲突是不同文化所孕育的不同文明的冲突,主要是三大文明的冲突,并对于三种文明所包含的内容进行了分析,主要是以美国为核心的基督教世界、阿拉伯国家为主的伊斯兰世界和中国为核心的儒家世界之间的冲突。而对于文化冲突的处理模型,国内外有着大量研究,常见的有以下几种:

(1) 托马斯的文化冲突管理模式。

美国学者托马斯将布莱克和穆顿的管理方格理论应用于分析和处理人际冲突(图 6-2),将管理方格的两个坐标重新定义为"对自己的考虑"和"对他人的考虑",从而得到处理冲突的五种典型策略(胡春艳,2002)。

竞争型策略是指一个人在冲突中寻求自我利益的满足,而不考虑他人的影响,反映了一种非赢即输的解决冲突的策略,冲突双方互不相让,坚持

① 亨廷顿,《文明的冲突》,当今社会存在三种文明:基督教世界、伊斯兰世界和儒家世界。

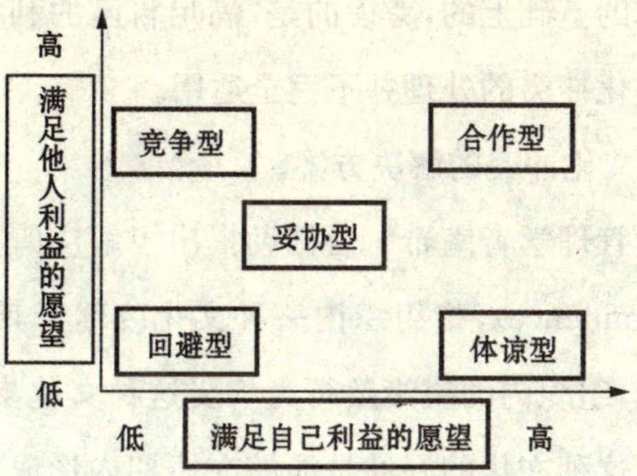

图 6-2　托马斯文化冲突模型

自己的利益要得到满足。回避型策略是指冲突双方面对冲突时，既不坚持自己的目标，也不愿意与他人合作，这反映了双方希望让时间来稀释冲突，使冲突自生自灭；这种策略有益于减少冲突逐步升级的可能性，然而通常使冲突双方感到沮丧。妥协型策略是指介于坚持自己利益与双方合作之间的一种中间策略。双方既不坚持满足自己的利益，也不坚持满足对方的利益，而是双方各让半步，达到解决冲突的目的。这种策略通常没有明显的赢者和输者，双方愿意共同面对冲突问题，并接受一种双方都达不到彻底满足的解决方案，这种策略是一种广为接受的解决冲突的策略。

体谅型策略是指将他人的利益放在自己利益之上的一种处理冲突的策略，即满足对方利益而牺牲自己利益。这种策略反映了冲突的一方具有合作倾向和利他精神。在大多数情况下，运用这种策略的一方受到较好的评价，然而也可能被认为是太软弱的表现。合作型策略是指冲突双方相互合作以最大限度地满足双方的利益，这是一种建设性的处理冲突的策略，冲突双方表现出来的行为兼有坚持与合作的两种成分，双方利用各方面的信息，经过讨论、协商寻求最佳的解决冲突的方法。在合作中，双方的意图是坦率地澄清客观存在的差异，并找到解决问题的方法，而不是简单迁就对方。

托马斯的冲突处理模型是基于人际冲突的冲突解决模式，其采用的维度是建立在非合作的基础上的，考虑的是“满足自己的利益”还是“他人的利益”，因此对于跨文化冲突的处理并不完全适用。

(2) 南希的跨文化冲突的解决方案。

加拿大跨文化管理学者南希·爱德勒提出了解决跨文化冲突的三个方案：其一，凌越(Dominance)，指组织内一种文化凌驾于其他文化之上，而扮演着统治者的角色，组织内的决策及行为均受这种文化支配，而其他文化的影响力微乎其微。这种文化的好处是能够在短期内形成一种统一的组织文化，其缺点是不利于博采众长，而其他文化因遭到压抑而极易使其成员产生强烈的反感，最终加剧冲突。其二，妥协(Compromise)，是两种文化的折衷与妥协，不同文化采取妥协与退让的方式，有意忽略、回避文化差异，从而做到求同存异，以实现企业组织内部和谐与稳定，但这种和谐与稳定的背后往往潜伏着危机，只有当彼此之间文化差异很小时，才适合采用这种方法。其三，协同(Synergy)，是不同文化间在承认、重视彼此间差异的基础上，相互尊重、相互补充、相互协调，从而形成一种你中有我，我中有你的合二为一的全新组织文化，这种统一的文化不仅具有较强的稳定性，而且极具杂交优势。这种方案认识到构成组织的两个或多个文化的异同点，不是忽略和压制这些文化的差异，它与妥协的不同在于对待这些差异的态度，前者只是暂时不考虑不同点，后者则把不同点统一地纳入组织文化内。

(3) 布勒等的跨文化冲突的决策树模型。

美国跨文化管理学者布勒(Paul F. Buller)、科尔思(John J. Kohls)和安德逊(Kenneth S. Anderson)针对跨国经营中面临的跨文化道德价值观冲突，根据决策者对冲突结果的影响力和处理冲突的紧迫性，提出了管理跨文化冲突的决策树模型(图 6-3)。在 Buller 等看来，该模型完全可以应用于大多数冲突情境，并给出了跨文化冲突的处理策略：逃避、强迫、教育、协商、适应和协作。决策树模型根据不同的情境处理跨文化冲突，具有权变的思想，对于跨国战略联盟处理文化冲突具有借鉴意义。然而，该模型是站在跨文化管理的角度提出的，而不完全是从合作管理的角度来处理文化冲突，具有一定的局限性。

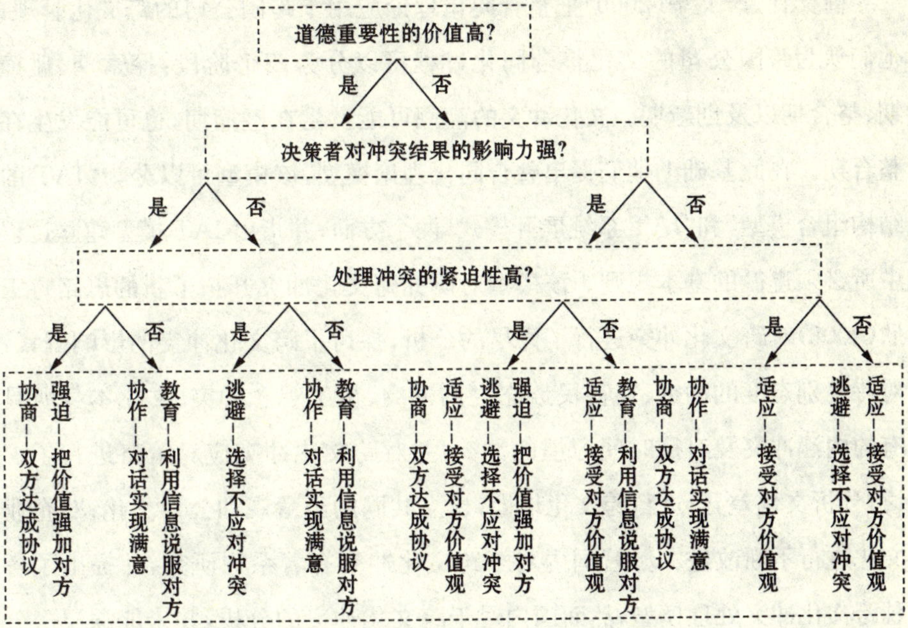

图 6-3 布勒跨文化冲突决策树模型

(4) 国内关于跨文化冲突处理模型研究。

虽然国外对于跨文化冲突进行了系列研究，近年来，国内外许多学者在前人研究基础上，结合具体环境并应用新的理论，提出了许多跨文化管理模式以及解决跨文化冲突的对策。罗俊华(2004)认为，在跨国经营的跨文化沟通与管理中有 5 种模式：本我模式——以我为主、唯我独尊；客国模式——本土化管理；区域模式——确立基本准则，分区而治；全球模式——全球标准化管理；中国特色模式——中华文化＋现代管理科学。蒋兆毅(2004)指出，跨国企业的跨文化冲突解决之道在于八个方面：第一，正确识别文化差异，加强跨文化认同感。第二，在人力资源规划中考虑跨文化因素。第三，在招聘和外派中注意跨文化管理人才的选拔。第四,加强沟通交流。第五,进行跨文化培训。第六,构建有针对性的绩效管理系统及激励系统。第七,注意公共关系。第八,建设具有协作精神的企业文化。

俞文钊、严文华(2000)把整合同化理论应用于跨国公司的跨文化管理,他们认为跨国公司的文化整合同化过程可以分为四个阶段:探索期、碰撞期、整合期以及创新期。文化冲突的高潮可能发生在碰撞期,也可能发生在整合期。在此基础上他们提出整合同化理论模型,该模型可以分为"IAT的结构组合模型"和"IAT系统展开模式"两个方面,并指出IAT模型建立过程中所必须遵循的基本规则。该模型对研究跨文化冲突开拓了新的思路。王欣(2008)对跨文化冲突进行了详尽的分析,探讨了跨文化冲突的影响因素:对待性别态度的冲突、对待民族态度的冲突、员工观念冲突、文化本身所具有的内涵冲突及对待时间习惯的冲突,并对跨文化冲突应对策略进行了探讨:分析文化差异;进行跨文化培训;建立共同的经营观和公司文化;对企业文化进行不断改进。尽管国内对于跨文化冲突有着系列研究,并提出了各种跨文化冲突处理模型,然而国内对于跨文化冲突的分析,并未能深层次分析跨文化冲突的解决办法。对于中国传媒集团而言,在处理跨文化冲突的基础上,应该挖掘文化冲突深层作用机理,采取相应对策,构建文化协同模型,发挥跨文化协同效应,解决跨文化冲突问题。

6.3.2 基于跨文化冲突的中国传媒集团CSM模型构建

研究中国传媒集团国际化的跨文化冲突问题,首先需要分析跨文化冲突产生背景与作用机理,通过对跨文化冲突的作用过程进行深入分析,并采取对策加以克服。因此,需要分析文化整合理论,在明晰文化整合的基础上,分析跨文化冲突的类型,并对各种文化冲突类型采取相应的对策措施,从而发挥跨文化的协同效应,进而提升跨文化管理创新能力,加强中国传媒集团跨文化竞争力。

1）文化的整合原理

文化的整合是不同文化之间通过相互作用而形成新的文化形态的过程，不同的文化经过有序地整合而形成一种新的模式，因此文化整合是文化的自我生长、自我完善、自成体系的过程（王君华，2007）。中国传媒集团在面对跨文化冲突挑战时，可以通过文化整合实现自身的变革与发展，改变原有文化的结构，构建新的平衡。不同文化之间的差异是不可能完全消除的，矛盾和冲突会经常发生，因此，要进行跨文化管理，实现不同文化的共存和发展，发挥各种文化的优势，必须进行跨文化的协调。不仅如此，文化是发展的，动态可变的，这为不同文化之间的协调与整合提供了基础。跨文化整合是根据具体情况，运用不同的方法来化解不同文化之间的冲突，通过确立双方或多方共同的目标，寻求不同文化的共同点，使得各方相互包容，淡化不同群体之间的界限感，增强认同感。

2）文化协同管理模型（CSM）的构建与分析

如何在多文化的环境下实行跨文化管理，是摆在中国传媒集团国际化战略中的一个难题。企业对于风险的管理，一般是通过对潜在的意外或损失的识别、衡量和分析，并在此基础上进行有效的控制，用最经济合理的方法处理风险，以实现最大的安全保障的科学管理方法（许谨良，2000）。对于跨文化风险的管理，曾忠禄（2003）认为就是要求管理者改变传统的单元文化的管理观念，把管理重心转向对企业所具有的多元文化的把握和文化差异的认识上，运用文化的协同作用，克服多元文化和文化差异带来的困难，充分发挥多元文化和文化差异所具有的潜能和优势，使跨国企业具有生机和活力。对于中国传媒集团国际化发展战略，要引进先进国家的管理理论和管理方法并使之成功地应用于本国的管理实践，则一定要考虑文化的选择与兼容性问题。许雯君（2007）提出了实现跨文化协同设想理论，指出跨文化协同是企业文化塑造的重要组成部分，对于跨文化协同，主要包括：跨文化培训、跨文化的相互认同、跨文化创新等。张艳君（2009）对文化的融合进行了详细阐述，并对文化整合同化进行了探讨，认为企业实现跨文化整合必须要实现企业文化的公平性，保证企业信息流畅，企业要有团队协作精神等，以确保跨文化的整合有利于企业战略的实施。陈至发（2004）构建了跨国战略联盟企业文化协同管理的理论模型，探索了协同管理的动因、协同管理过程和协同管理结果。

对于文化冲突分析的基础上可以看出，传媒集团国际化过程中的文化风险可以归结于文化冲突的结果，因此，对于中国传媒集团国际化风险的研究，可以在跨文化冲突的基础上，探索文化协同管理（Culture Synergy Management，CSM）。接下来的部分，将构建 CSM 模型（图 6-4），并对模型进行分析。

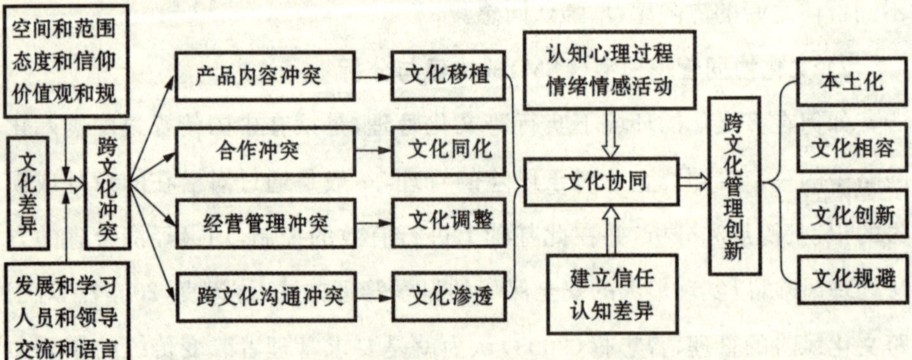

图 6-4　中国传媒集团跨文化 CSM 整合模型

文化协同管理模型将文化冲突视为多方面的结果，主要包括产品内容的冲突、合作冲突、经营管理冲突和跨文化沟通冲突，然后分别针对各种冲突从文化的视角进行了阐述，针对各种不同的冲突，给出对应策略。一方面是文化融合移植，中国传媒集团将国外机构的重要职位由本国人员担任，通过对管理人员的派发，将中国的文化和习惯移植到目标国的公司，让子公司的当地员工逐渐适应并接受中国的文化。另一方面，也可以通过文化嫁接策略，以中国文化为子公司主体文化，把目标国文化嫁植到中国文化中，可以通过人力资源政策的制定等进行实施，从而实现文化的移植，并产生文化协同效应，提升跨文化管理的创新能力，进而提升传媒集团跨文化传播能力以及传媒集团竞争力。

对于中国传媒集团跨文化冲突的处理模型——CSM模型，首先可以利用中外之间的文化差异，借助多方的文化特色，发挥多元化文化优势，增强文化的协同效应。由于不同的文化有着自己鲜明的地域和民族特色，并且这些是有别于其他地域与民族的“特色”，可以创造出不同优势，通过充分挖掘和利用不同文化的优势，可以取长补短，拓展优势的范围，从而提出多样化的发展战略。同样，在不同的文化氛围中，也会产生出不同的管理方法，各种植根于不同文化的管理方法，通过不同的手段达到目的。在认识各种文化优势的同时，还要认识到不同文化的劣势，由于各种文化的优势和劣势在不同的环境条件下表现不同并可以相互转化，因此，必须根据环境的变化来识别各种文化差异，扬长避短，实行有效的管理，从而发挥各种文化的优势。

6.3.3　基于跨文化冲突的中国传媒集团跨文化管理创新

针对中国传媒集团跨文化冲突问题，需要采取跨文化的管理创新策略，通过在分析文化差异的基础上，对于跨文化的协同，可以采取本土化、文化相容、文化创新等策略。

1）本土化策略

本土化的策略是根据“思维全球化和行动当地化”的原则来进行跨文化管理。由于中国传媒集团的全球化经营在国外需要雇用部分当地员工，当地员工熟悉当地的风俗习惯、市场动态以及政府的各项法规，因此能够轻松地与当地的消费者达成共识，从而拓展当地市场。另一方面，雇用当地员工，对于本土文化的熟悉，能够节约产品市场的拓展成本，从而增强产品的竞争力。因此，中国传媒集团应对跨文化冲突可以采取管理人员本土化、品牌本土化、销售渠道本土化策略，通过雇佣本土人员，加强本土人员的培训，增强本土人员在公司员工中的比例，增强本土员工的归属感，进而开展本土化的品牌，适应本土文化需要，打造适应本土消费的品牌，并通过本土员工开展本土化的营销，进而拓展本土化的营销渠道。

2）文化相容策略

通过开展文化相容策略，加强中国文化与本土文化的融合与互补，增强产品的市场影响力。根据文化相容的程度，可采取两种策略：①文化的平行相容策略。这是文化相容的最高形式，即“文化互补”。对中国传媒集团而言，即在国外的子公司中不以中国的文化作为主体文化，这样中国文化和目标国文化之间虽然存在着巨大的文化差异，但却并不互相排斥，反而互为补充，同时运行于公司的操作中，可以充分发挥跨文化的优势；②隐去两者主体文化的和平相容策略，管理者在经营活动中刻意模糊文化差异，隐去两者文化中最容易导致冲突的主体文化，保存两者文化中比较平淡和微不足道的部分，使不同文化背景的人均可在同一企业中和睦共处，即使发生意见分歧，也容易通过双方的努力得到妥协和协调。中国传媒集团的国际化，可以采取隐去二者主体文化的和平相容策略，通过对双方文化差异的分析，发掘文化差异的根源，对于二者不同的部分进行包容化处理，兼顾二者的优势，模糊双方的不足，从而使得跨文化能够和谐相处，进而解决跨文化的冲突。

3）文化创新策略

通过将中国传媒集团的企业文化与目标国分公司当地的文化进行有效的整合，利用各种渠道促进不同的文化相互了解、适应、融合，从而在中国传媒集团企业文化和当地文化的基础之上构建一种新型的企业文化，以这种新型文化作为目标国分公司的管理基础。这种新型文化既保留着中国传媒集团企业文化的特点，又与当地的文化环境相适应，既不同于中国传媒集团的企业文化，又不同于当地的文化，而是两种文化的有机结合。这样不仅使中国传媒集团国际化经营能适应不同国家的文化环境，而且还能大大增强竞争优势。

4) 文化规避策略

当中国的文化与目标国文化之间存在着巨大的差异，中国传媒集团在国外的经营需要考虑外国文化的时候，就应特别注意在双方文化的重大不同之处进行规避，不要在“敏感地带”造成彼此文化的冲突。作为传媒集团的经营尤其需要加以防范，一方面，由于国内外文化的差异，例如中外宗教信仰方面的不同，需要尊重当地的信仰，规避不必要的冲突。另一方面，传媒产品作为一种文化产品，传媒产品的消费受到当地文化的影响，因此，在一些文化禁忌方面，同样需要采取谨慎的态度，通过对敏感问题的规避，防止跨文化的冲突。

总之，中国传媒集团全球化经营在进行跨文化管理时，应在充分了解本国文化和外国文化的基础上，根据自身发展与产品的特性，选择自己的跨文化管理模式，使不同的文化得以最佳结合，从而形成自己的核心竞争力。

6.4 中国传媒集团国际化跨文化冲突的防范与控制

跨文化冲突作为一种文化风险，研究跨文化冲突的防范与控制，需要研究文化风险的防范与控制。风险管理经过了近半个世纪的发展，现已被公认为管理领域内的一项重要职能。企业在制定风险管理战略计划中，除了要对政治风险、金融风险等给予充分的重视，还要把文化风险纳入到整个风险管理战略计划中。在企业国际化经营过程所面临的各种风险之中，文化风险作为环境风险的重要组成部分，是国际化企业必须考虑的最基本风险之一，对其他风险有着直接或间接的影响，对可控性较强的其他风险如技术风险、管理风险、责任风险等有重要的影响。因此，鉴于文化风险在国际化企业整个风险结构中特殊的地位，中国传媒集团需要对文化风险进行重点控制与管理，在制定相应风险管理战略计划时有所侧重。

6.4.1 制定跨文化风险管理战略

中国传媒集团国际化过程中制定文化风险管理战略，首先要对文化及文化差异有正确的理解。不仅需要加强对于自身文化的理解，同时需要理解其他文化，并对文化风险的风险源、影响因素进行系统识别，对可能的影响进行分析。对中国传媒集团跨文化风险的处理，可以采取一定的策略：①发展以中国文化为主导的战略。当在国际化进程中中国文化占显著优势时，可以采取该策略，使传媒集团的决策与行动受到自身文化的指导，减弱当地文化对集团发展的影响，发挥自身的文化优势；②发展本土文化为主导的战略。如果当地文化占有显著优势的时候，集团可以采取“发展本地文化为主导的战略”，通过对集团经营战略的调整，加强本土化建设，适应本土化需求，进而降低文化风险。此种文化战略是在不同文化的互动过程中，采取主动策略进行调整，能够积极主动地向当地市场传递企业自身的经营思想和经营观念；③发展文化相融与创新的战略。重视文化差异现象，充分认识在国际化过程中不同组织内部不同文化的异同点，通过文化的相互补充与协调，加强文化相容性，并对文化进行创新，寻找国际化经营的新的发展机会。

对中国传媒集团的国际化战略，在不同的阶段可以采取不同的跨文化风险管理战略，甚至在特殊时期采取混合的战略。如在国际化的尝试阶段，可延续母国为主导的文化战略；在国际化发展阶段，主要采用本土化战略；而在全球化阶段，可考虑采用以文化相融与创新为主导文化的战略。无论采取哪种战略，都不可能一蹴而就，还须辅之以具体的、有效的措施，如跨文化培训、及时有效沟通等，以增强跨文化管理战略的有效性。

6.4.2 拓展跨文化风险控制方式

面对各种文化风险，风险管理者可以在企业发展战略的方针指导下，通过实施各种风险控制工具，采取风险回避、风险转移、风险分散等方式，防范风险于未然；或者在损失发生之时，积极实施补救措施，将损失的后果减少到最低限度。对于风险控制有几种方式：①风险回避，考虑到风险损失的存在或可能发生，主动放弃或拒绝实施某项可能引起风险的方案；②风险转移，承担主体有意识地将损失或与损失有关的财务后果转嫁给他人的方式，在国际化过程中的部分风险或全部风险由一个承担主体向另一个承担主体转移。对于中国传媒集团国际化的风险转移而言，一方面可以与当地企业合资、合作经营，通过与当地企业的合作，对风险损失与风险收益分摊；另一方面通过对参与项目进行投保等，使可能引发文化冲突的项目，通过投保对风险进行转移，控制可能造成的损失；③风险分散，通过投资组合，使高风险与低风险适当搭配，从而使整体风险降低，达到分散风险的目的。中国传媒集团的国际化战略，可以通过多元化策略，对文化风险进行分散处理，如投资高风险项目和低风险项目适当搭配，以便在高风险项目失败时，通过低风险项目能弥补部分损失。

尽管以上风险控制的方式能够在一定程度上规避风险，然而以上的策略均有一定的片面性，如风险分散控制法需要项目组合的数量适当，项目数量太少，风险分散作用不明显；而项目数量过多，会加大项目组织的难度，导致资源分散，影响项目组合的整体效果。因此，拓展中国传媒集团国际化进程中文化风险控制的方式，能够将国际化的跨文化风险进行控制，从而减少不必要的损失。

6.4.3 优化跨文化组织机制

组织保障对有效实施文化风险管理战略计划是必不可少的，由文化风险影响因素的分析可知，必要的组织机制是进行风险管理的重要手段。中国传媒集团国际化战略中的跨文化的组织机制建设对防范风险，促进国际化进程有着重要的意义。优化跨文化组织机制建设，可以从两方面着手：

(1) 加强跨文化组织机制建设。通过加强跨文化组织机制建设完善中国传媒集团跨文化处理机制，加强集团对内对外的跨文化沟通机制，通过跨文化沟通机制建设，减少跨文化沟通过程中出现的问题，及时有效地对相应的风险采取处理策略。一方面，加强集团风险信息管理机制建设，建立风险信息管理系统，定期收集有关文化风险因素的各种信息，拓展信息搜集渠道，进行必要的监控，便于及时发现问题，及早采取措施，将风险损失降低到最小。另一方面，明晰集团风险管理部门与机构设置，以及相应人员的职能，将跨文化风险提升到日程生活中来，通过落实到具体行为对于跨文化风险进行控制。

(2) 完善冲突处理机制。文化冲突是冲突主体之间由于各自观念、目标和利益的不一致而产生的对立过程，由于文化差异的存在，冲突在组织中不可避免，尽管一定程度上的冲突有助于双方的沟通与工作绩效的提高，对于组织有着积极的作用，然而，多数冲突对组织的发展产生严重的负面影响，过激的人际冲突会造成员工间关系紧张，士气低落，工作效率低下，最终有可能使企业陷入生产经营的困境。中国传媒集团需要完善冲突处理机制，加强对文化冲突咨询的搜集、文化冲突的诊断，以及制定并落实冲突的处理决策。寻找管理过程中超越文化冲突的公司目标，以维系不同文化背景员工的共同行为准则，从而最大限度地利用企业的潜力与价值，对跨文化管理，只有找到不同文化的结合点，实施平衡的管理模式，文化冲突才能得到解决。

6.4.4　实施本土化的经营策略

正如一些管理专家所言，最能适应异域文化，避免激烈文化冲突的跨文化管理模式便是本土化经营。本土化策略可以开展生产本土化、物资采购本土化、人力资源本土化、品牌运营本土化、研发本土化、企业文化本土化、经营管理本土化等诸多方面。中国传媒集团通过开展传媒产品的本土化经营，与其他管理模式相比，在文化风险管理方面具有明显的优势：第一，本土化经营有利于集团融入当地的社会，加强文化的融合，降低人员流动与培训的费用同时，减少当地社会对外来资本的抵触情绪；第二，推行本土化经营，缩小公司品牌和经营理念与当地语言文字、宗教信仰、风俗习惯间的差异，使集团的传媒产品在东道国更具亲和力；第三，在产品生产上，努力使产品成为文化的载体，有利于企业更好地满足当地消费者的心理需求、价值认同与社会识别等人文需要，从情感上触动消费者；第四，通过人员本土化，选用当地优秀人才进行管理，有利于人才流动的良性循环，最大限度地利用和开发世界各国的人力资源；第五，通过对当地员工的运用与提拔，能够为传媒集团营造良好的声誉与口碑，提升传媒集团的影响力。

总之，通过开展传媒产品本土化经营，有利于中国传媒集团降低在东道国经营的文化风险等，有助于中国传媒集团克服文化壁垒，激励集团进行创新，从而提高集团的国际化经营业绩，更好地实现国际化的战略目标。

6.4.5　重视跨文化意识与培训

跨文化管理的风险不仅是客观存在的，而且复杂多样，因此中国传媒集团在进行国际化经营的过程中要有充分的思想准备，树立正确跨文化管理的观念是跨文化管理风险防范的首要策略。由于目标国特有的语言、价值观念、思维方式等文化因素在跨文化管理中形成障碍，从而影响了中国传媒集团跨国经营战略的实施。而文化差异在跨文化管理中也存在着有利的一面，恰当地利用文化的差异性，能够为集团的发展创造契机，给国际经营带来机遇。尽管中国与目标国文化之间可能存在着巨大的文化差异，但这些差异却不一定相互排斥，而是相互补充，形成一种“跨文化”的优势，从而使得不同的文化能够相互融合。因此，强化跨文化管理意识，包容文化的差异性，从而塑造相互融合的跨文化管理氛围，实现两种文化的有机整合，能够发挥中国传媒集团的竞争优势。

作为解决文化差异和跨文化管理问题的一个重要途径，跨文化培训通过加强对文化的认识、文化敏感性训练等，增强了员工对不同文化环境的适应能力，能够加强彼此之间的合作与联系，从而减少不必要的文化冲突。国际化企业的跨文化教育与培训是跨文化管理的核心内容，通常包括三个方面：①针对本国人员外派任职的培训，这是在企业国际化尝试阶段、多国阶段跨文化培训的主要内容；②针对目标国人员的教育与培训，在企业国际化的多国阶段、跨国阶段，人力资源本土化的要求使得对目标国人员的教育与培训成为跨文化培训的主要工作内容；③多元文化团队的组织与训练，是在企业国际化的跨国阶段、全球阶段，能积极发挥多元文化优势、构建多元化组织、提升企业竞争力。

另一方面，加强跨文化沟通，企业跨文化管理的有效性在很大程度上取决于跨文化沟通的效果与效率。提高跨文化沟通能力、掌握跨文化沟通技能，是国际企业所面临的一项严峻挑战。目前，跨文化管理的理论研究和实践经验为改善国际管理者的跨文化沟通技能提供了许多有效的方法。这些方法主要包括通过学习其他文化，改善管理者的文化敏感性；通过有计划的培训，改善国际管理者的“倾听”的技能及语言沟通和非语言沟通的技能；通过人际关系训练，改善国际管理者与不同文化的人们进行人际交往的能力；正确地选择沟通媒体，改善与提升管理者在沟通过程中的自信心等。

6.5 本章小结

在中国传媒集团国际化的过程中，跨文化风险常常表现为跨文化冲突。本章针对中国传媒集团的特殊性，首先探讨了中国传媒集团国际化跨文化冲突的表现形式：管理理念方面的冲突、协调组织方面的冲突等，并对跨文化冲突产生的原因与作用路径进行了探讨，主要由于思维模式的差异，管理禁忌差异和沟通差异等引起。分析国内外文化冲突处理模型的基础上，对中国传媒集团国际化过程中的文化冲突进行了研究，分析了文化整合原理，并构建了基于文化冲突的跨文化协同模型（CSM），通过对 CSM 模型的分析，针对中国传媒集团的发展，提出了中国传媒集团跨文化管理创新策略：本土化策略、文化相容、文化规避策略等，并对各种策略在中国传媒集团中的运用进行了探讨。最后，研究了中国传媒集团国际化跨文化冲突的防范与控制策略：制定跨文化风险管理战略、拓展跨文化风险控制的方式、优化跨文化组织机制等，并对各种策略的有效性进行了分析，进而加强了跨文化风险的防范与控制，增强了中国传媒集团的国际化风险防范能力，从而提升中国传媒集团的国际竞争力。

第7章　基于跨文化竞争力的中国传媒集团国际化CDM发展战略研究

当今传媒繁荣发展，全球化趋势明显，经济上的全球一体化和文化传播的全球共享性，扩展了全球不同文化间的广泛交流和共享，为传媒集团的发展带来了信息，提供了发展机遇。在全球化背景下，西方发达国家传媒集团国际化发展经验对中国的启示如何，中国传媒集团通过跨文化整合之后，如何拓展跨文化竞争优势，提升国际竞争力，值得进一步深入研究。本章将分析西方传媒集团国际化战略基础上，基于跨文化竞争力分析，构建中国传媒集团跨文化发展模式，并对中国传媒集团国际化发展战略进行探讨，以提升中国传媒集团的国际竞争力。

7.1　全球化背景下的外国传媒集团国际化发展战略

尽管受2008年经济危机的影响，西方几大主要的传媒集团收入有所下降(表7.1)，但这些传媒集团的国际化进程依旧紧张进行。新闻集团作为作为全球最大的传媒集团之一，拥有书籍、报纸、杂志、音乐、卫星电视、电视台、制片厂等，各种媒体每天24小时连续向全球70多个国家和地区的观众传送精彩纷呈的新闻和娱乐节目。维亚康姆集团通过收购与兼并，目前拥有39家地方电视台，对于业界合并趋势的把握，维亚康姆加速了兼并的步伐。

表 7.1 西方主要传媒集团的收入现状

名 称	2009 年收入(亿美元)	同比增长(%)
新闻集团	309.26	−5
维亚康姆	136.19	−7
时代华纳	257.85	−3
迪斯尼	361.49	−4
贝塔斯曼	108(前三个季度，单位亿欧元)	−6.6

对于西方发达国家传媒集团国际化发展战略，总结起来，主要有以下几点：

1) 兼并重组整合战略

在跨国传媒集团的发展历程中，兼并和收购是重要手段。20 世纪 80 年代以来，美国媒体兼并、联合的浪潮令人眼花缭乱：迪斯尼公司以 190 亿美元兼并 ABC；西屋电器公司以 49 亿美元兼并 NBC；1999 年 9 月，美国娱乐、传播业巨擘维亚康姆公司出资 350 亿美元兼并 CBS，成为当时美国娱乐、传媒业中最大的兼并案，在传媒市场上引起了震动；而 2000 年 1 月 10 日，美国在线以 1 620 亿美元并购时代—华纳公司，这是网络公司第一次与传统媒体的兼并，同时也是美国历史上最大一宗公司并购案，引起了全球瞩目。在美国和欧洲，传媒兼并与收购案例在上个世纪 90 年代总的来说呈上升趋势，Shaver(2001)从报纸、杂志、出版、电影、电信、电视、卫星直接接收(DBS)、多点发行体系服务(MBS)、卫星控制天线体系(SMATV)、用户电视服务(STS)等行业中甄选出 2 071 个收购兼并案来分析。从他们的研究结果看，电台、有线电视和电视台是美国与欧洲收购、兼并的热门领域，分别占总数的 26.5%、18.7%和 13.6%，以下依次是报纸(13.7%)、期刊(3%)、图书出版(8.3%)和音乐(5.0%)。以美国媒体为目标的收购与兼并案为 1 296 个，占总数的 62.6%；以欧洲媒体为目标的数量 701 个，占总数的 33.8%，两者兼有或者其他情况占 3.6%(表 7.2)。

表 7.2 美国与欧洲媒体企业收购兼并案年度统计表

时间	总数	美国	欧洲	其他
1990	82	46	34	2
1991	115	51	62	2
1992	102	53	44	5
1993	147	105	40	2
1994	210	144	62	4
1995	287	194	87	6
1996	313	210	95	8
1997	287	187	93	7
1998	271	156	103	12
1999	257	148	103	6

数据来源：Shaver，2001。

2）跨媒体、跨行业开展多元化战略

西方传媒集团不仅在推行多元化的产业运作方面硕果累累，且在推进产业的纵向一体化，形成上中下游紧密联系的产业价值链条，将信息资源进行重复利用，打造了成功的运作模式。与此同时，它们都加紧了跨国经营的步伐，以实现其规模经营，在目前的西方各国，各大传媒集团之间彼此交融，没有哪一个国家的新闻媒体纯粹是本国的，也没有哪一个国家的新闻媒体只在本国经营，只不过程度不同而已。在跨行业重组成为世界文化产业新的发展趋势之时，西方传媒集团以传媒产业为核心，通过购并扩展到其他产业，由广播电视业进入报纸、图书出版业等领域；由单一媒介向包括电台、电视台、电影公司、广告公司等多种业务的传媒集团发展；从媒体业内的合并扩展到跨行业的兼并，形成传媒业与电信业、电脑业、出版业相互融合、渗透的新格局。西方发达国家传媒集团，通过跨媒体、跨行业实现了跨国界运营，在国内合并的基础上，开展国际合并，由占领国内市场进而占领国际市场，逐渐形成了跨媒体、跨行业、跨区域、跨国界的特征。

3）打造产品竞争力战略

对于传媒产业，“内容第一”始终是真理。随着竞争的加剧，传媒产业将吸聚越来越多的产业要素，在新的发展阶段，突破“内容为王”，打造传媒产品，注重传媒产品的内容是传媒集团发展的核心业务，打造“产品为王”，更能体现目前传媒市场竞争特点。如电视市场，它的竞争是从节目的竞争开始起步，经历了栏目的竞争、频道的竞争，现在已经进入到电视公司（传媒集团）一级的竞争——在这一级的竞争层面上，一个栏目，甚至一个频道的市场占有率已经不那么重要了，关键在于电视集团的组合产品在其目标市场上的综合占有率及其市场结构的优化度。在新的竞争阶段，不论是传统媒体还是数字、互动媒体，其本质都在于以品质的提高来吸引观众。媒介经营内容在传媒集团的经营中占据着尤其重要的地位，打造传媒产品将是传媒集团发展的核心。

4）实施数字化网络化战略

传统媒介与新兴媒介的联合，从单一媒体到多媒体，改变了媒介原有的传播形式，引发了传播方式的变革。20 世纪 90 年代中后期，美国出现了传媒业与网络业相互融合的浪潮。传媒集团兼容报纸、广播、电视、电影、图书等多种传统媒介类型，还包括网络媒介，形成了各种媒介类型的自由联合。在多媒体时代，数字技术的发展，过去不同形态的媒体信息壁垒已被打破，各种信息在同一个平台上得到了整合，传媒一体化的趋势日趋明显，媒体之间的融合得到了可靠的技术保证，依靠数字化技术，网络化发展成为西方传媒集团发展的主要潮流。

欧美国家传媒集团国际化是在全球化背景下传媒产业快速发展的结果，政府的扶持和法制的完善，对传媒集团扩张格局有着重要的影响，是传媒集团发展壮大的制度保障。西方传媒集团的发展之路为中国传媒集团提供了宝贵的经验和启示，但是任何经验都是有一定局限性的，我们只能借鉴，不能照搬照抄，只有将他人的经验和自身的实际相结合，才能走出一条适合自己的发展之路。

7.2 基于跨文化竞争力的中国传媒集团国际化 CDM 发展模式构建

国际化是当今企业发展的必然趋势，也是中国传媒集团发展的重要途径。全球化的经营策略是西方大型传媒集团经营的成功之道，也是发展国内传媒集团所必须具备的素质之一。世界各个国家在观念、政策、文化、法律法规等方面的差异性很大，但各大传媒集团在各国都有自己的公司，可以合理地对各国的资源进行配置，取长补短，达到利润的最大化。而中国传媒集团而言，国际化起步较晚，并且受到跨文化的影响，因此，如何挖掘跨文化竞争优势，是中国传媒集团国际化需要解决的首要问题。

7.2.1 中国传媒集团跨文化竞争力分析

传媒产品是一种文化产品，也是一种精神产品，在输出传媒产品的同时，也输出了相应的生活方式和价值观念。而这些逐渐被其他国家和地区接受的生活方式和价值观念又会反过来影响他们对传媒产品的消费习惯，通过养成习惯性消费，形成一个稳定的竞争优势。不同文化之间的差异的融合，彼此之间的取长补短，能够产生一种合力，体现为一种跨文化竞争力，因此，研究中国传媒集团跨文化竞争力，发挥跨文化竞争力特性，能够提升中国传媒集团的国际化竞争力。

分析中国传媒集团国际化战略的基础上，探讨中国传媒集团跨文化竞争力的影响因素，挖掘跨文化竞争力提升的要素，对于中国传媒集团的发展至关重要。不同文化的冲突可能造成人才的流失，文化差异成为跨国管理的障碍，但对跨文化进行协同管理，克服文化差异的障碍，充分利用文化的差异性，提高多元文化团队合作的绩效，增加跨文化的竞争力，将能促进组织目标的实现。对于跨文化竞争力的研究，加拿大学者 Adler(1986)最早提出了“文化协同增效(Cultural Synergy)”，主要是促进跨文化交流中各参与方的共同发展和完善，通过协调文化、强调相似性和共同关注的问题，把不同文化的人整合起来，从而产生多种效果和综合的解决办法。Alexander Thomas(1993)认为跨文化协同增效是不同文化的重要构成要素(如适应模式、价值观、规则、行为方式等)以某种方式组合起来，产生某种高质量的有价值的结构，发挥“1+1>2”的效果。对于文化协同效应，有着三种不同的研究视角(表 7.3)。

表 7.3　文化协同研究视角比较

学派	学者	主要观点
加拿大	Adler 等	管理文化差异的方法，是组织在多元文化环境中有效解决问题的方法。基于四个假设：文化异质性、相似性和相异性、特殊性、偶然性
德国	Krewer 等	以不同文化的成员间最终达成意见一致为目标。四种态度调整策略：征服策略、变色龙策略、普遍者策略和文化增效者策略
印尼	Tjitra 等	本土化的跨文化协同增效模型，追求控制和利用异质性，使用 3 种不同逻辑原则：不是-就是原则；不仅-而且原则；既不-也不原则

资料来源：作者根据文献整理(Alder，1986；Krewer，1996；Tjitra，2001；马剑虹，2006)。

分析中国传媒产品国际化过程中，正视文化差异的存在，通过对跨文化因素的分析，例如：文化差异、文化折扣等，从中国文化视角研究跨文化协同增效，利用多元文化的差异性，对于多元文化进行整合，发挥多元文化效应，将能增强跨文化的竞争力。

7.2.2　中国传媒集团跨文化发展模式构建

作为新兴的传媒产业，在国家政策导向下，抓住机遇，拓展传媒集团的国际化发展方式，尤其是在经济全球化背景之下，构建跨文化的发展模式，加强传媒产品内容的延伸，一方面分析文化差异的基础上，选择潜在的目标市场与合作伙伴；另一方面，加强跨文化风险的控制，进行最优的进入模式选择;并且在跨文化冲突存在的情况下,发挥文化的协调整合作用,控制跨文化冲突的负面效应。通过对于跨文化的分析,分别对国际化战略的相关内容进行对应,从而构建中国传媒集团的跨文化发展模式(Cross-culture Development Model,CDM)(图 7-1),并对跨文化发展模式的推进路径进行

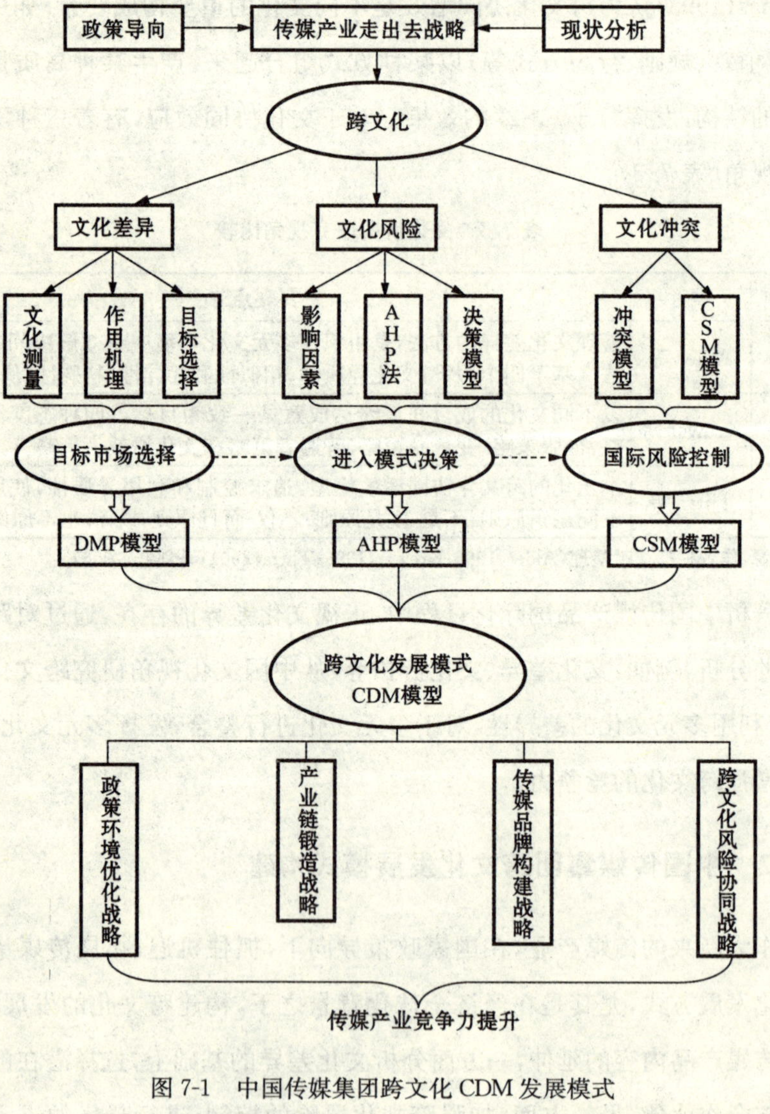

图 7-1 中国传媒集团跨文化 CDM 发展模式

对策研究，从而进一步完善跨文化发展战略，促进中国传媒集团的国际化发展与国际竞争力的提升。

对于中国传媒集团的发展模式，主要是基于 Melin(1993)国际化概念，结合文化差异理论和文化折扣理论基础上，分析国际化目标市场选择与国际化进入模式决策，对国际化的风险防范与控制进行了分析，且对国际化发展模式的推进路径进行了研究，给出了中国传媒集团国际跨文化发展的战略策略。

7.3 中国传媒集团跨文化发展模式推进战略研究

本书从文化差异理论、文化折扣理论与文化风险理论出发，分别探讨了传媒产业的属性与传媒产业链的拓展、文化差异与目标市场选择研究、文化风险与进入模式决策问题，构建了中国传媒产业"走出去"跨文化发展模式，在理论分析的基础上，结合中国传媒产业的现状研究，探讨了跨文化相关理论的作用机理，并对跨文化发展模式的构建基础给予了丰富的理论与实践支撑，强化了该模式的科学性与可行性。借鉴西方发达国家传媒集团国际化发展的经验与启示的基础上，对中国传媒集团国际化发展模式的推进路径进行了研究，政府方面可以给予政策扶持；集团自身则需要通过加强技术创新，推进产品创新，拓展产品渠道，打造集团的国际化品牌。

7.3.1 产业政策环境优化战略

中国传媒集团国际化处于初期阶段，为了实施传媒集团的国际化战略，政府的作用至关重要，对于中国传媒集团国际化来说，政府要素主要体现在两方面：

一方面，政府是否为传媒产业发展创造了一个具有竞争力的宏观政治环境，而宏观政治环境的竞争力则是由国家传媒管理体制、法治完善程度、政府运行效率、政治稳定等多种因素综合作用的结果；宏观政治环境与法制环境是一个国家最基本的创业环境，由于传媒业特殊的意识形态属性，传媒业的发展与国家的宏观政治环境有着密切的关系，特别是国家政治民主化程度对传媒业的繁荣与发展至关重要。借鉴西方发达国家对于传媒产业国际化发展的政策经验，政府对于传媒产业政策环境的扶持，可以从多方面着手，政策层面的市场准入门槛的高低，通过设置市场准入门槛，控制各种类型传媒集团的数量；行政干预的多寡，通过行政干预政策，加强对于传媒产业发展的引导；监管程度的强弱，通过对传媒产业发展的监督，促进传媒集团进行改革，提升传媒集团的竞争力等。

另一方面，政府的行业监管是否为传媒产业提供了一个具有竞争力的中观产业政策环境，中观产业政策环境竞争力则表现为行业监管的透明度、科学性和健全性。而各国经济发展水平不同，具体政治制度不同，政府对传媒业的控制也有所不同。对中国传媒产业发展而言，需要通过规范传媒产业规制促进传媒产业竞争力提升。对政策环境的优化，在发挥政府功能的基础上，发挥传媒产业行业协会的引导作用与企业自身能力的培育，对中国传媒集团国际化跨文化发展战略有着重要的意义。

7.3.2 传媒产业链锻造战略

在国际化发展过程中，跨文化影响着传媒集团的战略制定，发展中国传媒集团的国际化战略，通过拓展传媒产业链，挖掘传媒产业的内在发展动力，能够进一步促进传媒产业竞争力的提升。传媒产业链是传媒业发展到高级阶段的产物，产业链把内容生产、技术开发、市场营销等诸多环节紧密联系在一起，形成一个上游开发、中游拓展、下游延伸的产业集群。一般包括横向延伸（传媒集团在同一传媒或不同传媒层面上进行扩张）、纵向延伸

(传媒集团按产业价值链后向扩展到原材料供应或前向扩展到最终产品的用户)和混合延伸(传媒集团的产业链延伸已经超出了传媒业)。而对于传媒跨文化发展模式,更多强调纵向延伸产业链。

首先,重视现代科技的作用,利用现代科技,探索传统文化与现代科技相结合的传媒产品,尤其是具有中国特色的传统文化,在现代科技的帮助下,打造具有内涵的传媒产品,加强产品内容的生产。在走向国际市场的过程中,通过现代科技,减少文化折扣的影响,进而打造中国的传媒品牌,提升传媒品牌内涵,通过自身内在发展,为"跨越式发展"奠定基础。

其次,通过技术开发,加强传媒产品的创新。通过传媒产品的创新研究,在传媒产品内容方面进行挖掘,提高产品的科技含量,提升产品的竞争力,进而开拓国际市场。在目前传媒业同质化严重的情况下,唯有创新才能使传媒更具吸引力,通过建构比较优势、合理设置相容性等,可以增强传媒产品的创新。(朱春阳,2004)

对于传媒产业链的拓展,主要依托现代科技,结合中国传统文化,利用传媒产品创新,开展多元化,从而延长传媒产品链。通过传媒产业链的锻造,增强传媒集团产品的竞争力。

7.3.3 传媒集团品牌塑造战略

品牌是企业发展的一个重要平台,意味着产品的特征与优势,表明了自己的知名度与美誉度,拥有被消费者认可的品牌和可供别人利用的"无形资产"。在全球经济一体化和新技术不断创新的压力下,企业为了能够在竞争中立于不败地位,需要拥有自己赖以生存的核心竞争力。作为传媒集团而言,为了能够在竞争中取得优势地位,需要培育自己的品牌,塑造自身品牌的影响力。打造传媒集团的国际品牌,对于传媒集团的发展来说至关重要,品牌经营是一项系统工程,需要从以下几个方面努力:

首先,基于消费者的需求经营传媒品牌,打造满足市场需求的品牌。中国传媒集团应该加快转型,从历史上的为播出节目而制作节目转型到为市场而制作节目,满足消费者的需要。传媒已不再像过去那样主宰着受众,受众也不再被动地接受媒介的信息,电视频道的增多,报刊种类的丰富,给予消费者以极大的选择空间。媒介品牌的系统理念,内容能否取得预期的效果最终取决于消费者。因此,对于传媒集团国际品牌的塑造,根据消费者的需求为目的应放在首位。

其次,与世界接轨,构建面向全球的服务标准,提升传媒集团的规模效应。在第三章对中国传媒集团的现状进行了分析,过去通常是小作坊式生产,当产品质量参差不齐、良莠不分时,无法谈论品牌经营,更谈不上美誉度、信任度、真诚度。随着高科技的进步,规模化生产,工业化流水线即可用相对高的平均质量来满足消费者。这种工业流水线式的生产模式就是要确保产品质量,流水线设计的先进性是保证产品质量的关键。通过标准化的生产,提升规模效益,降低产品的生产成本,进而提升传媒集团的竞争力,打造更具影响力的传媒集团。

最后,构建完善的营销渠道,可以借鉴国外传媒集团成熟的理念,通过建立一套营销传播体系,通过形象包装达到品牌营销的目的。宣传与公关是实施品牌战略的重要手段,传媒创品牌的过程,最终也就是社会对它的知晓、认同的过程。通过宣传公关,积极主动地与社会进行沟通,达成互动的默契,也是展示传媒形象的有效途径。

综上所述,为了塑造中国传媒集团的国际品牌,需要从以上三个方面着手,以传媒产品为核心,以规模效应为目的,以营销为手段,打造中国传媒集团的国际品牌,提升中国传媒集团的品牌影响力。

7.3.4 跨文化风险协同战略

对于传媒产业"走出去"跨文化发展模式过程中存在的相应的文化障

碍，构建跨文化协同管理模式，针对跨文化的影响机理，对于产业链上的利益相关者进行分析，通过跨文化协同管理模式，克服跨文化产生的冲突，进而改善跨文化经营环境。

首先，深化跨文化风险认知。对于中国传媒集团的跨文化发展模式，由于文化差异的存在，使得跨文化风险不可避免，因此，对于跨文化风险的识别，分清跨文化风险的类型，进而对跨文化风险采取防范措施有着重要的意义。

其次，加强跨文化风险协同管理。针对中国传媒集团跨文化风险，在分析跨文化的基础上，通过文化移植、文化调整与文化渗透等策略，加强跨文化的协调效应，克服跨文化风险，通过文化的协同管理将跨文化风险转化为跨文化竞争力，进而促进跨文化发展模式的推进。

总之，通过加强跨文化风险认知，采取措施对于跨文化风险进行防范，并对跨文化风险进行协同管理，通过采取文化移植等对策加强跨文化协同效应，减少跨文化风险的损耗，提升传媒集团国际竞争力。

7.4　本章小结

本章对西方发达国家传媒集团国际化发展现状进行了分析，总结了西方发达国家传媒集团国际化的相关战略，兼并重组、跨媒体跨行业、数字化和网络化发展等，并给出了相关的经验借鉴与启示：打造传媒产品、加强服务和实施国际化等。然后对于跨文化竞争力进行了分析，归纳了跨文化协同研究相关成果，构建了基于跨文化竞争力的中国传媒集团发展模式(CDM)；最后对中国传媒集团国际化发展模式的推进路径进行了研究，给出了中国传媒集团国际化发展的四大战略：环境政策优化战略、产业链锻造战略、品牌塑造战略和跨文化协同战略。

第 8 章 中国出版集团公司国际化战略的案例分析

在对中国传媒集团国际化目标市场选择与进入模式决策进行模型研究之后，本书给出了中国传媒集团国际化的跨文化发展模式（CDM 模型），至于模型的有效性如何，对现实的指导意义何在，本章将结合中国出版集团公司的国际化战略现状，对中国传媒集团国际化的经验等进行探讨，分析国际化目标市场选择模型的有效性等，并对中国传媒集团的未来发展战略进行探索。

8.1 中国出版集团公司简介

中国出版集团是适应出版业改革发展的需要，经中共中央、国务院批准，于 2002 年 4 月 9 日成立的国家级出版机构[①]。2004 年 3 月 25 日，国务院授权成立中国出版集团公司，在国家相应计划中单列，对原中国出版集团所属成员单位行使出资人权利，承担国有资产保值增值责任。集团以出版物生产和销售为主业，是集各种介质出版物的出版和销售、连锁经营、版权

① http://www.cnpubg.com/main/.

贸易、进出口贸易、印刷复制、信息技术服务、艺术品经营、科技开发、金融融资于一体的经营多元化的大型企业集团。集团公司的战略目标是成为引领和促进中国出版产业发展的重要力量，成为建设和传播社会主义先进文化的重要阵地，成为开拓海外出版市场、推动中华文化“走出去”的重要渠道，成为实力雄厚，具有创新能力和可持续发展能力，国际一流的出版传媒企业集团。

中国出版集团公司拥有各级子公司、控股公司等法人企业96家，员工7500人，总资产71亿元人民币，年营业收入41亿元人民币。拥有各级各类出版机构40家，每年出版图书和音像、电子、网络等出版物1万余种，出版期刊报纸50余种，出版物在全国零售市场占有率为7%左右，持续稳居第一；每年从事书刊版权贸易1000多种，拥有中国最大的出版物进出口企业，每年进出口各类出版物20多万种，书报刊进口和出口分别占据全国市场份额的62%和30%。

中国出版集团凭借自身的优势，一直发挥着行业的领头羊作用，带领着中国出版产业快速发展。在国内是出版门类最齐全、获国家级奖项最多、占据中国市场份额最大、海外连锁经营网点最多的出版发行机构；分公司——中国图书进出口总公司是中国最大的出版物进出口机构，中国出版对外贸易总公司是中国最早组织海峡两岸四地出版交流活动的机构。

8.2　中国出版集团公司国际化现状

正如中国出版集团公司总裁聂震宁关于公司的定位所述：坚持走产品创新与传播方式创新之路，坚持走规模扩张之路，坚持走国际化发展之路，全力打造国际一流出版传媒企业，并真诚同国内外出版界同仁进行友好交流和互利合作，努力为推动我国文化事业的发展繁荣和人类的文明进步作出卓越贡献。中国出版集团经过多年的努力发展，目前国际化取得了一定的成效，拥有海外出版社、连锁书店和办事机构 28 家，海外业务遍及 130 多个国家和地区，取得了显著的成效，但也存在着一些问题。

8.2.1 中国出版集团公司国际化概况

中国出版集团注重国际化发展战略，大力发展海外分支，以中国出版国际有限公为业务总部，目前拥有的国际分支出版公司，分公司、代表处，海外书店较多(表 8.1)。

表 8.1 中国出版集团公司海外分支机构

出版公司	中国出版(悉尼)有限公司、中国出版(巴黎)有限公司、中国出版(温哥华)有限公司、中国出版(首尔)有限公司(木兰出版社)、中国出版(伦敦)有限公司(百合出版社)、中国出版(法兰克福)有限公司(丁香出版社)、中国出版贸易(纽约)有限公司(梅花出版社)、中国出版东贩有限公司
分公司 代表处	中国图书(美国)有限公司、中国图书(英国)有限公司、中国图书(德国)有限公司、中国图书(澳大利亚)有限公司、中国图书进出口(集团)总公司驻日本国代表处、中国图书(俄罗斯)有限公司、香港中图发展有限公司
海外书店	时代图书·新华书店北美网；现代书店温哥华连锁店；现代书店悉尼连锁店、新华书店圣地亚哥分店、美国新泽西仓储式新华书店

8.2.2 中国出版集团公司国际化存在的问题

中国出版产业在“走出去”过程中，虽然在国外有着系列的业务合作，以及相应的子公司与分公司等，但依旧存在着一些问题。

(1) 出版物在国外市场影响力与渗透力有限。中国出版的图书中，只有 18%是输出到美国、英国、德国、法国，而从这四国引进的图书数量则达到了引进总量的 97.15%，出版物在国外的分布不均衡，市场影响力有限，严重影响了中国出版产业的国际化质量。因此，现在“走出去”任务依然很重，特别是要大力加强和欧美的交流。

(2) 中国文化并未真正“走出去”。虽然中国每年向国外输出的图书、期刊的品种数量与输出金额将持续增长(表8.2),然而现在“走出去”的图书多是中医药、古籍文化类,而反映我们当代生活的图书还是很少,当代文学还没有真正“走出去”,中国的文化“走出去”任重道远。

表8.2　中国图书、报纸、期刊的出口数量

年份	出口		
	种次	数量(万)	金额(万美元)
2005	1 194 815	732.41	3 287.19
2006	1 488 580	1 007.78	3 631.44
2007	1 155 765	1 027.83	3 787.46
2008	947 204	801.81	3 487.25

(3) 中国出版集团的国际竞争力不足。中国出版集团的资产规模、员工数量、盈利能力、品牌价值等,与国外著名传媒集团有着一定的差距,国际竞争力不足,尤其是出版集团的双重属性,受到政府的管制很多,在一定程度上限制了集团的发展。突破中国出版集团国际化发展的制度障碍,是中国出版产业发展壮大需要解决的问题。

8.2.3　中国出版集团国际化的经验

在国家传媒走出去战略的指引下,中国出版集团公司在“走出去”方面迈出了稳健的步伐,经历了一定的挫折之后,积攒了宝贵的经验。

(1) 探索与国际文化产业发展机制的接轨。

与国(境)外技术标准等的差异,在这些严格标准的监控下,中国的传媒产品存在着许多不足,导致中国传媒集团的国际化进程进展缓慢,使得中国的许多传媒产品无法进入国际市场。因此,大力提高我国文化产业的国际化水平,制定一整套有利于文化产业海外发展的政策和评价标准。

(2) 提升中国文化的软实力,实施“主动走出去”战略。

机械地“走出去”、为了“走出去”而“走出去”,甚至演变为“推出去”,因而忽视对文化基础的建设,是目前提升中国传媒产业国际化过程中面临的一个较为严重的观念障碍。因此,对于中国出版产业的国际化发展,提升中国文化的软实力,需要实施“主动走出去”战略。

(3) 推进语言交流,开展本土化战略。

让中国文化走出去,让中国优秀的图书作品“走出去”,语言一直是难以迈过的一道门槛。只有把语言的沟通工作做起来,然后才能在这个基础上向更广泛、更深入的领域展开。目前在全球各地掀起的汉语热,以及孔子学院在国外的如火如荼,是推动中国文化走出去的重要支撑。除语言障碍之外,由于中外文化观念的差异,生活习惯、消费习性等的差异,尤其是体现在传媒产品方面,主要是意识形态与观念的差异,导致传媒产品很难融入国外的市场环境,在文化差异方面,可以学习国外相关集团的本土化模式,如BBC等一些媒体的娱乐节目,为了消除文化上的障碍,采用的是将节目模式或播出权卖给当地电视台的手段,通过当地电视台制作出符合当地文化的节目。如湖南卫视的《名声大震》就是BBC的《Just the Two of Us》的模式在中国的改良。

(4) 加强战略合作,优势互补。

中国传媒集团在开展国际化业务方面,存在着一系列问题,除了自身的管理体制对于传媒集团发展的限制之外,中外之间的差异也是中国传媒集团需要克服的困难。对于国际化战略而言,中外经营模式的差异需要引起足够的重视。由于国际化经营人才的短缺,在竞争激烈的当今社会,除了产品需要具备足够的竞争力之外,国际化经营人才的短缺,也阻碍了中国传媒集团国际化进程。加强国内外的战略合作,发挥各自的优势,能够更好地促进中国出版产业乃至传媒产业的发展。

8.3 中国出版集团公司国际化目标市场选择

分析一下中国出版集团公司的海外分支所在的国家,主要是美国、德国、加拿大、日本、俄罗斯等。分析这些国家的一些共性，如国家风险、经济发展状况、进入障碍与文化距离等方面，对于中国出版集团国际化战略的选择有着重要意义。

首先，根据中国出口信用保险公司每两年推出的《国家风险分析报告》可知，这些国家的政治稳定性、国内矛盾、政府更迭、民主和司法制度、种族/民族冲突、宗教信仰、国家安全等"政治状况"；以及国家宏观经济运行、国际收支、金融货币、外债及财政收支等情况均良好；国家的风险指数较低。且根据《2009年全球清廉指数》调查报告可知，这些国家的腐败较轻微。因此，这些国家在国家风险方面，控制较好，风险较低。

其次，这些国家的经济状况良好，市场消费能力较强，对于中国传媒集团而言，有着强烈的吸引力与市场发展空间。以2010年各国的GDP与人均GDP计算，这些国家的人均GDP远远超过中国。

表8.3　美、德等国2010年GDP与人均GDP比较

国家	2010年GDP(万亿美元)	2010年人均GDP(美元)
美国	14.6	47132
德国	3.3	40512
加拿大	1.56	45888
日本	5.39	42325
俄罗斯	1.47	8694
中国	5.75	4283

注：按国际汇率计算。

再次，由于语言等文化上的差异，中国到各个国家的文化距离较大，对于中国与各个国家的文化距离的计算可知，中国到各个国家的文化距离分别为：美国(1.588768)、德国(1.202628)、加拿大(1.378738)、日本(1.193777)和俄罗斯(1.060254)[①]。

由上可以看出，对于中国出版集团国际化目标市场的选择，从国家风

① 对于文化距离的计算参考第4章内容。

险、市场吸引力、文化相似性等出发，与本书研究的决策动态模型(DMP 模型)类似，进一步验证了本书研究模型的有效性。

8.4 中国出版集团公司国际化进入模式决策

对于中国出版集团国际化进入模式的决策，由于中国出版集团目前的国际化水平较低，更多的是通过版权合作等低级的进入模式，因此，本书对于中国传媒集团国际化进入模式的选择给出了决策研究，构建了中国传媒集团国际化进入模式选择的评价指标体系，给出了 AHP 决策模型，期待着能够对于中国传媒集团进入模式选择有所指导。

对于中国出版集团公司而言，国际化过程更多需要考虑的是出版物的文化折扣风险，由于语言的障碍、文化的差异等，使得中国的出版物在国际市场上受到文化折扣的影响。因此，本书对于进入模式决策研究，给出了 AHP 决策方法，构建了相应的指标，如风险性、文化差异等。

8.5 中国出版集团公司国际化发展探讨

正如温家宝总理在 2011 年两会报道中提出要加强对外文化交流与合作那样，“不断扩大中华文化国际影响力，让博大精深的中华文化再展辉煌”。因此，在推动中国文化“走出去”方面，要从“战略思维”层面，进入到“战略行为”层面进行部署。对于中国传媒集团的国际化发展战略，可以跨越文化差异，构建跨文化的发展模式，具体而言，可以从以下方面进行探索性尝试。

(1) 应搭建“走出去”综合平台。成立一个支持文化产业走出去的专门机构，把政府有关部门涉及文化产业“走出去”的职能集中起来，形成合力，提高办事效率，从而拓展国际化战略的广度和深度。加大金融支持文化“走出去”力度，鼓励和支持文化产品和服务出口，并实行优惠利率。

(2) 在海外做两方面基础性工作：一是建立海外文化产业基地（文化城）。由国家或国内大型文化传媒集团牵头在海外建立，充分发挥其集聚效应和产业孵化功能。国家对列入海外文化产业基地建设规划的项目，在基础设施建设、税收优惠、资金支持上给予重点扶持。二是在海外设立文化“走出去”办事机构。在驻外使领馆设立办事机构，选派专业人士担任文化参赞或文化专员，或由文化主管部门设立海外特派员，专司文化“走出去”和文化产业国际运作。

(3) 健全“走出去”考核机制。对于“走出去”国有文化企业资产及收益要有特殊考核办法，切实改变企业不愿大胆投资海外的状况。对国有企业跨国并购、开办实体等海外投资业务，要建立长效考核机制。加强对国际化人才的培训。每年定期对国际化人才进行国际贸易、国际法规、国际投资、国际风险控制等方面的培训。

(4) 构建文化“强国战略”，坚持顶层设计，以弘扬社会主义核心价值体系为基础的文化价值观、提升国民的精神高度为核心，以推进文化管理体制改革、完善公共文化服务体系、促进文化产业的发展为重点，以提升中华文化的凝聚力、创新力、生产力、影响力和传播力为目标，实施品牌化、精品化、规模化发展战略。

附　录

附录 1　中国传媒集团一览

39 家报业集团	光明日报报业集团、经济日报报业集团、北京日报报业集团、解放日报报业集团 文汇新民联合报业集团、天津日报报业集团、重庆日报报业集团、河北日报报业集团 山西日报报业集团、辽宁日报报业集团、吉林日报报业集团、黑龙江日报报业集团 江苏新华日报报业集团、浙江日报报业集团、安徽日报报业集团、福建日报报业集团 大众报业集团、河南日报报业集团、湖北日报报业集团、湖南日报报业集团 南方日报报业集团、羊城晚报报业集团、海南日报报业集团、四川日报报业集团 云南日报报业集团、甘肃日报报业集团、沈阳日报报业集团、长春日报报业集团 哈尔滨日报报业集团、南京日报报业集团、杭州日报报业集团、宁波日报报业集团 济南日报报业集团、青岛日报报业集团、长江日报报业集团、长沙日报报业集团 广州日报报业集团、深圳报业集团、成都日报报业集团
14 家出版集团	中国出版集团、中国科学出版集团、北京出版社出版集团、上海世纪出版集团、河北出版集团、辽宁出版集团、吉林出版集团、江苏省出版集团有限公司、浙江出版联合集团、山东出版集团、河南出版集团、广东省出版集团、四川出版集团、家庭期刊集团
8 家发行集团	新华发行集团总公司、北京发行集团有限责任公司、上海新华发行集团 江苏新华发行集团、安徽新华发行集团、福建新华发行集团 广东新华发行集团、四川新华书店集团有限责任公司

（续表）

19家广电集团	中国广播电影电视集团、北京广播影视集团、上海文化广播影视集团 天津广播电视电影集团、重庆广播电视集团、江苏省广播电视总台 浙江广播电视集团、福建广播影视集团山东省广播电视总台、湖南广播影视集团 南方广播影视传媒集团、四川广播影视集团、南京广播电视集团、杭州广播电视集团 宁波广播电视集团、厦门广播电视集团、长沙广播电视集团、深圳广播电影电视集团
6家电影集团	中国电影集团、上海电影(集团)公司、长影集团有限责任公司 潇湘电影集团、峨眉电影集团、西部电影集团

注：截至2003年底，国家广电总局和新闻出版总署正式批准的文化体制改革试点集团有以上86家。

附录2 Hofstede国家文化维度分析结果

国家或地区	权利距离指数	排序	个人主义指数	排序	男性主义指数	排序	不确定性规避指数	排序
阿根廷	49	35-6	46	22-3	56	20-1	86	10-15
澳大利亚	36	41	90	2	61	16	51	37
奥地利	11	53	55	18	79	2	70	24-5
比利时	65	20	75	8	54	22	94	5-6
巴西	69	14	38	26-7	49	27	76	21-2
加拿大	39	39	80	4-5	52	24	48	41-2
智利	63	24-5	23	38	28	46	86	10-15
哥伦比亚	67	17	13	49	64	11-12	80	20
哥斯达黎加	35	42-4	15	46	21	48-9	86	10-15
丹麦	18	51	74	9	16	50	23	51
赤道几内亚	78	8-9	8	52	63	13-4	67	28
芬兰	33	46	63	17	26	47	59	31-2
德国	35	42-4	67	15	66	9-10	65	29
法国	68	15-6	71	10-11	43	35-6	86	10-15
英国	35	42-4	89	2	66	9-10	35	47-8
希腊	60	27-8	35	30	57	18-9	112	1
危地马拉	95	2-3	6	53	37	43	101	3

（续表）

国家或地区	权利距离指数	排序	个人主义指数	排序	男性主义指数	排序	不确定性规避指数	排序
中国香港	68	15-6	25	37	57	18-9	29	49-50
印度尼西亚	78	8-9	14	47-8	46	30-1	48	41-2
印度	77	10-11	48	21	56	20-1	40	45
伊朗	58	19-20	41	24	43	35-6	59	31-2
爱尔兰	28	49	70	12	68	7-8	35	47-8
以色列	13	52	54	19	47	29	81	19
意大利	50	34	76	7	70	4-5	75	23
牙买加	45	37	39	25	68	7-8	13	52
日本	54	33	46	22-3	95	1	92	7
韩国	60	27-8	18	43	39	41	85	16-7
马来西亚	104	1	26	36	50	25-6	36	46
墨西哥	81	5-6	30	32	69	6	82	18
荷兰	38	40	80	4-5	14	51	53	35
挪威	31	47-8	69	13	8	52	50	38
新西兰	22	50	79	6	58	17	49	39-40
巴基斯坦	55	32	14	47-8	50	25-6	70	24-5
巴拿马	95	2-3	11	51	44	34	86	10-15
秘鲁	64	21-3	16	45	42	37-8	87	9
菲律宾	94	4	32	31	64	11-2	44	44
葡萄牙	63	24-5	27	33-5	31	45	104	2
南非	49	36-7	65	16	63	13-4	49	39-40
萨尔瓦多	66	18-9	19	42	40	40	94	5-6
新加坡	74	13	20	39-41	48	28	8	53
西班牙	57	31	51	20	42	37-8	86	10-15
瑞典	31	47-8	71	10-11	5	53	29	49-50
瑞士	34	45	68	14	70	4-5	58	33
中国台湾	58	29-30	17	44	45	32-3	69	26
泰国	64	21-3	20	39-41	34	44	64	30
土耳其	66	18-9	37	28	45	31-3	85	16-7
乌拉圭	61	26	36	29	38	42	100	4

(续表)

国家或地区	权利距离指数	排序	个人主义指数	排序	男性主义指数	排序	不确定性规避指数	排序
美国	40	38	91	1	62	15	46	43
委内瑞拉	81	5-6	12	50	73	3	76	21-2
南斯拉夫	76	12	27	33-5	21	48-9	88	8
东非	64	21-3	27	33-5	41	39	52	36
西非	77	10-11	20	39-41	46	30-31	54	34
阿拉伯国家	80	7	38	26-7	53	23	68	27

资料来源：Hofstede(1991) Cultures and organizations: Software of the mind. London: McGraw HillU. KLtd. 1991.

附录3　中国传媒集团国际化动机调查

一、调查问卷设计

尊敬的领导：

您好，非常抱歉打扰您，我是上海交通大学的博士后，正在从事中国传媒集团国际化相关研究。关于中国传媒集团国际化动因的调研，需要您的参与。本调查纯属学术研究，请您放心作答。如有疑问或建议，请您与我联系。

谢谢，祝您工作愉快！

年龄：__________　　性别：__________　　职务：__________

学历：□本科　　□硕士　　□博士　　□其他

您工作的年限：□1～4　　□5～8　　□9～12　　□≥13

您在贵公司工作的年限：□1～4　　□5～8　　□9～12　　□≥13

以下调查,分值大小代表您支持的态度,分值越大,表示越支持,5分最强,1分最弱					
	1	2	3	4	5
1. 海外寻求国内的劣势资源					
2. 海外稳定的经营环境					
3. 政府的财政和金融支持					
4. 政府产业政策导向和行业协调					
5. 海外市场高的经济发展水平					
6. 具有吸引力的海外市场空间					
7. 追逐国外低的生产要素成本					
8. 寻觅国外传媒市场的政策优惠					
9. 利用国外良好的基础设施建设					
10. 通过国际化提升传媒公司自身的良好形象					
11. 政府"走出去"战略导向					
12. 借助传媒产品输出国家观念					
13. 引进新的经营理念和管理模式					
14. 通过国际化把企业打造成国际知名品牌					
15. 集团闲置资金的利用					
16. 集团创新能力的培育					

二、调查对象基本情况分析

在所参与调研的61位调研对象中,男性48人,占78.7%;女性13人,占21.3%,平均年龄37.6;处于高层职位的有7位,占11.5%;处于中层管理职位的有39位,占63.9%;处于基层管理职位的有15位,占24.6%。由此可见,中高层管理人员共占到了75.4%的比重,并且中高层对于企业与传媒行业有着较为全面的信息,因此本问卷的调研人员反映了可信的信息。

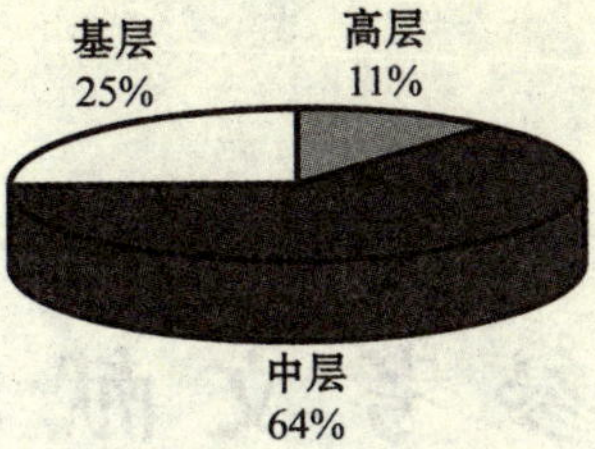

调查对象职位结构

参与调研的对象中，多数具有较长的工作经验，95%有 4 年以上的工作经历。而在目前公司工作 1 到 4 年达 7 人，占 11.5%；5 到 8 年的有 37 人，占 60.7%；9 到 12 年的有 11 人，占 18%；13 年以上的有 6 人，占 9.8%。由此可见，调研对象在公司工作年限较长，对于公司与所属行业有着深入的了解，能够提供实际情况信息。

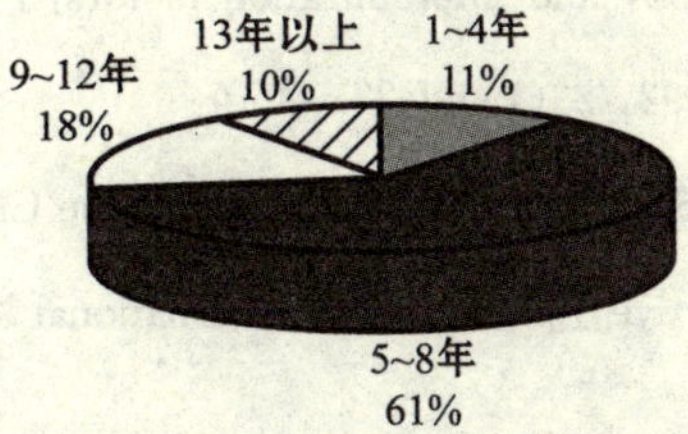

调查人员工作年限

参考文献

［1］ Adler N J. International dimension of organizational behavior. Boston：Kent，1986，95-117.

［2］ Agarwal，S.，Ramaswami，S. N. Choice of foreign market entry mode：Impact of ownership，location，and internalization factors［J］. Journal of International Business Studies，1992，23(1)，1-27.

［3］ Agarwal，Sanjeev. Socio-Cultural Distance and the Choice of Joint Ventures：A Contingency Prospective［J］. Journal of International Marketing,1994，2(2)，63-80.

［4］ Amin，A. and Cohendet，P. Architectures of Knowledge［M］. Oxford University Press，Oxford，2003.

［5］ Anand，Jaideep，Andrew Delios. Location Specificity and the Transfer of Downstream as Sets to Foreign Subsidiaries［J］. Journal of International Business Studies，1997，28(3)，579-604.

［6］ Andersen，O. Internationalization and market entry mode：A review of theories and conceptual frameworks［J］. Management International Review，1997，37，27-42.

［7］ Anderson P，Strandkov J. International market selection：a cognitive mapping perspective［J］. J Glob Mark，1998，11(3)：65-84.

[8] Anderson, Barton A. Weitz. Make-or-Buy Decisions: Vertical Integration and Marketing Productivity[J]. Sloan Management Review, 1986, 27, 3-20.

[9] Anderson, Erin and Hubert Gatignon. Modes of Foreign Entry: A Transaction Cost Analysis and Propositions[J]. Journal of International Business Studies, 1986, 17, 1-26.

[10] Anne C. & George O. Entry mode research: Past and future[J]. International Business Review, 2008, 17, 267-284.

[11] Aulakh, Preet S. and Masaaki Kotabe. Antecedents and Performance Implications of Channel Integration in Foreign Markets[J]. Journal of International Business Studies, 1997, 28(1), 145-175.

[12] Avi Fiegenbaum, Dovev Lavie. Strategic Management of MNC'S Entry into Foreign Markets: Experience of Israel in the 1990s[J]. European management Journal, 2000,18(1):93-105.

[13] Baek, H. Y. and C. C. Y. Kwok. Foreign Exchange Rates and the Corporate Choice of Foreign Entry Mode[J]. International Review of Economics and Finance, 2002, 11, 207-227.

[14] Barkema, H. G. & Vermeulen, F. What differences in the cultural backgrounds of partners are detrimental for international joint ventures[J]. Journal of International Business Studies, 1997(28): 845-864.

[15] Barkema, H. G., & Vermeulen, F. A. M. International expansion through start-up or acquisition: A learning perspective[J]. Academy of Management Journal, 1998, 41(1): 7-26.

[16] Beamish, Paul W. & John C. Banks. Equity Joint Ventures and the Theory of the Multinational Enterprise[J]. Journal of Internal Business Studies, 1987, 18.

[17] Beckerman, W. Distance and the pattern of intra-European trade[J]. Review of Economics and Statistics, 1956, 28: 31-40.

[18] Bilkey, W. and Tesar, G. "The export behaviour of smaller-sized Wisconsin

manufacturing firms", Journal of International Business Studies[J]. 1977, Vol 8, pp. 93-8.

[19] Brooke, Michael Z. International Management: A Review of Strategies and Operations[J]. 1986, London: Hutchinson.

[20] Brouthers LE, Nakos G. The role of systematic international market selection on small firms' export performance[J]. Small Bus Manage, 2005, 43(4):363-81.

[21] Brouthers, K. D. The influence of international risk on entry mode strategy in the computer software industry[J]. Management International Review, 1995, 35, 7-28.

[22] Brouthers, K. D. Institutional, cultural and transaction cost influences on entry mode choice and performance[J]. Journal of International Business Studies, 2002, 33, 203-221.

[23] Brouthers, K. D., & Bamossy, G. J. Post-formation processes in Eastern and Western European Joint Ventures[J]. Journal of Management Studies, 2006, 43, 203-229.

[24] Brouthers, K. D., & Brouthers, L. E. Acquisition of greenfield start-up? Institutional, cultural and transaction cost influences[J]. Strategic Management Journal, 2000, 21(1), 89-97.

[25] Brouthers, K. D., & Brouthers, L. E. Explaining the national cultural distance paradox[J]. Journal of International Business Studies, 2001,31, 177-189.

[26] Brouthers, K. D., Brouthers, L. E., & Nakos, G. Entering Central and Eastern Europe: Risks and cultural barriers[J]. Thunderbird International Business Review, 1998, 40(5), 485-504.

[27] Brouthers, Keith D. Institutional Culture and Transaction Cost Influences on Entry Mode Choice and Performance[J]. Journal of International Business Studies, 2002, 33(2), 203-221.

[28] Brouthers, L. E., K. D. Brouthers and Steve Werner. Is Dunning's Eclectic

Framework: Descriptive or Normative? [J]. Journal of International Business Studies, 1999, 30(4), 831-844.

[29] Buckley, P. J. & M. Casson. An Economic Model of International Joint Venture Strategy[J]. Journal of International Business Studies, Special Issue, 1996.

[30] Buller, P. F. Kohis, J. J. & Anderson, K. S. When ethics collide: managing conflicts across cultures[J]. Organization Dynamics, 2000, 28(4) 52-66.

[31] Cardillo R. C. , Like bees to honey[J]. Financial Executive 11(5). 1995(7).

[32] Caves and Sanjeev K. Mehra. Entry of Foreign Multinationals into U. S. Manufacturing Industries. in Competition in Global Industries[M]. Porter, Michael E. , ed. Cambridge: Harvard Business School Press, 1986, 449-482.

[33] Caves, R. E. & S. Mehra. Entry of foreign multinationals into U. S. manufacturing industries[M]. in M. Porter Competition in Global Industries, Harvard Business School Press, Boston, MA, 1986.

[34] Cavusgil, S. T. On the internationalization process of the firm[J]. European Research, Novermber, 1980, pp. 273-281.

[35] Chang, S. J. , & Rosenzweig, P. M. The choice of entry mode in sequential foreign direct investment[J]. Strategic Management Journal, 2001, 22, 747-776.

[36] Chen HaiYang and Michael Y. Hu. An Analysis of Determinants of Entry Mode and its Impact on Performance[J]. International Business Review, 2002, 11, 193-210.

[37] Chen, S. F. S. , & Hennart, J. F. Japanese investors' choice of joint ventures versus wholly-owned subsidiaries in the US: The role of market barriers and firm capabilities[J]. Journal of International Business Studies, 2002, 33, 1-18.

[38] Cho, K. R. , & Padmanabhan, P. Acquisition versus new venture: the choice of foreign establishment mode by Japanese firms[J]. Journal of International Management, 1995, 1(3): 255-285.

[39] Christine M. Beckman eta, friends or Strangers? Firm-specific uncertainty, Mar-

ket uncertainty, and Network Partner Selection[J]. Organization Science, 2004 (15): 259-275.

[40] Chung, Henry. F. L. and Peter Enderwick. An Investigation of Market Entry Strategy Selection: Export vs. Foreign Direct Investment Modes: A home-host Country Scenario [J]. Asia Pacific Journal of Management, 2001, 18 (4), 443-460.

[41] Contractor, Farok J. Contractual and cooperative forms of international business: Towards a unified theory of modal choice[J]. Management International Review, 1990, 30(1).

[42] Cristina, L. D. and G. C. Esteban The Effect of Firm and Host Country Characteristics on the Choice of Entry Mode: Empirical Evidence from Spanish Firms [J]. Journal of Management and Governance, 2002, 6, 153-168.

[43] Czinkota, M. R. Export Development Strategies: US Promotion Policy[J]. New York: Praeger, 1982.

[44] Davidson, W. H. The Location of Foreign Direct Investment Activity: Country Characteristics and Experience Effect[J]. Journal of International Business Studies, 1980, 11, 9-22.

[45] Davidson, W. H. Global Strategic Management[M]. New York: John Wiley and Sons, 1982.

[46] Doh, P. J. et al. Coping with Corruption in Foreign Markets. Academy of Management Executive[J]. 2003, 17(3): 114-129.

[47] Douglas Dow. A Note on Psychological Distance and Export Market Selection Journal of International Marketing, Vol. 8, No. 1, 2000, pp. 51-64.

[48] Drogendjik, R., & Slangen, A. Hofstede, Schwartz, or managerial perceptions? The effects of different cultural distance measures on establishment mode choices by multinational enterprises[J]. International Business Review, 2006, 15 (4), 361-380.

[49] Dunning, John H. Toward an Eclectic Theory of International Production: Some Empirical Tests[J]. Journal of International Business Studies, 1980, 11(1), 9-31.

[50] Dunning, John H. The Eclectic Paradigm of International Production: A Restatement and Some Possible Extensions[J]. Journal of International Business Studies, 1988, 19(1), 1-31.

[51] Dunning, John H. Reappraising the Eclectic Paradigm in an Age of Alliance Capitalism[J]. Journal of International Business Studies, 1995, 26(3), 461-491.

[52] Dunning, John H. Location and the Multinational Enterprise: A Neglected Factor? [J]. Journal of International Business Studies, 1998, 29(1), 45-66.

[53] Dunning, John H. The Eclectic Paradigm as an Envelope for Economic and Business Theories of MNE Activity[J]. International Business Review, 2000, 9, 163-190.

[54] Eicher Theo and Jong Woo Kang. Trade, Foreign Direct Investment or Acquisition: Optimal Entry Modes for Multinationals [J]. University of Washington, 2002.

[55] Erramilli, M. K. Influence of some external and internal environmental factors on foreign market entry mode choice in service firms[J]. Journal of Business Research, 1992, 25(4): 263-276

[56] Erramilli, M. K.. The Experience Factor in Foreign Market Entry Behavior of Service Firms[J]. Journal of International Business Studies, 1991, 22(3), 479-502.

[57] Erramilli, M. K.. Nationality and subsidiary ownership patterns in multinational corporations[J]. Journal of International Business Studies, 1996, 27, 225-248.

[58] Erramilli, M. K. and C. P. Rao. Service Firm's International Entry-Mode Choice: A Modified Transaction-Cost Analysis Approach[J]. Journal of Global Marketing, 1993, 57, 19-38.

[59] Erramilli, M. K., Agarwal, S. & Kim, S. S. Are firm-specific advantages location-specific too? [J]. Journal of International Business Studies, 1997, 28(4), 735-757.

[60] Evans, J., and Mavondo, F. T. Psychic distance and organizational performance: An empirical examination of international retailing operations[J]. J. Int. Business Stud., 2002, 33(3): 515-532.

[61] Evans, Jody. Internal Determinants of Foreign Market Entry Strategy[D]. Manchester Metropolitan University Business School, 2002.

[62] Fisher, T. F., & Ranasinghe, M. Culture and foreign companies' choice of entry mode: The case of Singapore building and construction industry[J]. Construction Management and Economics, 2001, 19(4), 343-353.

[63] Galbraith, James. Designing Complex Organizations[J]. Addison-Wesley, Reading, MA, 1973.

[64] Gatignon, Hubert and Erin Anderson. The Multinational Corporation's Degree of Control over Foreign Subsidiaries: An Empirical Test of a Transaction Cost Explanation. Journal of Law[J]. Economics, and Organization, 1988, 4(2), 305-336.

[65] Gillespie, John. Transplanted Company Law: An Ideological and Cultural Analysis of Market Entry in Vietnam[J]. International and Comparative Law, 2002, 51(3), 641-672.

[66] Hao Ma. Determinants of Strategies Decision in Multinational Market Competition[J]. Journal of International Management, 1999,21(5):93-113

[67] Harzing, A. W. Acquisitions versus greenfield investments: International strategy and management of entry modes[J]. Strategic Management Journal, 2002, 23(3), 211-228.

[68] Harzing, A. W. The role of culture in entry mode studies: From neglect to myopia? [J]. Advances in International Management, 2003, 15, 75-127.

[69] Hatten K. J. Schendel D. E. and Cooper A. C. , 1978, A Strategic Model for the U. S[J]. Brewing Industry: 1952-1971, Academy of Management Journal, 21 (4), pp:592-610.

[70] Hennart, Jean-Francois and J. Larimo. The Impact of Culture on the Strategy of Multinational Enterprises: Does National Origin Affect Ownership Decisions? [J]. Journal of International Business Studies, 1988. 29(3), 515-538.

[71] Hennart, J. F. A Transaction Costs Theory of Equity Joint Ventures[J]. Strategic Management Journal, 1988(9).

[72] Herrmann, Pol and Deepak K. Datta. CEO Successor Characteristics and the Choice of Foreign Market Entry Mode: An Empirical Study[J]. Journal of International Business Studies, 2002, 33(3), 551-569.

[73] Hill Charles W. L. Peter Hwang and Kim W. Chan. An Eclectic Theory of the Choice of International Entry Mode[J]. Strategic Management Journal, 1990, 11, 117-128.

[74] Hofstede, G. Culture's consequences: Comparing values, behaviors, institutions and organizations across nations(2nd ed.)[J]. Thousand Oaks: Sage Publications, 2001.

[75] Hofstede, G. Culture's consequences: International differences in work-related values[J]. Beverly Hills, Calif: Sage Publications, 1980.

[76] Hofstede, G. "National cultures in four dimensions: a research-based theory of cultural differences among nations", International Studies of Management and Organization, Vol[J]. Ⅷ No, 1983, 1-2 pp. 46-74.

[77] Hofstede, G. and Hofstede, G. J. [J]. Cultures and organizations: Software of the mind, 2nd Ed. , McGraw-Hill, New York, 2005.

[78] International trade. Department of Business Administration[J]. University of Uppsala.

[79] Investigation, Chapter in Export and foreign establishments, E. Hornell, J-E

[J]. Vahlne and F.

[80] J. Roberta Minifie, Vicki West. A small business international market selection model. Int. J[J]. Production Economics, 1998, 56-57: 451-462

[81] Johanson, J. and Paul F. Wiedersheim. The Internalization of the Firm: Four Swedish Cases[J]. Journal of Management Studies, 1975, 12(3), 305-322.

[82] Johanson, J., & Vahlne, J. E. The internationalization process of the firm—A model of knowledge development and increasing foreign market commitments[J]. Journal of International Business Studies, 1977, 8, 23-32.

[83] Johanson, J., & Vahlne, J. E. The Mechanism of Internationalization[J]. International Marketing Review, 1990, 7(4): 11-24.

[84] Kanter R. M., R. I. Corn, Do cultural differences make a business difference? [J]. Contextual factors affecting crosscultural relationship success, Journal of Management Development, 1994, 13(2)(1994) 5-24.

[85] Kent D. Miller, A Framework for Integrated Risk Management in International Business[J]. Journal of International Business Studies, Second Quarter, 1992, pp. 317-318

[86] Kim, W. C., & Hwang, P. Global strategy and multinationals' entry mode choice[J]. Journal of International Business Studies, 1992, 23(1), 29-54.

[87] King, Andrew, Christopher L. Tucci. Incumbent Entry into New Market Niches: The Role of Experience and Managerial Choice in the Creation of Dynamic Capabilities[J]. Management Science, 2002, 48(2), 171-186.

[88] Klein, Saul, Gary L. Frazier and Victor J. Roth[J]. A Transaction Cost Analysis Model of Channel Integration in International Markets. Journal of Marketing Research, 1990, 27, 196-208.

[89] Kogut, Bruce and Harbir Singh. The Effect of National Culture on the Choice of Entry Mode[J]. Journal of International Business Studies, 1988, 19, 411-432.

[90] Kramer, H. E. Herbig P. A., Cultural differences in doing business: Germany

and the South Pacific[J]. Review of Business, 1994, 16(2) 33-37.

[91] Kumar V, Stam A, Joachimstaler EA. An interactive multicriteria approach to identifying potential foreign markets[J]. J Int Mark 1993, 2(1):29-54.

[92] Kumar, V. and Velavan Subramaniam. A Contingency Framework for the Mode of Entry Decision[J]. Journal of World Business, 1997, 32(1), 53-72.

[93] Larimo, J. Form of investment by Nordic firms in world markets[J]. Journal of Business Research, 2003, 56(10), 791-803.

[94] Leung, M. K., D. Rigby and T. Young. Entry of Foreign Banks in the People's Republic of China: A Survival Analysis[J]. Applied Economics, 2003, 35, 21-31.

[95] Low, P. S., and Leong, C. H. Y. [J]. Cross-cultural project management for international construction in China. Int. J. Proj. Manage, 2000, 18 (5): 307-316.

[96] Lu, Jane W. Intra- and Inter-Organizational Imitative Behavior: Institutional Influences on Japanese Firms' Entry Mode Choice[J]. Journal of International Business Studies, 2002, 33(1), 19-37.

[97] M. Warner P. Managing across Culture: Issues and Perspectives(second edition) [M]. London Thomson Business Press,1996.

[98] Madhok, Anoop. The Nature of Multinational Firm Boundaries: Transaction Costs[J], Firm Capabilities and Foreign Market Entry Mode. International Business Review, 1998, 7, 259-290.

[99] Makino, S., & Neupert, K. E. National culture, transaction costs, and the choice between joint venture and wholly-owned subsidiary[J]. Journal of International Business Studies, 2000, 31, 705-713.

[100] Makino, S., Lau, C., & Yeh, R. Asset-exploitation versus asset-seeking: Implications for location choice of foreign direct investment from newly industrialized economies[J]. Journal of International Business Studies, 2002, 33(3):

403-421.

[101] March, James G. , Johannes Olsen. Ambiguity and Choice in Organizations[J]. Universitetsforlaget, Bergen, Norway, 1976.

[102] Mark Fitzpatrick, the definition and assessment of political risk in international business a review of the literature, academy of management review[J], 1983(8): 249-254.

[103] Melin, L. Internationalization as a Strategic Process[J]. Strategic Management Journal, 1992,13: 99-118.

[104] Meschi, P. X. A. Roger, Cultural context and social effectiveness in international joint ventures[J]. Management International Review, 1994, 34(3) 197-215.

[105] Meyer, K. E. Institutions, transaction costs, and entry mode choice in Eastern Europe[J]. Journal of International Business Studies, 2001, 32, 357-367.

[106] Milgrom, Paul and John Roberts. Economics, Organization and Management[J]. New Jersey: Prentice Hall, 1994.

[107] miller. a framework of integratede risk management in international business [M]. 1992.

[108] Milliken, Frances J. Three types of perceived uncertainty about the environment: State, effect and response uncertainty[J]. Acad. Management Rev, 1987, 12 133-143.

[109] Morosini, P. , Shane, S. , and Singh, H. Cultural distance and cross-border acquisition performance[J]. J. Int. Business Stud. , 1998, 29(1): 137-158.

[110] Mosakowski, Elaine. Strategy making under causal ambiguity: Conceptual issues and empirical evidence[J]. Organ. Sci. 1997, 8414-442.

[111] Nakos, George and Keith D. Brouthers. Entry Mode Choice of SMEs in Central and Eastern Europe[J]. Entrepreneurship Theory and Practice, 2002, 27(1), 47-64.

[112] Nordstrom, Kjell and Vahlne, Jan-Erik. "Is the globe shrinking? Psychic dis-

tance and the establishment of Swedish sales subsidiaries during the last 100 years". Chapter in International Trade: regional and global Issues, M. Landeck, ed[J]. United Sates: St. Martin's Press, 1994.

[113] O. Andersen, A. Buvik, "Firms' Internationalization and Alternative Approaches to the International Customer/ Market Selection"[J]. International Business Review, 2002(11),pp. 347-363.

[114] O'Grady, Shawna & Henry Lane. The Psychic Distance Paradox[J]. Journal of International Business Studies, 1996, 27(2): 309-333.

[115] Osland, G. E., & Cavusgil, S. T. Performance issues in US-China joint ventures[J]. California Management Review, 1996, 38, 106-130.

[116] P. Iles, Learning to work with difference[J]. Personnel Review, 1995, 24(6) 44-61.

[117] P. Westhead, M. Wright, and D. Ucbasaran, "International Market Selection Strategies Selected by 'Micro' and 'Small' Firms"[J]. Omega, 2002(30), pp. 51-68.

[118] Padmanabhan, P., K. R. Cho. Ownership Strategy for a Foreign Affiliate: An Empirical Investigation of Japanese Firms[J]. Management International Review, 1996, 36(1), 45-65.

[119] Padmanabhan, P., K. R. Cho. Decision-specific experience in foreign ownership and establishment strategies: Evidence from Japanese firms[J]. Journal of International Business Studies, 1999, 30(1), 25-44.

[120] Pak, Y. S. The effect of strategic motives on the choice of entry modes: An empirical test of international franchisers[J]. Multinational Business Review, 2002, 10, 28-36

[121] Palenzuela, V. A., & Bobillo, A. M. Transaction costs and bargaining power: Entry mode choice in foreign markets[J]. Multinational Business Review, 1999, 7(1), 62-75.

[122] Pan, Y., & Tse, D. K. Cooperative strategies between foreign firms in an overseas country[J]. Journal of International Business Studies, 1996, 27, 929-946.

[123] Pan, Yi Gang, Li Shao Ming and D. K. Tse. The Impact of Order and Mode of Market Entry on Profitability and Market Share[J]. Journal of International Business Studies, 1999, 30(1), 81-103.

[124] Park, S. H., and Ungson, G. R. The effect of national culture, organizational complementarity, and economic motivation on joint venture dissolution [J]. Acad. Manage J., 1997, 40: 279-307.

[125] Pease, S., Paliwoda, S., & Slater, J. The erosion of stable shareholder practices in Japan[J]. International Business Review, 2006, 15, 618-640.

[126] R. C. Cardillo, Like bees to honey. Financial Executive 11(5) 7 RaghuNath. ComparativeManagement[M]. BallingerPublishingcompany, 1987, 10: 22-24.

[127] Rahman SH. Modelling of international market selection process: a qualitative study of successful Australian businesses[J]. Qual Mark Res: Int J 2003; 6(2): 119-32.

[128] Rajan, K. S., & Pangarkar, N. Mode of entry choice: An empirical study of Singaporean multinationals[J]. Asia Pacific Journal of Management, 2000, 17, 49-66.

[129] Reuber, A. R., E. Fisher. The Influence of Management Team's International Experience on the Internationalization Behavior of SMEs[J]. Journal of International Business Studies. 1997, 28, 807-825.

[130] Robles F., International market entry strategies and performance of United States catalog firm[J]. Journal of Direct Marketing 8(1) 1994: 59-70.

[131] Root, F. R. Entry Strategies for International Markets[J]. London: Lexington Books, 1994.

[132] S. T. Cavusgil, P. L. Yeoh, and M. Mitri, "Selecting Foreign Distributors-An Expert Systems Approach"[J]. Industrial Marketing Management, 1995(24),

pp. 297-304.

[133] Sarkar, M. , & Cavusgil, S. T. Trends in international business thought and literature: A review of international market entry mode research: Integration and synthesis[J]. The International Executive, 1996, 38, 825-847.

[134] Shane S. The effect of national culture on the choice between licensing and direct foreign investment[J]. Strategic Management Journal, 1994, 15(8):627-642.

[135] Sharma, V. M. , & Erramilli, M. K. Resource-based explanation of entry mode choice[J]. Journal of Marketing Theory and Practice, 2004, 12, 1-18.

[136] Siripaisalpipat, P. and Y. Hoshino. Firm Specific Advantages, Entry Modes and Performance of Japanese FDI in Thailand[J]. Japan and the World Economy, 2000, 12(1), 33-48.

[137] Slate E. Success depends on an understanding of cultural differences[J]. Human Resource Focus, 1990, 70(10).

[138] Stephens, G. K. Greer, C. R. Doing business in Mexico: Understanding cultural difference[J]. Organizational Dynamics, 1995, 24(1):39-55.

[139] Stopford, J. M. and L. T. J. Wells[J]. Managing the Multinational Enterprises, New York: Basic Books, 1972.

[140] Sun, H. Entry modes of multinational corporations into China's market: A socioeconomic analysis[J]. International Journal of Social Economics, 1999, 26(5), 642-659.

[141] Sun, H. , & Tipton, F. B. A comparative analysis of the characteristics of direct foreign investment in China 1979-1995[J]. The Journal of Developing Areas, Winter, 1998, 159-186.

[142] Swift, Jonathan. "Cultural Closeness as a Facet of Cultural Affinity: A Contribution to the Theory of Psychic Distance"[J]. International Marketing Review, 1999, 16(3): 182-201.

[143] Thomas A. Psychology of intercultural learning and action[J]. Göttingen: Hor-

grefe, Verlag für Pszchologie, 1993.

[144] Thompson, James D. Organizations in Action [J]. McGraw-Hill, New York, 1967.

[145] Tihanyi, L., Griffith, D. A., & Russell, C. J. The effect of cultural distance on entry mode choice, international diversification, and MNE performance: A meta-analysis[J]. Journal of International Business Studies, 2005, 36, 270-283.

[146] Tongren H. N., L. Hecht, K. Kovach, Recognizing cultural differences: Key to successful U. S[J]. - Russian Enterprises, Public Personnel Management, 1995, 24(1) 1-18.

[147] Treadgold, A. Retailing without Frontiers[J]. Retail and Distribution Management, 1988, 16(6), 8-12.

[148] Trompenaars, F. Riding the Waves of Culture[M]. The Economist Books, London, 1993.

[149] Tse, D. K., Pan, Y., & Au, K. Y. How MNCs choose entry modes and form alliances: The China Experience[J]. Journal of International Business Studies, 1997, 28, 779-805.

[150] Uhlenbruck, K. et al. The Impact of Corruption on Entry Strategy: Evidence from Telecommunication Projects in Emerging Economies[J]. Organization Science, 2006, 17(3): 402-414

[151] Vahlne, Jan. -Eric and Wiedersheim-Paul, Finn "Economic distance: model and empirical, 1973.

[152] Vahlne, Jan. -Eric and Wiedersheim-Paul, Finn Psychic distance - an inhibiting factor in, 1977.

[153] Vermeulen, F. A. M., & Barkema, H. G. Learning through acquisitions[J]. Academy of Management Journal, 2001, 44(3), 457-476.

[154] Weichmann, U. and L. W. Pringle. Problems that Plague Multinational Marketers[J]. Harvard Business Review, 1979, 57(4), 118-124.

[155] Weick, Karl E. The Social Psychology of Organizing, 2nd Ed[J]. Addison-Wesley, Reading, MA, 1979.

[156] Werner, S. Recent developments in international management research: A review of 20 top management journals[J]. Journal of Management, 2002, 28, 277-305.

[157] Weston, J. Fred and Bart W. Sorge. International Managerial Finance[J]. Homewood, IL: R. D. Irwin, 1972.

[158] Wiedersheim-Paul, eds. Department of Business Administration, University of Uppsala.

[159] Williamson, Oliver E.. Markets and Hierarchies: Analysis and Antitrust Implications[M]. New York: Free Press, 1975.

[160] Williamson, Oliver E. The Economic Institution of Capitalism[J]. New York: Free Press, 1985.

[161] Wind, Yoram and Howard Perlmutter. On the Identification of Frontier Issues in International Marketing[J]. Columbia Journal of World Business, 1977, 12, 131-139.

[162] Wirtz, Bernd W. Medien- und Internetmanagement. 2., vollst. überarb. und erw[J]. Aufl. Wiesbaden: Gabler(Lehrbuch), 2001.

[163] Wood VR, Robertson KR. Evaluating international markets: the importance of information by industry, country of destination and by type of export transaction [J]. Int Mark Rev, 2000;17(1):34-55.

[164] Woodcock, C. P., Beamish, P. W., & Makino, S. Ownership-based entry mode strategies and international performance[J]. Journal of International Business Studies, 1994, 25, 253-273.

[165] YigangPan and David K. Tse. The Hierarchical Model of Market Entry Modes [J]. Journal of International Business Studies, 2000, 31(4).

[166] Yoshikawa, H. On the equilibrium Yen-Dollar rate[J]. American Economic Review, 1990, 80.

[167] Young, Stephan, J. Hamill, C. Wheeler and J. R. Davies. International Market Entry and Development: Strategies and Management[J]. Englewood Cliffs: Prentice Hall, 1989.

[168] Yung & Konopa. Impact of Host country market characteristics on the choice of foreign market entry mode, international marketing review, 1993(10).

[169] Yung-Chul Kwon and Leonard J. Konopa. Impact of Host Country Market Characteristics on the Choice of Foreign Market Entry Mode, 1993.

[170] Zhao, H., Luo, Y., & Suh, T. Transaction cost determinants and ownership-based entry mode choice: A meta-analytical review[J]. Journal of International Business Studies, 2004, 35, 524-544.

[171] 安宇. 国外文化产业:概念界定与产业政策[J]. 世界经济与政治论坛,2004(6).

[172] 查德·罗宾逊. 企业国际化导论[M]. 北京:对外贸易教育出版社,1989.

[173] 常永新. 传媒管制与传媒集团公司治理模式的构建[J]. 南开管理评论,2003(1).

[174] 陈德金,李本乾. 中国传媒集团国际化动机"四力"模型研究——基于 Dunning 国际投资理论分析[J]. 现代管理科学,2010(9).

[175] 陈德金,李本乾. 司治理与传媒集团双边治理模式的构建[J]. 现代管理科学,2010(11).

[176] 陈德金,李本乾. 中国传媒集团国际化目标市场选择模型研究——基于文化差异实证与 DMP 方法的分析[J]. 中国软科学,2011(1).

[177] 陈德金,李本乾. 心理距离对于国际化目标市场选择影响的实证研究——基于澳大利亚出口市场[J]. 软科学,2011(4).

[178] 陈蕾,李本乾. 中国传媒产业市场结构、行为与绩效分析[J]. 新闻大学,2005(9).

[179] 陈漓高,等. 中国企业跨国经营环境与战略研究[M]. 北京:人民出版社,2009.

[180] 陈晓云,李本乾,沈建华. 基于共同利益的上海汽车工业跨文化管理模式[J]. 软科学,2005(4).

[181] 陈至发. 跨国战略联盟企业文化协同管理[M]. 北京:中国经济出版社,2004.

[182] 崔保国. 2010 中国传媒产业发展报告[M]. 北京:社会科学文献出版社,2010.

[183] 崔保国. 2006 中国传媒产业发展报告[M]. 北京:社会科学文献出版社,2006.

[184] 崔保国. 2007 中国传媒产业发展报告[M]. 北京:社会科学文献出版社,2007.

[185] 崔保国. 2008 中国传媒产业发展报告[M]. 北京:社会科学文献出版社,2008.

[186] 崔保国. 2009 中国传媒产业发展报告[M]. 北京:社会科学文献出版社,2009.

[187] 菲利普·R. 哈里斯,罗伯特·T. 莫兰. 跨文化管理教程[M]. 关世杰,主译. 北京:新华出版社.

[188] 高振强. 全球著名媒体经典案例剖析[M]. 北京:中国国际广播出版社,2003.

[189] 关世杰. 译著《跨文化管理教程(第五版)》和《在文化的波涛中冲浪:理解工商管理中的文化多样性》.

[190] 郭富. 基于价值创造的中国传媒集团管理研究[D]. 天津:天津大学,2004.

[191] 郭齐勇. 文化学概论[M]. 武汉:湖北人民出版社,1990.

[192] 国家统计局. 文化及相关产业分类[Z]. 国统字 24 号,2004.

[193] 国家统计局. 中华人民共和国国民经济和社会发展统计公报[R]. 2006. 02,2007. 02,2008. 02.

[194] 韩伯棠. 管理运筹学[M]. 北京:高等教育出版社,2000.

[195] 胡春艳. 跨文化企业的文化冲突与融合[D]. 长沙:湖南大学,2002.

[196] 胡锦涛. 2005 年中央经济工作会议的讲话,2005,12.

[197] 胡锦涛. 在中国共产党第十七次全国代表大会上的报告[R]. 2007,10.

[198] 胡军. 跨文化管理[M]. 上海:复旦大学出版社,2007.

[199] 黄华. 跨国公司中的跨文化管理研究[J]. 生产力研究,2004(2).

[200] 黄速建,刘建丽. 中国企业海外市场进入模式选择研究[J]. 中国工业经济,2009(1).

[201] 简德三. 项目评估与可行性研究[M]. 上海:上海财经大学出版社,2004.

[202] 江小娟. 吸引外资、对外投资和中国的全面小康目标[J]. 国际贸易问题,2004.

[203] 江泽民. 全面建设小康社会,开创中国特色社会主义事业新局面——在中国共产党第十六次全国代表大会上的报告,2002,11.

[204] 姜旭平. 我的冲突处理课堂[M]. 上海:上海交通大学出版社,2006.

[205] 蒋晓丽,石磊.培育跨地域跨媒体传媒集团的路径选择[J].广州大学学报(社科版),2008(2).
[206] 李本乾,陈晓云,陈德金.上海文化产业发展与文化体制改革协同推进研究[J].科学发展,2010(6).
[207] 李波,蔡淑琴.基于控制论的海外市场进入决策[J].科技进步与对策,2004(9).
[208] 李波.中国企业海外市场进入模式的选择研究[D].武汉:华中科技大学,2004.
[209] 李景峰.WTO背景下企业跨国经营战略[J].跨国经营,2002(10):21-24.
[210] 李明.传媒产业化催促媒介并购步伐[J].新闻实践,2009(1).
[211] 李维安,常永新.中国传媒集团公司治理模式探析[J].天津社会科学,2003(1).
[212] 李宗桂.中国文化概论[M].广州:中山大学出版社,1998.
[213] 梁能.跨国经营概论[M].上海:上海人民出版社 1995.
[214] 刘海云.跨国公司经营优势变迁[M].北京:中国发展出版社,2001.
[215] 刘冀生,石涌江.中国企业"走出去"战略[M].北京:新华出版社,2003.
[216] 刘建丽.中国制造业企业海外市场进入模式选择[M].北京:经济管理出版社,2009.
[217] 鲁桐.中国企业跨国经营战略[M].北京:经济管理出版社,2003.
[218] 陆小华.整合传媒:传媒竞争趋势与对策[M].北京:中信出版社,2001.
[219] 罗俊华.跨国经营的跨文化沟通与管理问题[J].企业活力,2004(6).
[220] 强月新,黄晓军.传媒整合:传媒集团内部的协同合作[J].上海交通大学学报(社科版),2010(4).
[221] 邱佛英.基于AHP的国际市场进入方式决策方法研究[M].广州:暨南大学出版社,2007.
[222] 邵培仁.媒介战略管理[M].上海:复旦大学出版社,2003.
[223] 石建勋.突出重围—中国企业跨国发展战略与案例[M].北京:中国经济出版社,2004.
[224] 斯蒂芬·P·罗宾斯,等.管理学原理(第5版)[M].毛蕴诗,译.大连:东北财经大学出版社,2005.

[225] 苏珊·奈德施,等.跨文化管理[M].石永恒,译.北京:经济管理出版社,2001.

[226] 滕维藻,陈荫枋.跨国公司概论[M].北京:人民出版社,1991.

[227] 滕维藻.跨国公司战略管理[M].上海:上海人民出版社,1992.

[228] 田萱.中西传媒集团发展路径比较[J].新闻界,2007(4).

[229] 汪旭晖.国际零售商海外市场选择机理—基于市场邻近模型和心理距离视角的解释[J].中国工业经济,2005(7).

[230] 汪旭晖.心理距离悖论与国际零售商海外扩张[J].管理探索,2004(10).

[231] 王君华.跨国企业战略联盟的文化协同研究[D].武汉:武汉理工大学,2007.

[232] 王林生,范黎波.跨国经营理论与战略[M].北京:对外经济贸易大学出版社,2003.

[233] 王林生.跨国经营理论与实务[M].北京:对外经济贸易大学出版社,2002.

[234] 王清平.对外直接投资对 90 年代美国经济的影响[M].北京:中国经济出版社,2002.

[235] 王欣.浅谈企业跨文化管理[J].管理文化,2008(2).

[236] 王增涛,庄贵军,樊秀峰.中国制造企业国际化的影响因素与分析框架—以 TCL 为例[J].南开管理评论,2005(8).

[237] 温家宝.中共中央关于制定国民经济和社会发展第十一个五年规划的建议[R].2005,10.

[238] 谢军.层次分析法在企业进入国际市场模式决策中的应用[J].科技管理研究,2006.

[239] 谢泗薪,薛求知,周尚志.中国企业的全球学习模式研究[J].南开管理评论,2003(3).

[240] 邢建国.对外直接投资:战略选择[M].北京:经济科学出版社,2003.

[241] 徐德辰.跨国经营的国际比较研究[D].长春:吉林大学,2005.

[242] 许晖.国际企业风险管理[M].北京:对外经济贸易大学出版社,2006.

[243] 许雯君.浅谈跨文化管理[J].企业研究,2007(17).

[244] 薛求知,朱吉庆.中国对外直接投资与"走出去"战略:理论基础与经验分析[J].

复旦大学学报(社会科学版),2008(1).
[245] 杨德林.现代企业国际化经营[M].北京:经济管理出版社,1997.
[246] 杨国章.社会文会定势与个人的价值定向[J].中国文化研究,1994(3).
[247] 杨剑波.多目标决策方法与应用[M].长沙:湖南人民出版社,1996.
[248] 姚孝军.国际商务中的跨文化管理研究[D].武汉:华中农业大学,2006.
[249] 叶刚.遍及全球的跨国公司[M].上海:复旦大学出版社,1989.
[250] 应焕红.公司文化管理[M].北京:中国经济出版社,2001.
[251] 俞文钊,严文华.整合同化理论与跨国公司的跨文化管理[J].人类工效学,2000,6(4).
[252] 俞文钊,贾咏.共同管理文化的新模式及其应用[J].应用心理学,1997(1).
[253] 喻国明,等.传媒经济学教程[M].北京:中国人民大学出版社,2009.
[254] 曾忠禄.中国企业跨国经营:决策、管理与案例分析[M].广州:广东经济出版社.
[255] 张传忠.国际市场进入方式决策问题研究[J].商业经济与管理,2004(4).
[256] 张艳君.跨文化企业实施文化型对策研究[J].管理制定,2009(5).
[257] 赵曙明.国际企业—跨文化管理[M].北京:清华大学出版社,2002.
[258] 周对葵,邬义钧.产业结构高级化:传媒业的现实选择[J].传媒,2008(4).
[259] 周劲.传媒治理——理论与模式的中国式构建[M].北京:人民出版社,2008.
[260] 朱药笙.跨文化管理:碰撞中的协同[M].广州:广东经济出版社,2000.

致　谢

此书的完成，是我过去学习、研究的一个小结。

回想在上海交大安泰经济与管理学院攻读博士学位的日日夜夜，让我学会了执着追求，学会了敢思敢想敢作敢为。在此，我衷心感谢交大老师知识的传授与人生的启迪，尤其是博导李本乾教授的辛勤栽培。

博士毕业，我直接进入上海交通大学管理科学与工程博士后流动站，跟随张国良教授从事研究，并有幸到宁波梅山保税港区博士后工作站开展相关项目研究。梅山的“Amazing”，让我充满了激情，明确了思路，并开始了新生活。

即将而立，回顾20多年的校园生活，有父母、家人的呵护，有老师、同学、朋友的帮助；一年来的工作，有领导同事的关心，有岳父母的鼓励，还有妻子千里之外的默默支持。

“施恩勿念，受恩勿忘”，借此书出版，感谢一直以来陪伴我的家人、朋友；特将此书作为礼物送给即将出生的孩子！

陈德金

2012年7月20日于宁波梅山保税港区